CW00537530

LES ÉCHECS

CAMIL SENECA

LES ÉCHECS

LE LIVRE DE POCHE

CHAPITRE PREMIER

Le matériel et les règles

UNE partie d'Echecs est un combat mené par deux camps opposés. Ce combat se déroule sur un terrain : l'**échiquier,** avec des effectifs identiques : les **pièces** et selon des conventions précises, claires et universellement respectées : les **règles.** Voyons dans l'ordre tous ces éléments, qui forment la base du jeu d'Echecs.

I. L'ECHIQUIER

Qu'il soit en bois, en carton, en toile cirée ou en toute autre matière, **l'échiquier** concrétise sous la forme d'un plateau le terrain où l'on place les effectifs des deux armées opposées et sur lequel se déroulent les diverses phases de la bataille.

Ce plateau est carré et se compose de 64 petits carrés égaux, alternativement blancs et noirs, ou, d'une façon générale : clairs et foncés (voir photo ci-après) et que l'on appelle également des **cases.**

1

Conseils pratiques.

La taille moyenne d'un bon échiquier varie entre 36 × 36 cm et 40 × 40 cm.

Pour que le contraste produit par les cases blanches et les cases noires ne fatigue pas la vue, il est préférable de choisir un échiquier dont les cases foncées sont d'une couleur moins violente, par exemple : marron, vert ou bleu, les cases blanches pouvant être légèrement teintées.

Sans faire de différence entre les deux couleurs choisies, on emploie toujours l'expression : **blancs** ou **noirs** pour désigner les petits carrés de l'échiquier et : **Blancs** ou **Noirs** lorsqu'il s'agit de nommer l'un des deux camps.

2

Noirs

Blancs

L'échiquier, représenté en imprimerie par le diagramme ci-dessus, doit être placé entre les deux camps de telle sorte que les Blancs (qui occupent toujours le Sud) et les Noirs (qui occupent toujours le Nord) aient **à leur droite un carré angulaire blanc.**

L'échiquier comporte également des lignes. Une suite verticale de huit carrés contigus blancs et noirs, allant du Sud au Nord s'appelle **colonne ;** une suite horizontale de huit carrés contigus blancs et noirs, joignant les bords Ouest et Est s'appelle **rangée.**

Colonnes et rangées sont donc des lignes orthogonales ; mais on distingue aussi des **diagonales** composées de 2, 3, 4, 5, 6, 7 ou 8 carrés de **même couleur** se joignant par les angles.

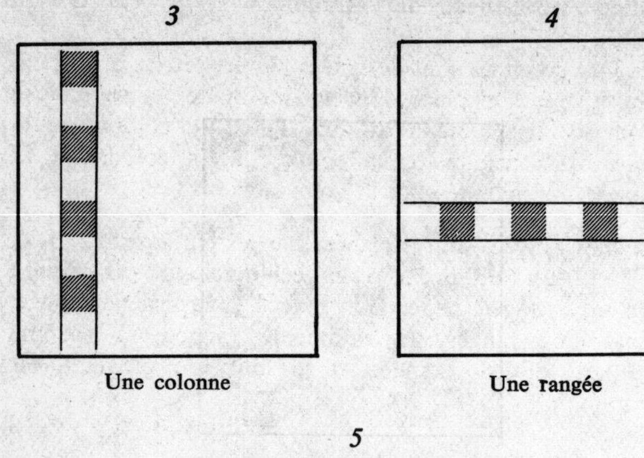

Une colonne Une rangée

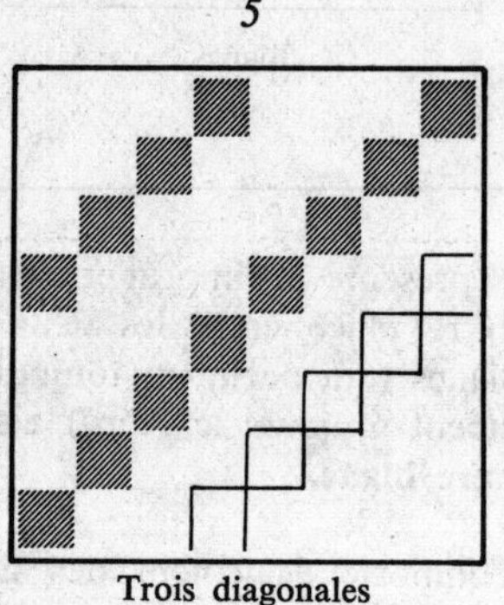

Trois diagonales

Les diagonales touchent deux bandes perpendiculaires, sauf les deux grandes diagonales (qui comportent 8 cases) dont les extrémités sont les angles opposés de l'échiquier.

Colonnes, rangées, diagonales et cases ne sont que des parcelles du terrain échiquéen, semblables aux diverses contrées d'un vrai champ de bataille et, comme telles, on les désigne grâce à un système de notation d'une rare simplicité.

Notation des éléments de l'échiquier.

Les huit colonnes sont désignées par les lettres a, b, ç, d, é, f, g, h, que l'on place du côté des Blancs et de gauche à droite de l'échiquier. On dira donc : la colonne a, la colonne b, la colonne ç, la colonne d, la colonne é, la colonne f, la colonne g et la colonne h.

Les huit rangées sont désignées par les chiffres 1, 2, 3, 4, 5, 6, 7 et 8 du Sud au Nord de l'échiquier. On dira donc : la première rangée, la seconde rangée, la troisième rangée, la quatrième rangée, la cinquième rangée, la sixième rangée, la septième rangée et la huitième rangée (voir diagramme 6).

6

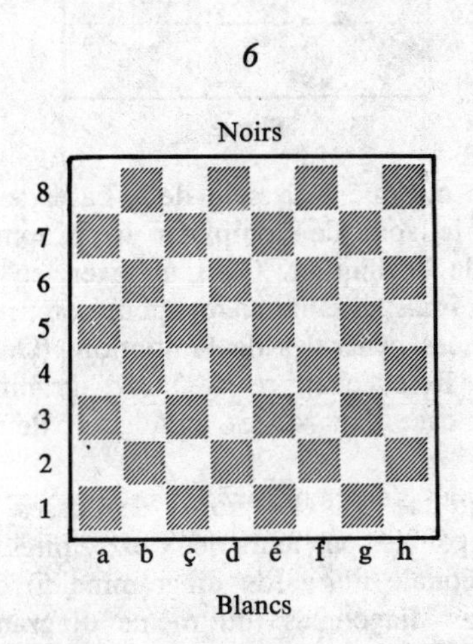

L'intersection d'une colonne et d'une rangée fixe le nom du petit carré, de la **case.**

Ainsi, la case d4 sera à l'intersection de la colonne d et de la quatrième rangée, la case f6 à l'intersection de la colonne f et de la sixième rangée (diagramme 7).

7

Noirs

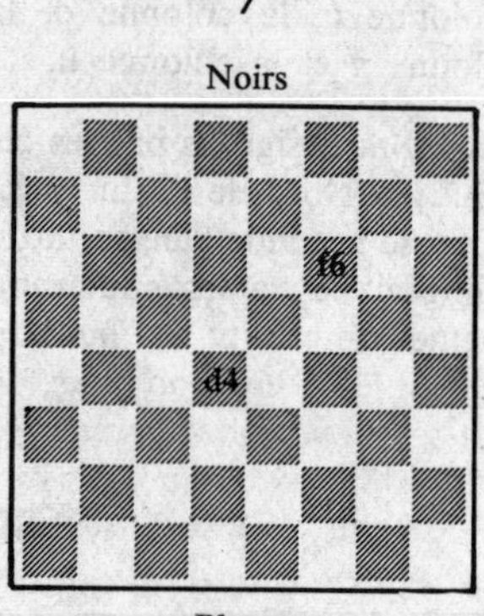

Blancs

Nous avons marqué à dessein deux cases seulement, en vous laissant le soin de compléter la dénomination des autres cases de l'échiquier. C'est un exercice fort simple, **mais très utile, indispensable même,** pour comprendre facilement les données générales de l'initiation. (On trouvera à la fin de ce livre, chapitre 6, un diagramme complet avec les 64 cases marquées de leurs deux éléments distinctifs.)

Précisons qu'une fois les noms des cases connus, on désigne les diagonales par leurs deux extrémités. Exemples : la grande diagonale noire (du diagramme 5) c'est a1/h8 ; les autres deux diagonales (du même diagramme) sont : a5/d8 et d1/h5.

Il est également instructif de compléter la dénomination des autres diagonales de l'échiquier.

Voici pour le terrain. Nous y reviendrons à l'occasion. Etudions à présent les effectifs.

II. LES PIECES

Chaque camp possède seize pièces de six genres différents : **un roi, une dame, deux tours, deux fous, deux cavaliers et huit pions.**

Ces pièces peuvent être en ivoire, en cristal de roche, en matière plastique, peintes ou sculptées, mais dans l'usage courant elles sont en bois, aisément maniables et d'une forme simple. Le modèle universellement employé est représenté sur les photos ci-après.

8

Les Blancs

Roi Dame Tour Fou Cavalier Pion

9

Les Noirs

Roi Dame Tour Fou Cavalier Pion

Ces pièces sont dites « modèle Staunton » et sont confectionnées en plusieurs tailles. Leurs dimensions varient, mais se mesurent en fonction de celles du Roi, dont la hauteur idéale est en moyenne de 9 cm. On les trouve dans les grands magasins et aussi dans quelques boutiques spécialisées. Leur prix est raisonnable. Certaines pièces feutrées et plombées coûtent plus cher, mais sont très agréables à l'usage.

En imprimerie, les pièces d'Echecs sont représentées par les symboles ci-dessous :

10

Pièces blanches

♔	♕	♖	♗	♘	♙
roi	**dame**	**tour**	**fou**	**cavalier**	**pion**

Pièces noires

♚	♛	♜	♝	♞	♟
roi	**dame**	**tour**	**fou**	**cavalier**	**pion**

Position initiale des pièces sur l'échiquier.

Chaque pièce occupe une case et chaque case ne peut contenir qu'une seule pièce.

La photo ci-dessous montre la façon de placer correctement les trente-deux pièces sur l'échiquier avant de commencer une partie.

11

Noirs (Nord)

Blancs (Sud)

Voici également la position initiale des pièces imprimées :

12

Noirs

Blancs

Les rois des deux armées opposées se trouvent sur la colonne « é », nommée aussi colonne des rois, ou simplement **colonne-roi**
— les dames sur la colonne « d » ou **colonne-dame**
— les fous (placés l'un à côté de la dame et l'autre à côté du roi) sur les colonnes « ç » et « f » ou bien, respectivement sur la **colonne-fou-dame** et la **colonne-fou-roi**
— les cavaliers sur les colonnes « b » et « g » ou encore (en raison de leur voisinage) respectivement sur la **colonne-cavalier-dame** et la **colonne-cavalier-roi**
— les tours enfin (qui occupent les quatre angles de l'échiquier) sur les colonnes « a » et « h » ou encore sur la **colonne-tour-dame** et la **colonne-tour-roi.**

La dame blanche occupe la case **blanche** d1 et se trouve à gauche du roi blanc, cependant que la dame noire occupe la case **noire** d8 et se trouve à droite de son roi. Cela est à retenir pour éviter des erreurs en plaçant les pièces.

Sur le diagramme 13, les pièces que nous venons d'énumérer (huit blanches placées sur la première rangée et huit noires placées sur la huitième rangée) sont toutes des **officiers,** appelées aussi **figures** que nous pouvons désormais désigner en abrégé : TD (tour de la dame) ; CD (cavalier de la dame); FD (fou de la dame) ; D (dame) ; R (roi) ; FR (fou du roi) ; CR (cavalier du roi) et TR (tour du roi).

Plus modestes sont les seize pions (huit blancs et huit noirs) qui symbolisent en quelque sorte les fantassins et dont la place est tout naturellement **devant** les officiers qu'ils protègent.

Chaque pion prend le nom de la case qu'il occupe ou bien le nom de la colonne où il se trouve initialement. Ainsi l'on a, dans l'ordre, pour les Blancs : les pions a2, b2, ç2, d2, é2, f2, g2 et h2 ; pour les Noirs : les pions a7, b7, ç7, d7, é7, f7, g7 et h7. Ou encore — aussi bien pour les Blancs que pour les Noirs et en suivant le même ordre — l’on a : PTD (pion tour-dame) ; PCD (pion cavalier-dame) ; PFD (pion fou-dame) ; PD (pion dame) ; PR (pion roi) ; PFR (pion fou-roi) ; PCR (pion cavalier-roi) et PTR (pion tour-roi).

13

Noirs

TD CD FD D R FR CR TR

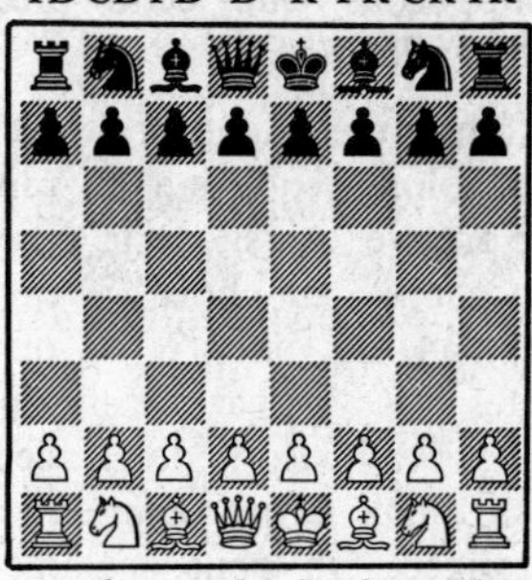

a b ç d é f g h

TD CD FD D R FR CR TR

Blancs

III. LA MARCHE DES PIECES

Chaque joueur ne déplace qu’une seule pièce à la fois. Déplacer une pièce est jouer un coup. Chaque coup comporte deux actions :

— enlever la pièce de la case où elle se trouve (la case de départ) ;

— la poser (en la lâchant) sur la nouvelle case qui lui est désignée (la case d’arrivée).

Une partie d'Echecs est donc une succession de coups effectués à tour de rôle par les Blancs (qui jouent toujours les premiers) et par les Noirs.

Nous allons maintenant étudier la marche de chaque pièce sur un échiquier vide.

Marche de la tour. — Posez une tour (blanche ou noire, cela n'a pour l'instant aucune importance) sur la case angulaire a1. Supposons que cette pièce soit prête à jouer. Où peut-elle aller ?

La tour ne marche qu'en ligne droite et se déplace donc aussi bien sur la colonne que sur la rangée passant par la case où elle se trouve. Ainsi, de la case a1 la tour peut en un coup se poser — au choix — sur l'une des cases suivantes : a2, a3, a4, a5, a6, a7, a8 ou b1, ç1, đ1, é1, f1, g1, h1. Toutes ces 14 cases (marquées d'une croix dans le diagramme 14) lui sont donc accessibles, car elles se trouvent sur ses deux **lignes d'action :** la colonne « a » et la première rangée. On peut également dire que ces 14 cases sont **contrôlées** ou **attaquées** par la Ta1.

14

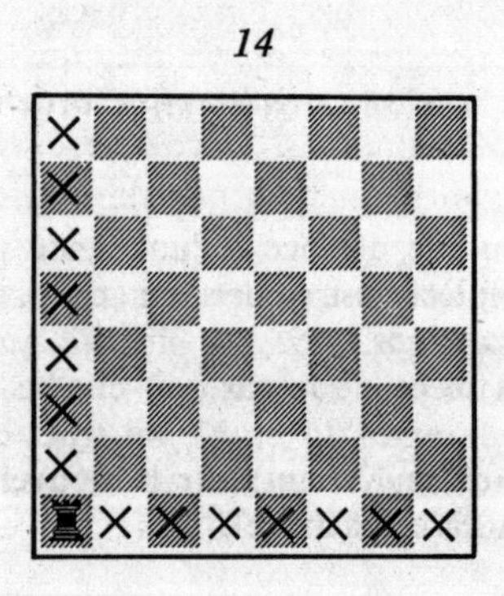

Enlevez cette tour et posez-la sur la case é4. Regardez le diagramme 15 qui reproduit ce que vous venez de faire.

15

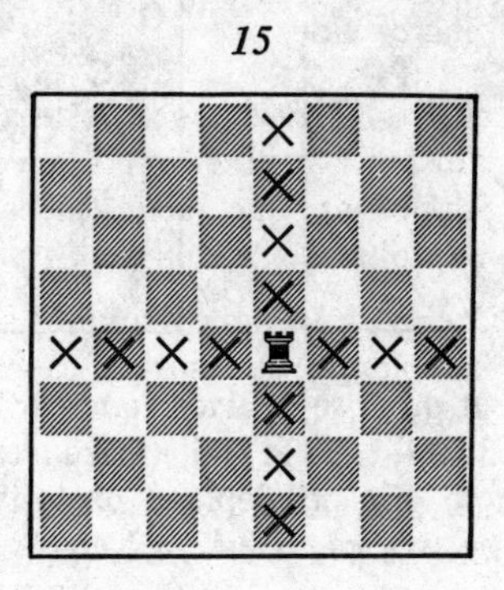

Dans sa nouvelle position la tour est aussi active que dans la précédente, car elle contrôle également 14 cases appartenant à la colonne « é » et à la quatrième rangée, les deux lignes qui passent par la case qu'elle occupe. Ces cases sont donc : a4, b4, ç4, d4, f4, g4, h4 et é1, é2, é3, é5, é6, é7, é8 (marquées d'une croix).

• La tour est une pièce importante, qui agit aussi bien à distance que sur les cases les plus proches se trouvant dans ses lignes d'action, vers les quatre points cardinaux. Ces cases sont indifféremment blanches ou noires.

Marche du fou. — Contrairement à la tour, le fou ne se déplace qu'en **diagonale,** ce qui signifie qu'il ne contrôle que des cases de **même couleur.**

Dans les diagrammes 16 et 17, on trouve les deux fous blancs : le FD et le FR, chacun sur sa case d'origine (tels qu'ils ont été présentés dans le diagramme 13).

16

17

Le FD ne peut donc se déplacer que sur les cases **noires** a3, b2, d2, é3, f4, g5 et h6 (marquées d'une croix) cependant que le FR se déplace exclusivement sur les cases **blanches** a6, b5, ç4, d3, é2, g2 et h3 (marquées d'un petit cercle).

• Quelle que soit leur position sur l'échiquier, les fous ne peuvent agir que sur des cases de même couleur que leur case d'origine.

Selon qu'il se trouve sur le bord de l'échiquier, ou sur des cases se rapprochant du centre, le fou contrôle respectivement 7, 9, 11 ou 13 cases. (Vérifiez cela en posant un fou sur a1, puis sur b2, ç3 et d4.)

Pour vous familiariser avec la marche de cette pièce, posez sur votre échiquier vide deux fous noirs : l'un en ç8, l'autre en f8. Trouvez toutes les cases contrôlées par chacun de ces fous et comptez-les. Faites ensuite le même exercice en plaçant les mêmes fous sur les cases d5 et é5.

• Par le nombre et la couleur unique des cases qu'il contrôle, le fou est une pièce inférieure à la tour.

Marche de la dame. — C'est à dessein que nous avons présenté d'abord la marche de la tour et celle du fou, car la dame réunit précisément la puissance de ces deux pièces et leur façon d'agir, en se déplaçant à volonté comme la tour (orthogonalement) ou comme le fou (diagonalement). Ainsi, la dame blanche se trouvant en f1, dans l'exemple du diagramme 18, contrôle à elle seule et simultanément les cases (accessibles au fou et marquées d'un petit cercle) : a6, b5, ç4, d3, é2, g2, h3, aussi bien que les cases (accessibles à la tour et marquées d'une croix) : a1, b1, ç1, d1, é1, g1, h1, f2, f3, f4, f5, f6, f7 et f8, donc 21 en tout.

18

Posez à présent cette dame en é5 et comptez toutes les cases qu'elle contrôle simultanément (vous en trouverez 27).

● La dame est une pièce considérable, agissant dans toutes les directions et contrôlant un grand nombre de cases, proches ou lointaines. C'est la plus puissante des forces se mouvant sur un échiquier.

Marche du roi. — Alors que les pièces déjà étudiées : tour, fou, dame, possèdent un grand rayon d'action, le roi — personnage capital de la partie d'Echecs — ne peut exercer qu'une activité restreinte, limitée aux **cases voisines** de celle où il se trouve. Nous allons déterminer ses possibilités d'agir au moyen de trois exemples.

Posez sur la case é5 de votre échiquier vide un roi noir ou blanc. Dans cette position centrale le monarque atteint le maximum de sa puissance, puisqu'il contrôle les huit cases, blanches et noires, qui l'entourent, c'est-à-dire : d4, d5, d6, é4, é6, f4, f5 et f6. Placez ensuite ce même roi en é1 (donc sur la bande). Son espace vital a diminué, car il ne contrôle plus que cinq cases voisines : d1, d2, é2, f1 et f2. Placez enfin le roi dans l'angle a1 et vous constaterez que trois cases seulement lui sont accessibles : a2, b1 et b2.

Ces trois positions différentes sont réunies dans le diagramme 19, où les cases contrôlées par le roi sont marquées d'une croix.

19

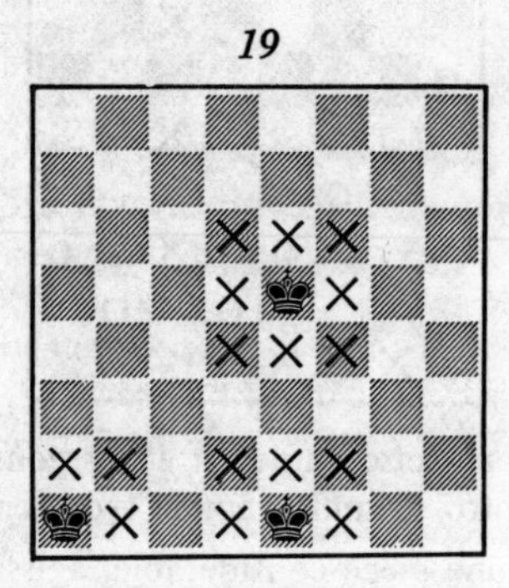

• Le roi se déplace dans toutes les directions (comme la dame), mais d'**une case seulement.**

Note. — On appelle « champ royal » l'ensemble des cases qui entourent le roi, y compris celle où il se trouve.

Marche du cavalier. — Bien différent des pièces précédentes, le cavalier a une marche caractéristique rappelant les mouvements de danse d'un cheval dressé, obéissant au rythme imposé par son maître.

Sur l'échiquier, le cavalier exécute, en effet, de petits

bonds dont l'élan se limite chaque fois aux deux coins opposés d'un rectangle de $2 \times 3 = 6$ cases.

Considérons le diagramme 20 où se trouve un cavalier blanc sur la case a1.

20

Dans sa position angulaire, ce cavalier exerce une activité modeste puisqu'il ne contrôle en fait que deux cases : b3 et ç2 (marquées d'une croix). Ces cases sont, en effet, les coins opposés à la case a1 respectivement dans les deux rectangles : a1, a2, a3, b3, b2, b1 et a1, a2, b2, ç2, ç1, b1. Pour se déplacer, le cavalier occupant la case a1 ne peut donc aller qu'à b3 ou ç2.

21

Remarque. — Sur le diagramme 21, où nous avons enlevé les rectangles imaginaires, on constate deux choses :

— le cavalier, qui occupe une case noire, contrôle deux cases blanches ;

— toutes les cases autres que b3 et ç2, se trouvant à l'intérieur des deux rectangles imaginaires, c'est-à-dire a2, a3, b1, b2 et ç1 **échappent totalement** à l'action du cavalier a1, comme le montrent les deux flèches (également imaginaires) qui nous aident à déterminer le vrai sens du déplacement du Ca1.

Regardez à présent le diagramme 22 où le cavalier se trouve sur la case d1.

22

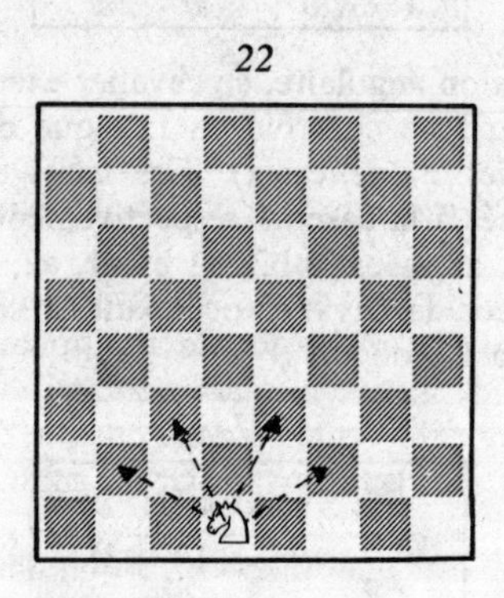

Ce cavalier exerce une activité sensiblement accrue, puisqu'il contrôle cette fois quatre cases simultanément : b2, ç3, é3 et f2 (qui sont les coins opposés à la case d1 dans les rectangles imaginaires de $2 \times 3 = 6$ cases construits à partir de la position du Cd1).

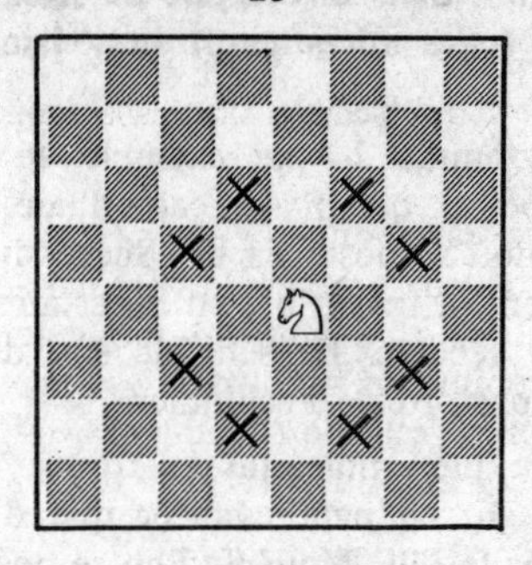

Enfin, dans le diagramme 23, la position centrale du cavalier é4 permet à cette pièce de contrôler simultanément les huit cases : ç3, ç5, d6, f6, g5, g3, f2 et d2.

● L'ensemble des huit cases contrôlées par un cavalier forme une figure régulière : c'est la « rosace » complète du cavalier.

Dans ses déplacements, le cavalier se pose toujours sur une case d'arrivée de **couleur différente** de celle de sa case de départ.

Exercice. — Familiarisez-vous avec la marche quelque peu singulière de cette pièce en multipliant les exemples. Posez, à tour de rôle, un cavalier sur a4, d8 ou g7, etc. et voyez les cases qu'il contrôle dans chaque cas. Comptez-les en même temps. Vous verrez par la suite que l'image du rectangle, utile au début, ne vous sera plus nécessaire.

Le cavalier est une pièce fort redoutable, en raison même de sa marche caractéristique.

Marche du pion. — Les officiers, en raison de leur possibilité d'agir dans plusieurs directions, peuvent **avancer** ou **reculer** à leur gré, selon les nécessités du combat. Le pion au contraire — modeste unité de l'infanterie échiquéenne — n'a guère cette liberté d'action ; il doit se diriger toujours **en avant,** dans **la colonne** où il se trouve et cela par petits pas (case après case) **sans jamais revenir en arrière.**

Dans le diagramme 24 par exemple, le pion blanc b3 ne peut se déplacer qu'en avançant d'une seule case sur sa colonne, et doit se poser en b4. Successivement, chaque fois qu'il bougera, il ira en b5, en b6 et ainsi de suite sans jamais pouvoir reculer. Le sens de son déplacement est donc du Sud au Nord de l'échiquier.

De même, le pion noir qui se trouve dans le même diagramme en g6, ne peut avancer que d'un pas (d'une case), mais dans le sens Nord-Sud en se posant sur la case g5. De g5 il ira en g4, de g4 en g3 et ainsi de suite, chaque fois qu'il voudra se déplacer.

24

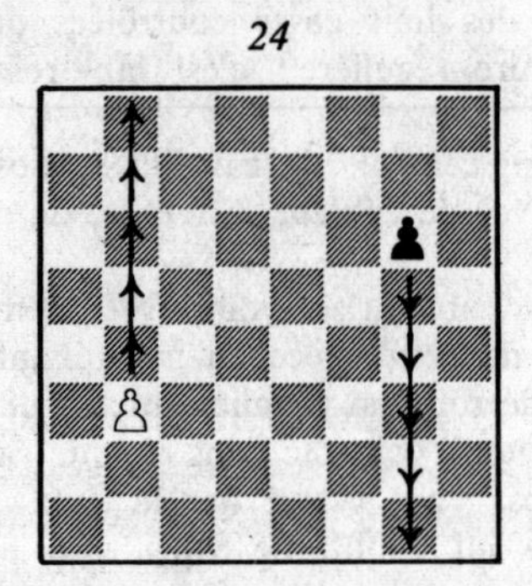

Afin de compenser cette sévère restriction et aussi dans le dessein d'enrichir les moyens de combat, on a accordé au pion deux privilèges importants.

Le premier est celui d'avancer **exceptionnellement** de **deux pas** lorsqu'il se trouve encore sur sa **case d'origine.** Cette mesure est facultative et chaque pion ne peut en user qu'**une seule fois** dans sa marche.

25

Ainsi, le pion blanc é2 peut, à son gré, aller en un coup soit à é3, soit à é4.

Egalement, le pion noir d7 peut avancer d'une case ou de deux, en se posant dans sa marche soit en d6, soit en d5. Mais attention ! aussitôt qu'il a bougé, chaque pion perd ce privilège exceptionnel.

Le second privilège, qui est en même temps une **obligation,** est la règle suivante :

Règle de la promotion. — Arrivé au terme de sa marche, c'est-à-dire à la dernière rangée, le pion **doit se transformer** sur-le-champ en une autre pièce de sa couleur (en dame, ou tour, ou fou ou cavalier, **sauf en roi**). A partir de ce moment, cette nouvelle figure le remplace sur l'échiquier.

Remarque. — La promotion n'étant pas, comme certains le croient, conditionnée par une pièce précédemment perdue, il en résulte que l'on peut avoir deux dames, trois cavaliers, etc.

IV. PIECES AMIES, PIECES ENNEMIES OBSTACLES. PRISES.

Nous avons étudié la marche des pièces se trouvant **seules,** sur un échiquier **vide.** Mais, dans le déroulement d'une partie d'Echecs, ces pièces rencontrent d'autres pièces qui peuvent entraver leur marche : ce sont des **obstacles.** Ces obstacles peuvent être de même couleur ou de couleur différente : ce sont des obstacles **amis** ou **ennemis.**

Les obstacles **arrêtent** ou **limitent** l'activité d'une pièce selon qu'ils sont amis ou ennemis.

Regardez le diagramme 26.

26

La tour blanche qui se trouve sur la case ç4 peut librement se déplacer sur la colonne —FD en allant à ç5 ou à ç6, mais pas au-delà : elle rencontre le pion blanc ç7, qui forme un obstacle infranchissable. Dans l'autre sens, sur la même colonne, cette tour est simplement **bloquée** par un obstacle ami : le cavalier ç3.

Examinons à présent les mouvements de cette tour sur la quatrième rangée. Les cases qui lui sont accessibles sont visiblement a4, b4, d4, é4. Et la case f4 ? Etant donné qu'il s'y trouve un fou noir, obstacle ennemi, la tour peut parfaitement y accéder en vertu de la règle qui lui permet de **capturer** cette pièce et de l'**éliminer** du jeu en prenant du même coup **sa place.**

● La prise du F par la T est **facultative.** D'une façon générale (et à l'exception d'un cas particulier que nous étudierons plus tard) **aucune prise n'est obligatoire.**

Observons également dans l'exemple qui nous occupe que la marche de la tour blanche s'arrête en é4 si elle ne prend pas le fou ou en f4 si elle le capture, mais qu'elle ne peut pas aller au-delà de cet obstacle.

Précisons en même temps qu'on ne peut capturer qu'une seule pièce à la fois et que, pratiquement, on l'enlève d'abord pour mettre à sa place la pièce prenante.

Dans le diagramme 27, le fou noir qui se trouve en d5 peut s'emparer au choix de l'une des tours blanches situées sur sa diagonale (sur les cases b3 et é6), mais pas des deux à la fois.

27

De combien de cases dispose ce fou dans ses déplacements ?

De dix cases : sept de la grande diagonale blanche a8/h1, plus ç4 et les cases b3 et é6 occupées par les tours ennemies. Il est clair que les cases a2, f7 ou g8 échappent complètement à son action, à cause des obstacles qui limitent ses possibilités.

Dans le diagramme 28, la dame blanche ne dispose que d'un seul coup : elle peut capturer le pion noir é3 en se substituant automatiquement à cette unité ennemie, qu'elle élimine de l'échiquier. Toutes les autres cases autour d'elle, occupées par des pièces amies, lui sont interdites.

28

- Toute pièce ennemie peut éventuellement être capturée **sauf le roi**.

- Lorsqu'une pièce joue de telle façon qu'en se posant sur une case elle peut être capturée (par une pièce ennemie) l'on dit qu'elle **se met en prise.**

- Le roi peut parfaitement capturer une pièce ennemie se trouvant à sa portée, mais **ne se met jamais en prise.**

Posez à présent sur votre échiquier les quatre pièces représentées dans le diagramme 29.

29

En analysant cette position vous remarquez que le roi blanc, s'il devait jouer, prendrait le cavalier noir b3 en se substituant à lui. Il ne pourrait absolument pas capturer le cavalier a3, car dans ce cas il **se mettrait lui même en prise,** puisque la case a3 se trouve sous le contrôle du fou noir f8. Pour la même raison, demeurent inaccessibles au roi blanc les cases b4 (contrôlée également par Ff8), a5 et b5 (contrôlées respectivement par les cavaliers noirs b3 et a3).

Précisons à cette occasion que le cavalier, malgré sa marche différente, obéit aux mêmes règles que les autres officiers lorsqu'il s'agit de ses rapports avec des pièces amies ou ennemies. Ainsi, dans le diagramme 30 le cavalier blanc é4 se trouve à demi paralysé.

30

Les quatre cases d2, ç3, ç5 et d6 sont occupées par des pièces amies et ne lui sont pas accessibles, cependant que les quatre autres cases de sa rosace : f6, g5, g3 et f2, sont occupées par des pièces ennemies qu'il peut capturer à son gré.

• En conclusion : **les officiers capturent comme ils marchent.** Il suffit, en effet, qu'une pièce ennemie entrave leur action pour qu'elle puisse être prise et donc éliminée du combat. On dit qu'ils « contrôlent » les cases où ils peuvent éventuellement capturer une pièce ennemie.

Avec le pion les choses se passent tout autrement. Sa marche modeste s'effectue toujours **en avant** sur sa colonne, et sans pouvoir **jamais reculer.**

Le pion ne dispose que d'une seule case et **il ne la contrôle même pas.**

31

Dans le diagramme 31 le pion d3 peut avancer à d4, mais **ne contrôle pas** cette case. De même le pion g2, usant de son privilège, peut avancer à g3 ou à g4, mais **ne contrôle ni l'une, ni l'autre** de ces deux cases. Pourquoi ? Parce que, contrairement aux officiers, **le pion ne capture pas comme il marche,** c'est-à-dire qu'**il n'attaque pas les cases se trouvant dans la colonne où il avance.**

32

Une pièce ennemie située sur la case d'avance d'un pion n'a rien à craindre, celui-ci **ne pouvant pas la capturer.**

Dans le diagramme 32, les pions blancs d3 et g2 ne peuvent pas avancer à cause des obstacles qui les **bloquent,** et ne peuvent pas non plus capturer ces pièces ennemies.

Le diagramme 33 nous présente quelques exemples de **pions bloqués.** Les obstacles qui arrêtent l'avance des pions sont aussi bien blancs que noirs, aussi bien figures que pions.

33

Pions bloqués

Le pion noir a7 est bloqué par le cavalier noir a6 ; le pion noir f7 est bloqué par le fou blanc f6 ; le pion blanc h2 est bloqué par le pion blanc h3 ; enfin, les deux pions (blanc et noir) se trouvant en d2 et d3 **se bloquent réciproquement.**

Contrairement aux officiers, **le pion ne prend pas comme il marche.** Il avance verticalement, mais **il prend sur les cases qu'il contrôle,** sur les **colonnes voisines,** en **diagonale,** **à droite** ou à **gauche** de la case qu'il occupe et toujours **en avant.**

Les diagrammes suivants montrent les cases contrôlées par quelques pions noirs et blancs.

34

Les cases contrôlées par les pions noirs a7, ç4, f7 et h4 sont marquées d'un petit cercle.

35

Les cases contrôlées par les pions blancs a4, d2 et g5 sont marquées d'une croix.

On constate que les pions-tour ne contrôlent (ou n'attaquent) qu'une seule case, cependant que les autres pions en contrôlent deux.

● Contrairement aux autres pièces, le pion **ne peut accéder** à la case qu'il contrôle que lorsqu'**une pièce ennemie s'y trouve**.

Mettez à la place de chaque petit cercle (du diagramme 34) une pièce blanche (sauf le roi, bien entendu). Elle peut être capturée par le pion noir voisin, qui l'élimine de l'échiquier en occupant sa case.

Faites la même opération en mettant à la place de chaque croix (du diagramme 35) une pièce noire.

Chaque pion, en prenant, **change de colonne** tout en **avançant** d'une case.

36

Dans le diagramme 36, le pion blanc a2 peut capturer successivement, en six coups, toutes les pièces noires se trouvant sur la diagonale a2/g8.

Exécutez sur un échiquier ces six prises et n'oubliez pas qu'arrivé en g8 ce pion a l'obligation de se transformer automatiquement en un officier blanc de son choix (sauf en roi).

Dans la position du diagramme 37, les pions blanc et noir sont **réciproquement** en prise : celui qui doit jouer peut donc capturer l'autre.

37

La notation des coups et la règle de la « prise en passant ». — Avant d'étudier une dernière particularité du pion, il est préférable de présenter quelques signes conventionnels, qui font partie d'un **système de notation des coups** dont l'usage permet d'être clair, d'éviter des fautes et d'économiser du temps.

Ces signes sont très simples. On emploie :

Un tiret (comme le signe — de soustraction) pour exprimer le déplacement d'une pièce sur l'échiquier ;

Une croix de Saint-André (comme le signe × de multiplication) pour exprimer la capture d'une pièce par une autre ;

— et × se placent entre les deux expressions chiffrées qui indiquent la case de départ et la case d'arrivée de la pièce qui joue.

Le diagramme 38 nous aidera à préciser la façon de noter les coups d'un pion tout en nous rappelant les divers mouvements de cette pièce.

Prenons, comme premier exemple, le pion blanc d2. Vous savez à présent qu'il est à même d'avancer d'une case ou de deux (puisqu'il se trouve encore sur sa case initiale) ou bien de capturer au choix l'une des pièces noires se trouvant à sa portée, c'est-à-dire en ç3 et é3.

Ces quatre mouvements caractéristiques du pion peuvent s'exprimer en notation de la façon suivante :

Pd2—d3 (lire : le pion se déplace de d2 à d3) ;
Pd2—d4 (lire : le pion se déplace de d2 à d4) ;
Pd2×Tç3 (lire : le pion d2 prend la tour ç3) ;
Pd2×Cé3 (lire : le pion d2 prend le cavalier é3).

Il convient d'ajouter que, pour simplifier l'écriture, le règlement et l'usage nous enseignent qu'il n'est pas indispensable d'employer l'initiale P lorsqu'il s'agit d'exprimer le jeu du pion : il suffit, à cet effet, d'indiquer seulement sa case de départ et la case d'arrivée sans oublier de préciser s'il y a simple déplacement ou prise. On n'est pas tenu non plus d'écrire l'initiale de la pièce capturée. Ainsi, les quatre mouvements de l'exemple peuvent également s'écrire :

d2—d3
d2—d4
d2×ç3
d2×é3

sans pour autant créer la moindre confusion.

En tenant compte des simplifications recommandées, on peut exprimer les quatre mouvements du pion g7 (deuxième exemple du diagramme 38) de la façon suivante :

g7—g6
g7—g5
g7×f6
g7×h6

Enfin, pour exprimer la promotion en officier d'un pion arrivé à la limite de sa marche (la dernière rangée), on emploie le signe = (comme le signe d'égalité). Ce qui signifie : le pion se transforme en... Ce signe se place immédiatement après l'expression chiffrée indiquant la case d'arrivée du pion et s'accompagne (cela est indispensable) de l'initiale de l'officier choisi.

39

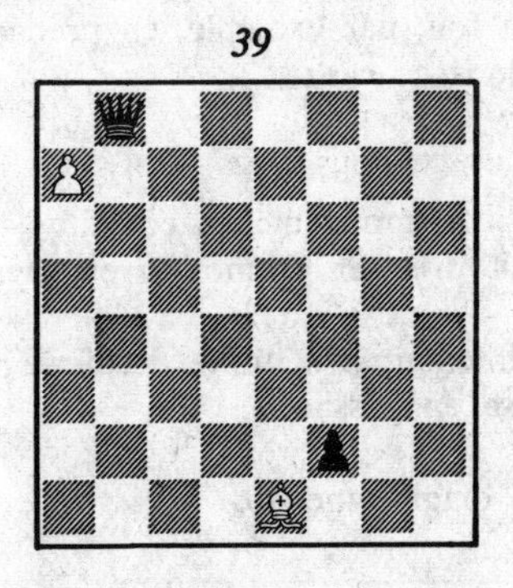

Dans le diagramme 39 le pion blanc a7 en avançant en a8 est obligé de se transformer en un officier de son choix et de même couleur (sauf en roi).

Si la promotion se fait en dame, cela s'écrit :

a7—a8=D

Si la promotion se fait en cavalier, cela s'écrit :

a7—a8=C

De même, pour exprimer que le pion noir f2, en allant à f1, se transforme en D, on écrira :

f2—f1=D

Lorsqu'un pion arrivé à la dernière rangée opère sa promotion au moyen d'une prise, la notation est la même sauf pour le signe × (remplaçant le signe —). Ainsi, toujours dans le diagramme 39, le pion blanc a7 peut parfaitement capturer la dame noire en se transformant en une dame. Cela s'écrit :

a7×b8=D

Même considération pour le pion noir f2, qui peut se transformer en fou, par exemple, en prenant le fou blanc é1. On écrit dans ce cas :

f2×é1=F

Chacun de ces mouvements constitue un seul coup, bien qu'il y ait prise et promotion en même temps.

Passons maintenant à la toute dernière particularité du pion : la « **prise en passant** ».

Regardez le diagramme 40.

40

Le pion noir a7, en avançant à a6, peut éventuellement se faire capturer par le pion blanc b5. Cette prise s'écrit :

b5×a6

Or, ce même pion noir, en avançant de deux cases (comme il en a le droit) à a5, peut également être capturé d'une façon exceptionnelle par le même pion blanc b5, qui se poserait dans ce cas en a6 en éliminant du jeu le pion noir comme si celui-ci avait avancé d'une seule case. Cette prise s'écrit :

b5×a6 e.p.

L'expression abrégée e.p. (lisez « en passant ») précise qu'il s'agit en l'occurrence d'une faveur spéciale accordée au pion blanc b5.

De même, lorsque le pion blanc f2 avance de deux cases, donc à f4, il peut parfaitement se faire prendre par le pion ennemi g4 sur la case f3, comme s'il avait avancé d'une seule case. On écrit alors :

g4×f3 e.p.

Les diagrammes 41 et 42 montrent, pour fixer les idées, la position des pions après leur avance de deux pas et après leur « prise en passant ». Les flèches indiquent les mouvements respectifs.

41

Le pion noir vient de jouer a7—a5 ;
le pion blanc vient de jouer f2—f4.

42

Position des pions b5 et g4
après les prises « en passant ».

● Retenez, en guise de conclusion, ceci :

— la « prise en passant » est considérée comme un seul coup ;

— elle ne peut être opérée qu'**immédiatement** après l'avance de deux cases du pion ennemi, sinon elle n'est plus possible entre les mêmes pions ;

— ce privilège, qui est facultatif, est réservé exclusivement au pion (jamais à un officier) ;

— un pion ne peut prendre « en passant » qu'une **seule** fois et cela à condition qu'il se trouve sur une case **voisine** (et sur **la même rangée)** de celle où se pose le pion ennemi avançant de deux cases.

Mentionnons que l'expression française « prise en passant » a été adoptée dans toutes les langues des pays où l'on cultive les Echecs.

EXERCICES

N° 1. — Combien de coups faut-il au cavalier noir d4 pour capturer les huit pions se trouvant sur sa rosace ?

43

N° 2. — Combien de coups faut-il à la dame blanche pour capturer les sept pièces noires ?

44

N° 3. — Combien de coups faut-il à la tour noire pour capturer les six pions blancs ?

45

N° 4. — Combien de coups faut-il au fou blanc pour capturer les cinq pièces noires ?

46

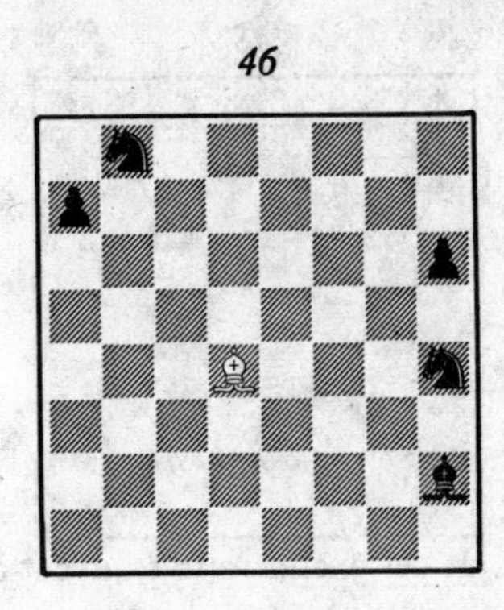

N° 5. — Combien de coups faut-il au pion noir pour se transformer en dame sur la case d1 ?

47

Nº 6. — Le pion noir vient de jouer de b7 à b5. Combien de coups faut-il au pion blanc pour se transformer en dame sur la case a8 ?

48

(Les solutions de ces exercices se trouvent à la page 392.)

V. ATTAQUE ET DEFENSE D'UNE PIECE. ECHANGE ET PERTE. COOPERATION

Posez sur votre échiquier une tour blanche en g2 et une tour noire en b5 (diagramme 49).

49

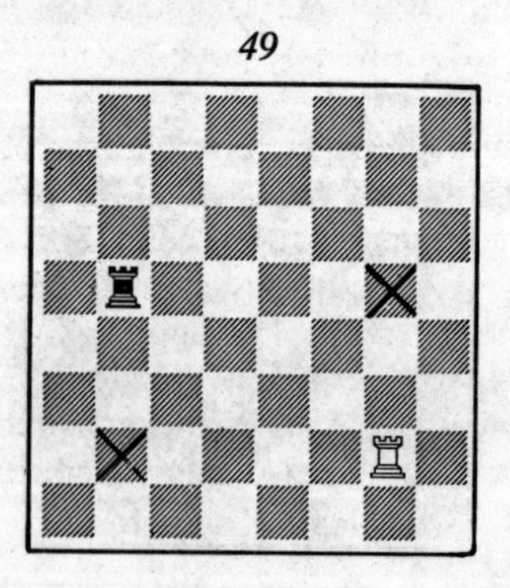

Vous constatez que sur les quatorze cases accessibles à chacune de ces tours, deux sont **dangereuses** lorsque les tours se déplacent : b2 et g5 (marquées d'une croix).

En se posant sur l'une de ces deux cases, la tour blanche entre dans une ligne d'action de la tour noire (se met donc en prise) et risque d'être capturée par celle-ci. De même, la tour noire peut se faire capturer par la tour blanche si elle s'arrête dans son déplacement sur l'une des cases b2 ou g5.

Ajoutez un fou blanc en ç1 (diagramme 50).

50

On constate aussitôt que les deux cases b2 et g5 ne présentent plus aucun danger pour la tour blanche, puisque le fou ami **la protège.**

Si la tour noire prend la tour blanche sur l'une de ces deux cases elle est prise par le fou. On peut exprimer ces opérations en notation : après le coup Tg2—b2 si les Noirs répondent Tb5×b2 les Blancs sont à même de répliquer Fç1×b2. Ou bien : après le coup Tg2—g5 si les Noirs répondent Tb5×g5 les Blancs répliquent Fç1×g5.

La disparition de la tour blanche ayant entraîné celle de la tour noire, les deux camps viennent de faire un simple **échange** de pièce.

Considérons maintenant la situation de la tour noire après le déplacement de la tour blanche en g5 (diagramme 51).

51

Après Tg2—g5 les Blancs menacent de capturer la tour ennemie au coup suivant ; en d'autres termes les Blancs **attaquent** la tour noire (non protégée) qui peut essayer de se défendre. Mais comment ?

Dans le cas présent la défense de la tour noire admet deux possibilités :

— **en capturant** la tour blanche ce qui mène, après Tb5×g5 à un simple échange au moyen de Fç1×g5 ;

— **en s'écartant** de la ligne d'action de la tour blanche (c'est-à-dire **en quittant** la cinquième rangée) par son déplacement sur la colonne b où elle se trouvera en sécurité, hors d'atteinte d'une pièce ennemie, sans oublier toutefois que sur les sept cases qui lui sont accessibles il en est une qu'elle devra éviter sous peine de se faire capturer par le fou blanc : la case b2.

Et remarquons à cette occasion qu'après le coup imprudent Tb5—b2 et la brutale réplique Fç1×b2 il ne serait plus question d'un échange, mais d'une **perte** pure et simple de la tour.

Une perte sèche surviendrait également sur le déplacement horizontal de la tour noire, qui risquerait d'être prise par la tour blanche sur l'une des cases : a5, ç5, d5, é5 ou f5.

Que se passerait-il si un fou noir se trouvait en g8 (diagramme 52) ?

52

Les Blancs viennent de jouer Tg2—g5 en attaquant la T noire, mais celle-ci, n'étant plus seule, peut mieux organiser sa défense, par exemple en se déplaçant de b5 à d5 ; sur le coup des Blancs Tg5×d5 la réponse Fg8×d5 égaliserait le matériel par un simple échange.

Cet échange s'obtient également par une autre méthode, qui consiste à **protéger sur place** la Tb5 par la réponse Fg8—ç4. En effet, à l'éventuel coup des Blancs : Tg5×b5 les Noirs n'auraient qu'à répliquer par le coup égalisant Fç4×b5.

Enfin, en examinant attentivement la position du même diagramme, on découvre encore un moyen de protéger la tour noire d'une façon indirecte, mais aussi efficace : il s'agit d'une **défense par interposition** obtenue en l'occurrence par le coup Fg8—d5. Cette nouvelle situation se retrouve dans le diagramme 53.

53

On constate que la tour blanche n'attaque plus la tour noire, son action sur la cinquième rangée (dans le sens Est-Ouest) se trouvant désormais limitée à la case d5 occupée par le fou noir devenu ainsi un véritable bouclier.

Les Blancs, bien qu'ayant la possibilité de capturer ce fou, se garderaient bien de le faire, évitant ainsi un mauvais marché. Après Tg5×d5 et la réponse Tb5×d5, le résultat ne serait, en effet, guère brillant pour eux étant donné que la tour est supérieure au fou. Il ne s'agirait plus d'un simple échange égalitaire, mais d'un **échange déficitaire.**

Cette opération onéreuse (une tour pour un fou) se traduit par l'expression technique : **perdre la qualité.**

Bien entendu, dans le sens contraire (comme c'est le cas ici pour les Noirs qui donnent un fou pour une tour) l'opération s'appelle : **gagner la qualité.**

• Résumons ce que nous venons d'apprendre :

— deux pièces ennemies de même marche et de même valeur peuvent s'attaquer réciproquement ou s'anéantir ;

— elles peuvent aussi se défendre, soit en utilisant leurs propres ressources (capture de la pièce ennemie ou fuite de la pièce attaquée), soit en faisant appel à une pièce amie (susceptible d'exercer sa protection directement ou par interposition).

Ce dernier cas nous offre l'exemple le plus simple de la **coopération** des forces, une des bases stratégiques de la partie d'Echecs.

Voyons d'autres cas d'attaque et de défense, en étudiant des pièces dont la marche est différente.

Posez sur votre échiquier vide un cavalier blanc en ç1 et un fou noir en d8. Déplacez ensuite ce fou de d8 à g5. Dans la nouvelle position obtenue (diagramme 54) on constate que le cavalier est en danger : le fou l'attaque et menace de le capturer au coup suivant.

54

Le cavalier peut-il se défendre tout seul ? Oui, mais d'une seule façon : en **quittant** la case qu'il occupe. Son simple déplacement constitue un moyen efficace de protection grâce à sa marche caractéristique. On sait que la case d'arrivée d'un cavalier est de couleur différente de celle de sa case de départ. Le fou-roi noir, n'agissant que sur des cases noires exclusivement, perdra automatiquement toute action sur le cavalier qui, en jouant, gagnera en toute sécurité l'une des cases blanches qui lui sont accessibles : a2, b3, d3 ou é2.

Remplacez à présent le fou-roi noir par un fou-dame noir et posez-le sur la case a6. Jouez ce fou de a6 à ç4 (diagramme 55).

55

Ce fou n'attaque rien, mais que se passera-t-il lorsque le cavalier jouera ? Il sera bel et bien perdu, car sur n'importe laquelle des quatre cases qui lui sont accessibles : a2, b3, d3 ou é2, il se mettra en prise et le fou pourra le capturer.

En termes techniques on dit que le cavalier ç1 est **coupé** par le fou ç4, ou bien qu'il est **dominé** par lui.

Considérez maintenant la position du diagramme 56 où le cavalier blanc, qui vient de jouer de ç1 à é2, **attaque** le fou-roi noir qui se trouve en f4. Celui-ci peut se défendre par ses propres moyens en se déplaçant tout simplement dans les quatre directions de ses deux diagonales qui lui sont accessibles, mais il prendra soin toutefois d'éviter les cases ç1 et g3, où il risque fort de se faire capturer par le cavalier ennemi.

56

En notation, ces deux cas peuvent s'exprimer ainsi : si **Ff4—ç1** ou **Ff4—g3** les Blancs peuvent réagir en jouant **Cé2×ç1** ou **Cé2×g3.**

Le fou n'a aucune autre protection à sa disposition, sauf s'il faisait appel à l'**aide d'une pièce amie** qui lui permettrait de se maintenir en place. A cet effet une tour noire en a2 suffirait amplement, soit en jouant à a4 (ce qui mènerait à un simple échange : si Cé2×f4 les Noirs répondraient Ta4×f4), soit, ce qui est plus efficace encore, en capturant sur-le-champ le cavalier trop entreprenant (au moyen du coup Ta2×é2).

Une question se pose : en faisant appel à plusieurs pièces amies le fou noir f4 pourrait-il user d'un troisième moyen de défense : par **interposition** ?

Non ! Parce que **le cavalier n'ayant pas de ligne d'action effective, on ne saurait lui bloquer la marche en posant une pièce entre sa case de départ et sa case d'arrivée.**

Le cavalier a le privilège unique de pouvoir agir sur une case qui lui est accessible et sur laquelle se trouve une pièce ennemie **sans jamais être entravé par des obstacles existant sur les cases intermédiaires** de son déplacement.

Un exemple graphique mettra mieux en lumière cette règle (diagramme 57).

57

Entre le cavalier é2 et le fou f4 on a placé à dessein deux pièces noires sur les cases intermédiaires : un pion en é3 et un cavalier en f3.

Ces deux pièces **ne font nullement obstacles** dans la marche caractéristique du cavalier blanc. La capture du fou peut parfaitement être effectuée par le cavalier, **comme si le pion é3 et le cavalier f3 n'existaient pas.** La flèche qui indique le sens d'action du cavalier blanc sur le fou noir montre visuellement cette assertion.

On dit généralement que le cavalier « saute » par-dessus les pièces, alors qu'en réalité il se **faufile** tout simplement entre celles-ci.

• En conclusion : on ne peut protéger une pièce (tour, fou ou dame) attaquée par un cavalier que par le **retrait** de cette pièce ou par la **collaboration** d'une pièce amie.

• **Une exception :** lorsqu'un cavalier attaque un cavalier ennemi, ce dernier est à même de le capturer sans l'aide d'une pièce amie.

En jouant de ç1 à é2, le cavalier blanc attaque le cavalier noir f4, mais se met du même coup **en prise** par ce dernier qui peut donc le capturer.

VI. RELATIONS ENTRE LE ROI ET LES AUTRES PIECES AMIES OU ENNEMIES

Deux pièces de couleur différente peuvent s'opposer, se défendre ou s'éliminer du jeu soit par leurs propres moyens, soit avec l'aide d'une pièce amie. Le diagramme 58 résume toutes ces possibilités.

58

La tour noire (qui vient de jouer de g1 à g7) attaque la tour blanche b7 qui pour se défendre peut :

— **quitter** la septième rangée (en se posant sur une case quelconque de la colonne-cavalier-dame (b8, b6, etc.) ;

— **capturer** la tour noire soit directement (Tb7×g7), soit par le cavalier blanc é8 (Cé8×g7) ;

— limiter l'action de la tour noire en **interposant** sur une case intermédiaire de la septième rangée le cavalier (par exemple Cé8—ç7) ;

— **s'échanger** enfin (ou proposer l'échange) contre la tour ennemie par deux moyens : en se posant sur la case contrôlée par le cavalier (Tb7—ç7), ou en restant sur place et en laissant au cavalier le soin de la protéger (par le coup Cé8—d6). Dans ces deux derniers cas, à l'éventuel coup Tg7×ç7 (ou Tg7×b7), la réplique serait Cé8×ç7 (ou Cd6×b7).

Mais si, par inadvertance ou par faux calcul, la tour blanche néglige sa défense en jouant mal, par exemple Tb7—a7, elle se laisse capturer par la tour ennemie (Tg7×a7) sans la moindre contrepartie matérielle.

Un tel coup — bien que généralement blâmable et parfois désastreux — est parfaitement admis : la défense d'une pièce attaquée **n'est pas obligatoire.**

Ajoutons que **le joueur qui attaque une pièce n'est pas tenu de le faire remarquer,** ni par un geste de la main, ni par la parole ; tout au contraire, il est recommandé de garder le silence pendant le déroulement d'une partie d'Echecs.

A tout cela, le roi apporte des exceptions. Les relations du roi avec les autres pièces, amies ou ennemies, dans les diverses combinaisons réalisées sur l'échiquier sont si importantes et parfois si particulières que bien des pages de cette initiation leur seront consacrées.

Maintenant, remplacez dans la position précédente la tour blanche par le roi blanc (diagramme 59).

59

La tour noire (venant de g1) attaque le roi blanc exactement comme elle attaquait auparavant la tour b7. De quels moyens dispose le roi pour se défendre ?

— Il peut **fuir,** en évitant le tir ennemi par son simple **déplacement** sur une case plus sûre (a8, b8, ç8, a6, b6, ç6) ;

— il peut **se débarrasser** de la tour en appelant à l'aide son cavalier (Cé8×g7) ;

— il peut aussi **amortir le choc** de la tour ennemie grâce à **l'interposition** du cavalier (Cé8—ç7) ;

Ensuite ? C'est tout ! Contrairement à l'exemple précédent, on ne saurait concevoir des coups tels que Rb7—ç7 ou Cé8—d6 ou bien Rb7—a7 en vertu de la règle formelle : **le roi ne doit jamais rester ou se mettre en prise.**

Rester ou se mettre en prise étant des mouvements qui entraînent l'éventuelle capture de la pièce attaquée, il est expressément défendu de les pratiquer lorsqu'il s'agit du roi.

Que se passe-t-il si, par inadvertance, le joueur dont le roi est attaqué néglige ou oublie cette convention ? La réponse est catégorique : cela n'arrive pratiquement jamais entre joueurs avertis et, pour éviter précisément de telles méprises aux joueurs débutants, une règle ancienne, aujourd'hui passée dans l'usage courant, exige que **lorsqu'on attaque le roi, contrairement à ce que nous venons de recommander, il faut le faire remarquer à haute voix en disant : « échec au roi » ou simplement : « échec ».**

Ainsi le joueur dont le roi est en danger prend immédiatement la mesure qui s'impose en parant **obligatoirement** l'échec par l'un des moyens permis.

• En notation, l'échec s'exprime par le signe + (comme le signe d'addition) que l'on place après le chiffre désignant la case d'arrivée de la pièce attaquante. Ainsi, dans notre dernier exemple le coup effectué par les Noirs s'écrit :

Tg1—g7+

Précisons que lorsqu'on attaque la dame on ne l'annonce pas à haute voix (ni d'aucune autre façon) comme certains joueurs inexpérimentés croient devoir le faire.

Cette règle s'applique exclusivement à l'égard du roi. Elle peut ne pas être strictement observée par des joueurs chevronnés ou des maîtres, mais demeure indispensable aux néophytes.

● Après le coup Cé8—ç7 (diagramme 59) on dit que le cavalier est **cloué :** il ne saurait bouger sans mettre le roi en prise.

Voici quelques exemples particuliers complétant le tableau des possibilités défensives d'un roi attaqué.

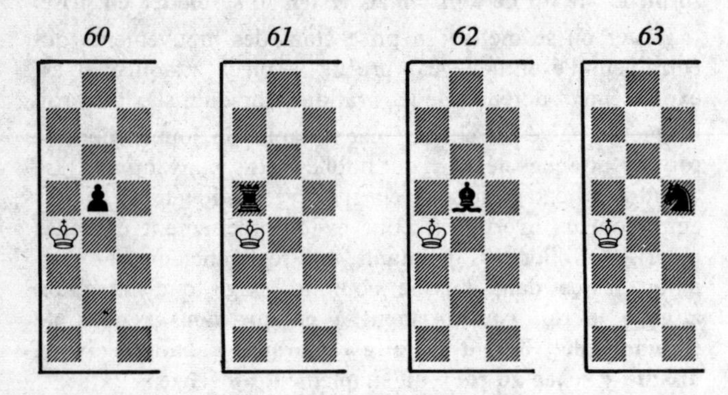

Les Noirs viennent de jouer **b7—b5+** dans le diagramme 60 ; **Tç5—a5+** dans le diagramme 61 ; **Fa6—b5+** dans le diagramme 62. Trois cas où le roi ne peut parer l'échec que de deux façons : soit en capturant lui-même le pion, ou la tour, ou le fou, soit en se réfugiant sur une case plus sûre : b4 ou b3 par exemple.

● Il n'est point question dans ces trois positions de pratiquer la défense par interposition, même s'il y avait la présence d'une pièce amie, car les pièces qui donnent échec se trouvent dans le champ du roi.

Un seul moyen de défense s'offre au roi dans le diagramme 63 (où les Noirs viennent de jouer Cb7—ç5+) : en quittant tout simplement la case qu'il occupe (sans toutefois aller à b3, case contrôlée par le cavalier noir).

• Bien que le cavalier ne soit pas dans le champ du roi et même avec la présence d'une autre pièce blanche (par exemple un fou en ç3), la défense par interposition est exclue, en raison de la marche caractéristique du cavalier.

Batterie. Echec à la découverte.
Echec double. Relations entre les deux rois.

Dans les exemples qui précèdent, où l'échec au roi est donné par une pièce ennemie opérant **seule,** il s'agit d'un **échec direct.**

Il existe un cas spécial où l'échec provient d'une pièce **masquée (interceptée)** par une autre pièce de même couleur, mais ayant une marche différente. La pièce **masquante (interceptante)** en jouant **découvre (désintercepte)** la première.

Regardez le diagramme 64.

64

Le fou noir f8 est **intercepté** par la tour noire sur la case é7 qui se trouve sur la diagonale a3/f8. Sur cette diagonale le roi blanc occupe la case b4. Aucune autre pièce n'entrave l'action du fou le long de cette ligne. Sur un simple déplacement de la tour **démasquant** le fou, le roi blanc recevra un échec (du fou f8). Il s'agit d'un échec indirect ou plutôt d'un **échec à la découverte** que l'on écrit +**déc.** ou, plus simplement +**d.**

Dans notre cas, en supposant que la tour noire se déplace de é7 à h7, on écrira :

Té7—h7+d.

● La disposition de deux pièces à marches différentes dont l'une donne (ou est à même de donner) un échec à la découverte s'appelle **batterie.**

● Lorsque la pièce interceptante est le roi, on a une **batterie royale.** Ainsi, en remplaçant la Té7 par un roi noir (diagramme 65) on obtient une **batterie royale** noire.

65

Il suffit, en effet, que le roi noir joue (sur l'une des cases de son champ, sauf sur la case d6) pour que le roi blanc reçoive automatiquement un échec à la découverte.

Bien entendu, un tel échec peut être paré par les moyens précédents : **fuite** (du roi blanc, qui doit quitter la diagonale a3/f8), **capture** (de la pièce qui donne l'échec indirect) ou **interposition** (avec l'aide d'une pièce amie).

66

Dans le diagramme 66, par exemple, sur le coup des Noirs Té7—h7+d., les Blancs peuvent à leur gré réagir de trois façons différentes en jouant **Rb4—a4** ou **Tf5×f8** ou encore **Tf5—ç5.**

Après ce dernier coup **(Tf5—ç5)** la tour blanche se trouve **clouée.**

Souvent, une **pièce clouée** est réduite (momentanément) à l'impuissance puisqu'elle ne peut pas bouger sans mettre son roi en échec (donc en prise). La Tç5 ne peut pas quitter la **ligne de clouage.**

Une dame blanche, qui se trouverait à la place de la Tç5, tout en étant clouée, pourrait se déplacer sur la ligne de clouage, c'est-à-dire à d6, é7 ou même à f8 en prenant le fou ; un fou aurait les mêmes possibilités.

Mais il existe un cas assez curieux où l'échec ne peut être paré que d'**une seule** façon, malgré la présence d'une (ou de plusieurs) pièce (s) amie (s) : lorsque les deux unités formant batterie agissent **en même temps** sur l'objectif royal.

Dans la position du dernier diagramme il suffit de déplacer la tour noire non pas en h7, comme précédemment, mais en b7 (diagramme 67).

67

(Position après le coup des Noirs : Té7—b7.)

Le roi blanc reçoit **simultanément** l'échec à la découverte du Ff8 (sur la diagonale a3/f8) et l'échec de la tour (sur la colonne-cavalier-dame). C'est le terrible **échec double,** arme redoutable entre toutes, et contre laquelle il ne saurait y avoir d'autre moyen de défense que la **fuite** du roi blanc sur une case se trouvant hors de portée des deux pièces noires (ici : a5, a4, ç4 ou ç3).

● L'échec double est désigné par le signe ++. L'opération que nous venons de voir s'écrit donc :

Té7—b7++.

Si, à la place de la Té7 on mettait le roi noir (comme dans le diagramme 65), pourrait-on dans ce cas utiliser la batterie royale pour donner un échec double ?

Non, car **un roi ne peut pas attaquer un autre roi.**

Le comportement des rois, lorsqu'ils se trouvent dans la

même zone d'opérations, est soumis à certaines conditions que l'on doit strictement respecter, puisque **le roi ne se met jamais en prise.** Les deux monarques ont l'obligation **de garder une certaine distance entre eux,** aucun ne pouvant pénétrer dans le champ de l'autre. Ils doivent toujours **être séparés d'une case** au moins.

Les diagrammes suivants présentent les trois positions-limite entre deux rois : sur une colonne, sur une rangée, sur une diagonale.

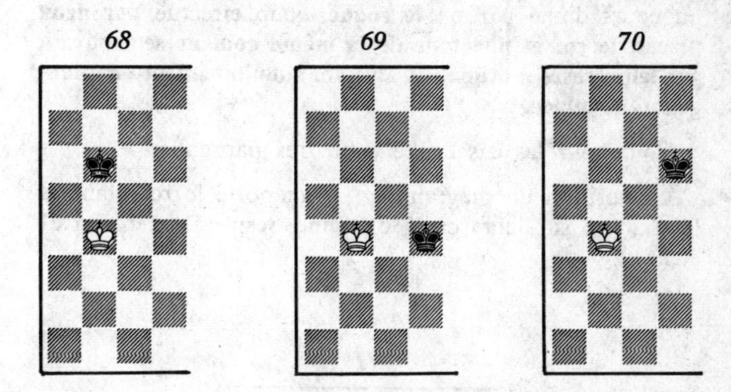

Le roque.

Nous avons vu qu'en raison même de la restriction qui leur est imposée, les rois doivent garder une certaine distance lorsqu'ils se trouvent face à face. Afin de compenser leurs mouvements limités et leur réserve réciproque, et aussi dans le dessein de leur assurer une plus grande sécurité, les créateurs du noble jeu ont accordé aux rois un privilège unique : **le droit de roquer.** Cette relation toute spéciale concerne le **roi** et les **deux tours** de chaque camp. Elle est une combinaison exceptionnelle de deux éléments de l'échiquier.

Aux Echecs, chaque coup est effectué par une **seule** pièce et cela à tour de rôle : tantôt par les Blancs, tantôt par les Noirs. Il se traduit par une prise ou un simple déplacement, ou encore (dans le cas d'un pion arrivé à la dernière rangée) par une promotion, et cela toujours sur une **seule** case.

Il n'existe qu'une seule exception à cette règle et cette exception n'est admise qu'**une seule fois** pour chaque camp au cours d'une partie : **le roque,** coup effectué par **deux** pièces, **le roi et une tour de la même couleur** se trouvant **sur leurs cases d'origine** et agissant **simultanément en changeant de place.**

Voici tous les cas de ce coup très particulier.

La position du diagramme 71 comporte le roi blanc et la tour-roi sur leurs cases d'origine, respectivement en é1 et h1.

71

Position *avant* le petit-roque

Le diagramme 72 montre la position complètement modifiée de ces deux pièces, une fois le roque effectué.

72

Position *après* le petit-roque

Le grand changement opéré entre les deux diagrammes compte pour **un seul coup.**

Décomposons ce coup en ses parties constitutives. Le roi a franchi **à la fois deux cases** contiguës : f1 et g1, alors que d'ordinaire il lui aurait fallu deux temps pour le faire. Quant à la tour, elle vient de **sauter** par-dessus son roi, en se posant sur la case f1. Ce coup exécuté par le roi et la tour-roi s'appelle le **petit-roque.**

Généralisons cette combinaison étrange qui ne manque pas de pittoresque : un roi plein d'allant et une tour bondissante !...

Le roque peut être opéré aussi bien par le roi et la tour-dame en employant le même procédé, mais en sens opposé, comme le montrent les diagrammes suivants :

73

Position *avant* le grand-roque

74

Position *après* le grand-roque

En décomposant le mouvement exécuté, on remarque que le roi a franchi également **deux cases à la fois,** mais en se dirigeant cette fois-ci vers la tour-dame, qui a **sauté** par-dessus le roi en se plaçant auprès de celui-ci, en d1.

• On appelle **grand-roque** ce coup particulier exécuté par le roi et la tour-dame.

Remarque. — Pour effectuer le roque, on se sert des deux mains en déplaçant simultanément le roi et la tour dans le sens contraire, ou bien d'une seule main, en jouant d'**abord** le roi de deux cases (à sa droite ou à sa gauche selon la nature du roque) puis la tour par-dessus le roi en la posant aussi vite que possible sur la case voisine de celui-ci.

Il va de soi qu'avec le roi noir et ses deux tours les roques doivent être exécutés de la même façon (voir les diagrammes suivants).

75

Position *avant* le petit-roque

76

Position *après* le petit-roque

77

Position *avant* le grand-roque

78

Position *après* le grand-roque

On écrit le petit-roque en employant le signe **o—o ;** pour le grand-roque, on emploie le signe **o—o—o.**

Le verbe traduisant cette action est **roquer.**

Pour éviter l'arbitraire, le roque est soumis à un certain nombre de conditions qui règlent son emploi dans le déroulement d'une partie.

Les règles du roque. — Le roque ne peut être effectué qu'**une seule fois** au cours d'une partie. Son emploi est **facultatif.** Roquer est un droit, mais non une obligation.

Le droit de roquer est réglementé par l'ensemble des règles que voici :

A. — On ne peut roquer que si **roi et tour se trouvent en position initiale** (chaque pièce sur sa case d'origine).

B. — Pour que la position initiale de ces deux pièces soit prise en considération, il faut que **ni le roi, ni la tour** (avec laquelle on veut roquer) **n'aient bougé.**

Six cas s'en déduisent logiquement :

1° Roi et tours n'ont jamais bougé : les deux roques sont permis.

2° Roi et tours (bien que se trouvant sur leur case d'origine) ont bougé (et ensuite sont revenus à leur place) : aucun roque n'est permis.

3° La tour-dame a bougé, mais roi et tour-roi sont toujours restés sur place : seul le petit-roque est permis.

4° La tour-roi a bougé, mais roi et tour-dame sont toujours restés sur place : seul le grand-roque est permis.

5° Les deux tours n'ont pas bougé, mais le roi s'est déjà déplacé au cours de la partie et ensuite est revenu à sa place : aucun roque n'est permis.

6° Les deux tours ont bougé, seul le roi est toujours resté sur place : aucun roque n'est permis.

Le tableau ci-dessous s'applique aussi bien aux Blancs qu'aux Noirs.

Rois et tours en position initiale

1° Aucune pièce n'a bougé : deux roques permis.
2° Toutes les pièces ont bougé : aucun roque permis.
3° Seule la TD a bougé : seul o—o permis.
4° Seule la TR a bougé : seul o—o—o permis.
5° Seul le roi a bougé : aucun roque permis.
6° Seul le roi n'a pas bougé : aucun roque permis.

79

C. — Les cases se trouvant entre le roi et la tour avec laquelle on veut roquer doivent être **vides.**

80

Rois et tours n'ont pas bougé : roques provisoirement impossibles

Dans la position du diagramme 80 (où rois et tours n'ont pas bougé de leur place) aucun roque n'est permis dans l'immédiat, car le **trajet** de chaque roque éventuel **est obstrué** par une pièce. Les deux roques **demeurent possibles** dans chaque camp et pour les effectuer il suffit de **dégager leur trajet** en enlevant d'abord les pièces obstruantes.

D. — Toutes ces conditions étant respectées, le roque n'est néanmoins pas possible dans l'immédiat si les **cases** qui font partie du **trajet royal** sont **contrôlées par des pièces ennemies.**

81

Rois et tours n'ont pas bougé : roques provisoirement impossibles.

En effet, les cases d1 (contrôlée par le C noir) et f1 (contrôlée par le F noir) sont interdites au R blanc ; de même que les cases d8 et f8 (contrôlées par la D blanche) sont interdites au R noir.

82

Rois et tours n'ont pas bougé : roques provisoirement impossibles.

Dans la position du diagramme 82, l'impossibilité de roquer sur-le-champ est aussi évidente : en se déplaçant de deux cases, chaque roi **se mettrait** directement **en échec** (ou **en prise)** par la pièce ennemie, les cases ç1 et g1 (contrôlées par le F noir) sont interdites au R blanc ; les cases ç8 et g8 (contrôlées par le C blanc) sont interdites au R noir.

Ici encore la disparition des pièces ennemies qui contrôlent le trajet royal rendraient tous les roques possibles.

• Cette règle ne vise que le roi, les tours ayant la liberté de se mouvoir, même en passant par des cases contrôlées par l'ennemi.

83

Rois et tours n'ont pas bougé : tous les roques sont permis.

Dans la position du diagramme 83 (où le fou noir contrôle dans le camp blanc la case b1 tout en attaquant la Th1 ; et le fou blanc contrôle la case b8 tout en attaquant la Th8) tous les roques sont permis et cela même sur-le-champ, car les cases soumises à la pression ennemie **ne font pas partie du trajet royal.**

E. — Enfin, restriction souvent ignorée : le roque est inexécutable au moment où **le roi reçoit un échec.**

Les Noirs viennent de jouer Fg5—h4+
Roi et tours n'ont pas bougé :
roques provisoirement impossibles.

Le roi blanc est obligé de parer l'échec que le fou noir vient de lui administrer et peut le faire par l'un des moyens connus : fuite (en jouant à d1, d2, é2 ou f1), interposition (au moyen du coup Cf5—g3) ou capture (Cf5×h4 ou Th1×h4), mais **il lui est interdit de le faire en roquant.**

Remarquons à cette occasion que la façon de parer un échec peut éventuellement entraîner la **perte partielle ou totale** du droit de roquer ou bien le garder intact dans les deux sens. Plusieurs cas sont à distinguer en supposant que le roi et les tours n'ont pas encore bougé.

1° Le roi se défend par ses propres moyens (en fuyant ou, lorsque l'occasion se présente, en capturant la pièce ennemie). Conséquence : **perte totale** du droit de roquer.

2° L'échec est paré par l'interposition d'une pièce amie. Conséquence : le droit de roquer **reste entier.**

3° L'échec est paré en capturant la pièce ennemie par une pièce amie autre que la tour. Conséquence : le droit de roquer **reste entier.**

4° L'échec est paré en capturant la pièce ennemie par la tour-roi. Conséquence : cela entraîne la **perte du petit-roque,** mais le droit de faire **le grand-roque reste intact.**

En conclusion : le fait de recevoir un échec (ou même plusieurs échecs) au cours d'une partie n'**agit nullement** sur le droit de roquer si le roi et les tours (ou l'une des tours) ne bougent pas.

EXERCICES

N° 7. — Combien de coups faut-il au roi blanc pour capturer les cinq pièces noires ?

85

N° 8. — De quelle façon les Blancs peuvent-ils capturer toutes les pièces noires le plus rapidement possible ?

86

N° 9. — De combien de façons les Noirs peuvent-ils parer l'échec que le fou blanc vient de donner ?

87

Le dernier coup des Blancs a été Fb8—a7+

(Les solutions de ces exercices se trouvent à la page 393.)

Le mat, but suprême de la partie d'Echecs.

Les coups étudiés jusqu'ici — qu'il s'agisse d'une prise ou d'un simple déplacement d'une pièce, d'un échec ou du roque — ont tous la particularité de contribuer, en tant qu'éléments constitutifs de la partie d'Echecs, au déroulement du combat, qu'ils peuvent influencer sans pour autant l'arrêter. Facultatifs ou obligatoires, propices ou néfastes, forts ou faibles selon les circonstances de leur exécution, tous ces coups passent, se répètent, se suivent et se heurtent, évoluent sur l'échiquier et déterminent les diverses phases **provisoires** de la lutte et leurs relatifs revers ou succès. Mais l'instant arrive où toutes les activités, qui traduisent les efforts des deux camps opposés, cessent : la position présente un caractère **définitif,** la partie est terminée.

Or, de tous les arguments qui mettent un point final aux hostilités engagées sur le terrain des 64 cases, le plus catégorique et le plus spécifique est l'« échec et mat » ou **MAT.** Tirée d'une expression persane qui signifie : « Le roi est mort », cette conclusion quelque peu brutale, parfois inattendue, souvent sciemment préparée, est le but suprême de toutes les opérations constituant une partie d'Echecs.

Le mat est une position où l'**un des rois reçoit un échec qu'il est incapable de parer** par l'un des moyens admis : fuite, interposition ou prise. Le joueur dont le roi est mat **a perdu,** et **la partie cesse automatiquement.**

Le diagramme 88 présente une intéressante position de mat.

88

Les Noirs viennent de jouer Fb6—ç5+

Selon la règle, un roi a l'obligation de se défendre sur-le-champ par tous les moyens dont il dispose lorsqu'il est attaqué.

En analysant la situation des pièces dans la position du diagramme 88, on remarque :

— que le roi blanc **ne peut pas fuir,** les cases de son champ lui étant inaccessibles (a2 et b2 à cause de la présence du roi noir b1 ; a4 occupée par le fou blanc ; b3 contrôlée par le cavalier noir a5 et enfin, b4 se trouvant sous l'action directe du fou ennemi qui donne échec) ;

— que la dame blanche ne peut intervenir ni pour s'interposer sur la case b4, ni pour capturer le fou noir parce qu'elle est clouée par la tour d3 et ne saurait, par conséquent, quitter la troisième rangée sans laisser le roi en échec, donc en prise, ce qui est absolument interdit.

Conclusion : le roi blanc est **mat.**

Quelques mats caractéristiques.

Les positions de mat varient d'innombrables façons et pour les obtenir il suffit parfois de trois pièces seulement, comme dans les deux exemples suivants :

89

Les Blancs jouent
et font mat en un coup

90

Les Blancs jouent
et font mat en un coup

Dans la position 89, les Blancs peuvent choisir entre **Dd2—b2 mat** et **Dd2—d1 mat ;** dans la position 90, les

Blancs peuvent au choix jouer **Tb2—a2 mat** ou bien **Tb2—b1 mat.**

Les trois exemples qui précèdent montrent des mats réalisés grâce à la **coopération** de deux ou **plusieurs** pièces amies. Il est parfois possible de faire mat avec une seule pièce, en profitant de l'**obstruction** partielle ou totale **du champ royal** ennemi. Cela se produit surtout lorsque le roi se trouve sur l'une des bandes de l'échiquier ou dans un angle.

91

Les Blancs jouent
et font mat en un coup

Sur le diagramme 91, il est clair qu'en jouant simplement **Tg5—g8**+ la tour blanche fera mat, car les cases de **fuites du roi noir (ç7, d7 et é7)** sont obstruées par des pions noirs.

Ce mat, réalisé par une tour le long de la **huitième** rangée grâce à l'obstruction des cases de fuite du roi, s'appelle pittoresquement : le **mat du couloir.**

En remplaçant, dans la position du diagramme 91, la tour blanche par un cavalier blanc et en ajoutant une dame noire en ç8 et un cavalier noir en é8, on obtient la position du diagramme 92, où l'on remarque la puissante escorte du roi noir.

92

Les Blancs jouent
et font mat en un coup

Mais aux Echecs aussi « abondance de biens nuit ». Il suffit, en effet, pour faire mat le monarque si bien entouré, de jouer tout simplement **Cg5—f7+**.

C'est là un des aspects du curieux « mat à l'étouffée » ou « mat étouffé », qui se produit plus souvent qu'on ne pense et dont la réalisation repose sur l'obstruction totale du champ royal ennemi.

Le diagramme 93 nous fournit un saisissant exemple de « mat de l'angle » rendu possible par l'obstruction des cases de fuite du roi blanc.

93

Les Noirs jouent
et font mat en un coup

La solution est simple : **Fd1—f3 mat.**

On rencontre également des positions de mat plus complexes où l'on trouve l'application d'un coup spécial tel le roque, ou la prise en passant, ou encore un échec double, ce qui rend un peu plus ardue la recherche de la solution. La connaissance de quelques exemples caractéristiques facilite grandement l'examen de ces cas curieux. En voici trois.

94

Les Noirs jouent
et font mat en un coup

Pour répondre à l'énoncé de ce petit problème les Noirs n'ont qu'à jouer **o—o—o mat.** Le grand-roque est, en effet, l'unique solution possible.

Remarquons que dans un problème, **à moins de démontrer le contraire,** on considère que le droit de roquer d'un camp où roi et tour se trouvent à leur place initiale **est demeuré intact.**

95

Les Blancs jouent
et font mat en un coup

Que de pièces noires dans la position du diagramme 95 ! Néanmoins... grâce à leur batterie composée d'un fou et d'un cavalier les Blancs gagnent en jouant **Cg2—f4 mat.**

Rien à faire contre un échec double !...

96

Les Noirs viennent de jouer Fg1—ç5+.
Les Blancs parent l'échec, mais ne peuvent éviter le mat.

Quant à la position du diagramme 96, elle comporte une ressource à laquelle on ne pense pas d'emblée, bien qu'il s'agisse d'un coup normal, parfaitement réglementaire et décrit plus haut.

Les Blancs ne disposent manifestement que d'un seul coup pour parer l'échec du fou noir. Ce coup est **b2—b4.** Faites-le et cherchez la réponse des Noirs...

Pour la trouver il suffit de se souvenir de la règle illustrée par les diagrammes 40, 41 et 42. Les Noirs ont le droit de répondre :

ç4×b3 e.p.

Ils le font d'autant plus volontiers qu'en pratiquant la « prise en passant » ils prononcent en même temps le mot magique : mat !

VII. LA PARTIE PERDUE. LA PARTIE NULLE, LE PAT ET L'ECHEC PERPETUEL.

La partie perdue. Le mat n'est pas la seule façon de terminer une partie d'Echecs. Il arrive souvent que l'un des joueurs mette fin au combat par **l'abandon** pur **et** simple qu'il exprime, selon l'usage, **verbalement** ou bien **en couchant son roi sur l'échiquier** en signe de capitulation. Cela se manifeste généralement à l'issue d'une série d'opérations déficitaires, ou après une grave faute d'inattention, mais surtout devant une situation désespérée, où l'on estime que tout effort de résistance serait franchement inutile. Nous y reviendrons.

La partie peut également être perdue à la suite d'une **sanction** sévère de l'arbitre en vertu d'une clause réglementaire ou encore par **forfait** (lorsqu'on ne se présente pas en temps voulu devant son adversaire désigné). Ces considérations ne regardent évidemment que les joueurs de compétition, engagés dans des rencontres ou épreuves officielles.

La partie nulle. Une partie peut se terminer par un résultat nul — sans gain ni perte pour personne — comme parfois dans les matches de boxe, de football, etc.

Aux Echecs, on distingue plusieurs cas de **nullité,** que l'on peut obtenir **de fait** ou **de droit,** avec ou sans l'intervention d'un arbitre qualifié, selon qu'ils exigent une démonstration ou un accord mutuel ou qu'ils rendent toute interprétation superflue.

1° La **nullité de bon sens** s'impose lorsque aucun des camps **ne peut forcer le mat faute de matériel.** Cela arrive naturellement en fin de partie et peut se produire en dépit de l'avantage net de l'un des joueurs.

Voici quelques exemples typiques de nullité par insuffisance de forces :

a) Roi seul contre roi seul (rois dépouillés).
b) Roi et fou contre roi seul.
c) Roi et cavalier contre roi seul.
d) Roi et deux cavaliers contre roi seul.

Dans les cas a), b) et c) le mat est impossible à réaliser, cependant que dans le cas d) le mat existe virtuellement, mais **on ne peut absolument pas le forcer.** (Nous expliquerons ce cas plus loin.)

2° La nullité par convention est acquise quand, à un moment assez avancé de la partie, les deux camps estiment à bon escient que leurs jeux sont parfaitement équilibrés et reconnaissent d'un commun accord l'inutilité pratique de continuer leurs efforts.

Ce genre de nullité n'est manifestement valable qu'entre des joueurs chevronnés, les débutants n'étant pas en mesure de faire une estimation juste de la position.

3° La nullité est attribuée à la demande de l'un des joueurs, qui peut prouver que pendant **les 50 derniers coups** de la partie **aucun des camps n'a effectué une prise ou un mouvement de pion.**

L'application de cette règle est surtout nécessaire en fin de partie, pour éviter une perte de temps inutile lorsque le joueur qui possède l'avantage matériel **ne sait pas forcer le mat** (qui existe).

Certaines positions pourraient exceptionnellement exiger un nombre supérieur à 50 coups. Dans la pratique courante ces cas sont rares et se prêtent à une analyse spéciale.

On rencontre également un nombre assez important de positions où, en dépit de la présence de plusieurs pièces sur l'échiquier, on ne peut pas forcer le mat. Ces positions font l'objet de profondes recherches et sont groupées dans le vaste et passionnant domaine des « fins de partie » ou « études », qui nécessitent des démonstrations rigoureuses.

4° Des **nullités catégoriques** répondent à des définitions exactes.

Ainsi, le joueur devant jouer et se trouvant dans l'impossibilité d'exécuter son coup, car il **ne peut bouger, ni son roi** (qui n'est évidemment pas en échec, sinon il serait mat), **ni aucune autre pièce** (pour cause de blocage ou clouage) est **PAT** et la partie est déclarée nulle d'office.

97

Les Noirs viennent de jouer Th8—b8.
Les Blancs sont pat.

Le roi blanc ne peut pas bouger. N'étant pas en échec, il est pat.

98

Les Blancs viennent de jouer Tb5—b6.
Les Noirs sont pat.

Le roi noir ne peut pas bouger ; les pions noirs sont bloqués ; le cavalier noir est cloué. Les Noirs sont donc complètement paralysés. Leur roi ne se trouvant pas en échec, ils sont pat.

• Dans le diagramme 97, les Noirs au lieu de faire pat au moyen de Th8—b8 auraient pu jouer **Th8—h1 mat.** Dans le diagramme 98, les Blancs au lieu de faire pat au moyen de Tb5—b6 auraient pu jouer **Tb5—h5 mat.** Cela montre qu'aux Echecs il suffit parfois de peu de chose pour qu'une partie soit nulle ou gagnée.

Examinez maintenant la position du diagramme suivant.

99

Les Blancs viennent de jouer Cç8—é7.

Le dernier coup des Blancs **Cç8—é7** prépare le coup mortel : **Cé5—f7 mat.**

Oui ! Mais dans l'intermédiaire, le roi noir ne peut pas bouger : il est pat.

C'est précisément en raison du pat, impossible à éviter si l'on veut coincer le roi ennemi, que le groupe roi et deux cavaliers contre roi seul **ne peuvent pas forcer le mat** et que la nullité est acquise sans discussion.

5° Enfin la nullité est accordée à la demande du joueur qui peut prouver que la **même position** (entendez par là le cliché identique de toutes les pièces blanches et noires se trouvant à un moment donné sur l'échiquier) a été obtenue **trois fois,** consécutives ou non, au cours de la partie, avec la condition supplémentaire que le **même** joueur ait le coup à jouer.

Des précisions fournies par le règlement en vigueur accompagnent généralement cette règle subtile. Elle comporte un cas particulier très net, plus fréquent et aussi catégorique que le pat : il s'agit de l' « **échec perpétuel** ».

Regardez le diagramme 100. Dans cette curieuse position, la disproportion des forces est frappante.

100

Les Blancs jouent et font nulle.

Alors que les Blancs ne possèdent comme vestige d'une fière armée qu'un modeste cavalier, les Noirs, plus favorisés, sortent de la bataille avec une troupe opulente apparemment capable d'assurer la victoire. Et pourtant..., les Blancs, qui doivent jouer, peuvent éviter la défaite au moyen d'un « petit miracle » concrétisé d'abord par le coup **Ca7—ç6+.** Les Noirs ne peuvent parer cet échec qu'en jouant leur roi : donc **Ra5—b5 ;** mais les Blancs répliquent aussitôt par le coup : **Cç6—a7+** auquel les

Noirs sont bien obligés de répondre par le mouvement de retour **Rb5—a5.** Mais alors la position du diagramme 99 est identiquement rétablie et rien n'empêche de recommencer le même manège en répétant les mêmes coups à l'infini. Il suffit de le faire trois fois de suite.

C'est un exemple typique d'**échec perpétuel,** où la nullité est acquise automatiquement.

Un dernier exemple présente une position où se trouvent réunis les deux arguments de nullité : le pat et l'échec perpétuel.

101

Les Blancs jouent et font nulle.

La position des Noirs est si forte que s'ils devaient jouer, ils pourraient faire mat de deux façons différentes (Tg2—h2 mat ou Cé2—g3 mat).

Mais les Blancs jouent les premiers ! En dépit de l'écrasant avantage matériel des Noirs, ils obtiennent partie nulle de cette façon : **Tb1—b8+.** Si les Noirs répondent **Ra8×b8** les Blancs sont **pat ;** si les Noirs répondent **Ra8—a7** alors les Blancs continuent par **Tb8—b7+ et ainsi de suite en** forçant la nullité par l'**échec perpétuel.**

Définissons, pour clore ce chapitre, une expression courante : **avoir le trait.** Un camp **a le trait** lorsqu'il doit jouer.

CHAPITRE II

Principes généraux

I. VALEUR ABSOLUE ET VALEUR RELATIVE DES PIECES LA FOURCHETTE

La conduite d'une partie d'Echecs exige la connaissance préalable de quelques notions élémentaires de stratégie et de tactique. Aux règles fondamentales concernant la marche et la capture des pièces, il convient d'ajouter quelques principes de jeu, des conseils pratiques et surtout des précisions sur la valeur des **forces,** de l'**espace** et du **temps,** trois facteurs qui forment la base du combat échiquéen.

Valeur absolue des pièces. — En prenant comme unité le pion (dont l'action est la plus réduite), on a pu — grâce à des calculs approximatifs, confirmés depuis longtemps par la pratique du jeu — établir dans les rangs des deux armées en présence une hiérarchie des valeurs :

Pion	vaut	1
Cavalier	vaut	3
Fou	vaut	3
Tour	vaut	5
Dame	vaut	10

En désignant le fou et le cavalier comme pièces mineures (ou légères), la dame et la tour comme pièces majeures (ou lourdes), on peut éclairer la portée d'un échange, les chances réelles d'une opération, le sens exact d'une situation donnée.

En règle générale :

— une **dame** vaut **deux tours,** ou bien **tour plus fou** (ou **cavalier)** et **un** ou **deux pions ;**

— un **cavalier** vaut **un fou,** ou bien **trois pions ;**

— une **tour** vaut **un fou** (ou **un cavalier)** plus **un** ou **deux pions.**

Le roi échappe évidemment à cette estimation numérique puisque sa perte signifie le mat, donc la fin du combat.

Dans certaines positions simplifiées, plus spécialement dans les **fins de partie,** le roi joue un rôle déterminant et peut valoir plus qu'un fou ou qu'un cavalier, plus qu'une tour. Nous en donnerons quelques exemples plus tard.

Valeur relative des pièces. — On rencontre souvent au cours d'une partie d'Echecs des **cas particuliers** où cet ordre des valeurs se trouve bouleversé. Des considérations spéciales, dictées par les impératifs d'une position, peuvent donc ne pas tenir compte de la hiérarchie exposée ci-dessus.

Il va de soi qu'en pareilles occasions seule la sagacité du joueur compte, aucune généralisation n'étant possible par anticipation.

Voici quelques exemples de ces situations.

Regardez le diagramme 102.

Trait aux Noirs
Partie nulle (pat)

Si, dans cette position, les Blancs avaient le trait, ils pourraient faire immédiatement mat en jouant Dé6—d7.

Mais le trait est aux Noirs (comme l'indique l'énoncé) et leur roi, ne pouvant pas bouger (car il se mettrait en prise), se trouve dans une position de « pat ». La partie est automatiquement **nulle.**

Remplacez maintenant, dans la position du diagramme 102, la dame par une tour blanche. L'énoncé est le même.

Les Noirs ont également le trait, mais leur roi peut — et doit — cette fois bouger en se déplaçant de d8 à ç8. Les Blancs gagnent sur-le-champ en jouant **Té6—é8 mat.**

Bien que la tour ait une valeur largement inférieure à celle de la dame, elle se révèle ici plus efficace.

Etudions à présent un petit problème :

103

Les Blancs jouent
et font mat en deux coups

Dans la position du diagramme 103, les Blancs, ayant le trait, doivent se garder de jouer **b7—b8=D** à cause du **pat** qui en résulterait (le roi noir ne pouvant bouger). Mais ils sont à même de forcer immédiatement le gain en se contentant d'une promotion plus modeste. En effet, après le coup autrement subtil **b7—b8=T,** le roi noir peut (et doit) aller à h2 (case interdite après b7—b8=D) et les Blancs n'ont qu'à jouer **Tb8—h8 mat.**

La promotion en tour est parfois supérieure à la promotion en dame.

Passons maintenant à la curieuse position du diagramme 104.

104

Les Noirs ayant le trait
sauvent la partie

L'énoncé peut surprendre, en raison de la supériorité matérielle écrasante des Noirs. Une analyse sommaire de la position nous livre aussitôt son secret. La situation du roi noir est en effet si précaire que sur n'importe quel coup plausible de ses pièces amies qui peuvent bouger **(Tb1—a1** ou **a2—a1=D** ou **a2—a1=T)** les Blancs n'ont qu'à jouer simplement **Fh8—é5** suivi, sans aucun empêchement possible, du coup **Fé5×g3 mat.**

Cependant, si cette première constatation vérifie une fois de plus le proverbe « abondance de biens nuit », elle nous réserve en même temps la surprise d'une solution curieuse et pourtant unique : le coup inattendu a2—a1=F.

Faites ce coup sur l'échiquier (en remplaçant le pion a2 par un fou noir a1) et vous verrez que la terrible réplique des Blancs : **Fh8—é5** restera cette fois sans lendemain. Pourquoi ? Parce que les Noirs, ne pouvant plus bouger (toutes leurs pièces étant bloquées) sont **pat.** La partie est nulle.

La promotion en fou peut parfois être plus efficace que celle en dame ou tour.

A noter que même en jouant a2—a1=C les Noirs sont perdus : leur cavalier pouvant bouger (Ca1—b3), le mat (par Fé5×g3) est inévitable.

EXERCICES

N° 10. Dans la position du diagramme 104, **on enlève le pion noir é4.** Les Noirs ayant le trait, que se passe-t-il ?

105

Les Blancs jouent
et font mat en un coup

N° 11. — Dans le diagramme 105, la solution s'obtient simplement par b2—b4 mat.

En remplaçant le fou a4 par **un pion noir,** le mat est-il encore possible ?

106

Les Blancs jouent

N° 12. — Dans le diagramme 106, si les Noirs avaient le trait ils feraient mat en deux coups en jouant d'abord g4—g3, puis g3—g2 mat.

Les Blancs ayant le trait peuvent-ils sauver la partie ? (Les réponses se trouvent à la page 394.)

Les quatre diagrammes suivants révèlent une autre ressource tactique de ces pièces modestes que sont le pion et le cavalier.

107

Avec ou sans le trait
les Blancs perdent

La disproportion des forces en présence (et libres d'agir) justifie l'énoncé.

Le fou est incapable de résister longtemps à la coalition des pièces ennemies. Sur n'importe lequel de ses mouvements, il risque d'être pris ou échangé (contre le cavalier) ce qui revient au même, car la tour (soutenue par son roi) peut seule obtenir la victoire en peu de coups.

Sur les coups **Fd2—a5** ou **Fd2—ç3+** ou encore **Fd2—ç1** les Noirs répondent **Tç5×F** ; sur **Fd2—b4** ou **Fd2—é1** les réponses des Noirs sont respectivement **Cf4—d5+** ou **Cf4—g2+** suivies de **C×F.**

Remplacez le Fd2 **par un** pion blanc (diagramme 108).

108

Les Blancs jouent et font nulle

En dépit de l'affaiblissement matériel (puisqu'un pion vaut le tiers d'un fou), les Blancs peuvent conjurer le danger qui les guette en utilisant la particularité d'un pion se trouvant sur sa case d'origine ; ils jouent **d2—d4**+ puis allègent la position en jouant (sur la réponse des Noirs : **Ré5—d5) d4×ç5**. Ainsi, même après **Rd5×ç5,** ils n'ont plus rien à redouter, la partie étant nulle (revoir le paragraphe : La partie nulle, page 85).

Note. L'attaque simultanée de deux pièces par un pion (comme dans l'exemple ci-dessus) s'appelle **« fourchette ».**

109

Les Blancs jouent et font nulle

La position du diagramme 109 se présenta au cours d'une partie très disputée entre deux joueurs débutants dans un grand cercle parisien. Les Blancs, n'ayant plus qu'un seul pion (maigre vestige d'une héroïque résistance) se hâtèrent de le pousser à dame afin d'équilibrer les forces et dans l'espoir d'obtenir la nullité. Mais à peine jouèrent-ils **é7—é8=D** que les Noirs, sans la moindre hésitation, répondirent triomphalement **Dç7—g7 mat !**

Un spectateur, une fois la partie terminée, montra la voie de sauvetage en jouant **é7—é8=C+**. En effet, le roi noir ne pouvant parer l'échec donné par le cavalier promu qu'en quittant sa case **(Rf6—g6)**, les Blancs font partie nulle grâce au coup suivant : **Cé8×ç7.**

Ici encore, un simple cavalier fait mieux qu'une puissante dame.

● L'attaque simultanée de deux pièces par un cavalier (comme dans l'exemple ci-dessus) est un autre aspect de la « fourchette ».

Un dernier exemple nous est fourni par la position du diagramme 110, dont la solution comporte deux fourchettes : l'une du pion, l'autre du cavalier.

110

Les Blancs jouent
et font nulle

Il y a lieu, à première vue, d'être sceptique sur les maigres chances de résistance du couple pion plus cavalier contre le couple dame plus cavalier. Et pourtant...

La nullité s'obtient en jouant d'abord **é4—é5+** (fourchette du pion). Si les Noirs répondent **Rd6×é5** les Blancs réplique **Cé3—g4+** (fourchette du cavalier), suivi de **Cg4×f6** ; si les Noirs répondent **Df6×é5** les Blancs répliquent **Cé3—c4+** (nouvelle fourchette du cavalier), suivi de **Cç4×é5** et la partie est nulle.

Les deux réponses équivalentes des Noirs (**Rd6×é5** et **Df6×é5**) et les deux répliques équivalentes des Blancs (**Cé3—g4+** et **Cé3—ç4+**) aboutissant au même résultat, forment dans leur ensemble deux **« variantes »**.

De tels exemples peuvent évidemment être produits à l'infini. Nous aurons l'occasion d'en rencontrer d'autres. Contentons-nous pour le moment de les résumer comme suit : dans les diverses combinaisons de l'échiquier et plus particulièrement dans les positions simplifiées des fins de partie, un pion est souvent supérieur au fou, au cavalier et même parfois à une tour ou à une dame ; les relations entre les autres pièces fournissent également des cas d'exception, susceptibles de heurter l'ordre des valeurs établies.

Tout cela révèle sans doute la complexité du jeu d'Echecs. Mais le néophyte parvient, avec un peu de pratique, à discerner les cas où la relativité échiquéenne se manifeste. Il doit, dès le début, connaître la valeur absolue des pièces (sans laquelle il serait difficile d'imaginer une vraie partie d'Echecs) et savoir qu'elle est susceptible d'être parfois modifiée par des situations spéciales créées au cours du combat.

II. L'ESPACE ET LA RELATIVITE DES FORCES

Vous savez qu'en échangeant un cavalier contre un pion, une tour contre un fou ou une dame contre une tour, vous faites un mauvais marché qui peut compromettre gravement votre jeu. Mais vous savez aussi que, dans bien des cas, une pièce mineure peut se révéler plus efficace qu'une pièce majeure, un simple pion peut devenir plus rentable que deux cavaliers, etc. Or, la relativité des forces n'est pas un fait exceptionnel : elle se présente constamment dans les combats échiquéens en raison de la structure du terrain (c'est-à-dire de la position cardinale des cases) ou de la disposition caractéristique des mêmes éléments selon le rôle qu'ils jouent à un moment donné. L'on constate souvent qu'une tour est inférieure à une autre tour, un pion plus fort ou plus faible qu'un autre pion, un fou préférable à un autre fou, enfin une case plus déterminante qu'une autre case.

L'étude de l'espace échiquéen éclaire ces rapports. Sa connaissance est indispensable à la compréhension et à la conduite correcte du jeu.

Regardez les diagrammes suivants : 111 et 112.

111

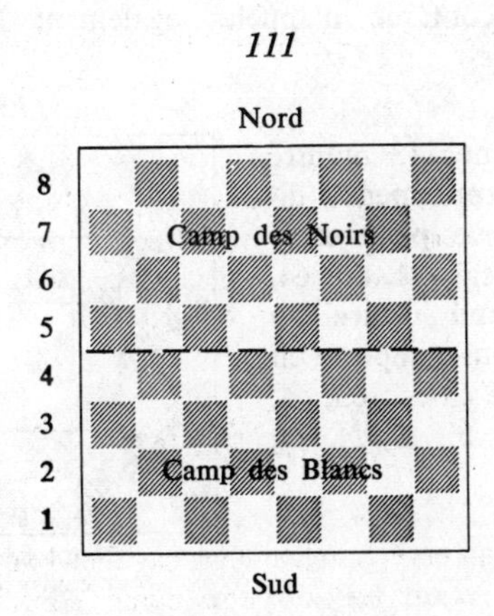

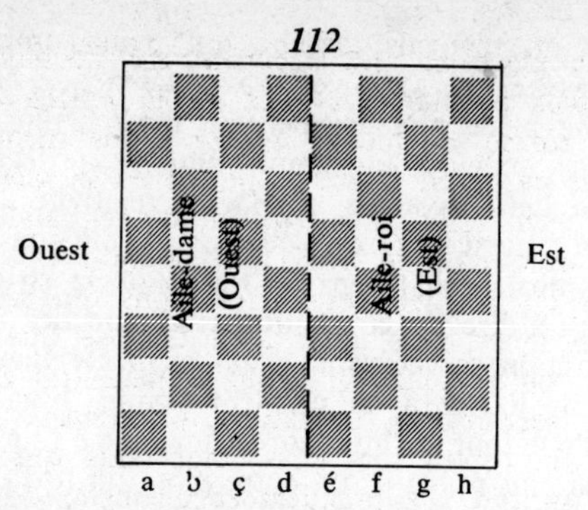

Deux lignes de démarcation imaginaires, l'une horizontale, l'autre verticale, coupant en deux parties égales l'échiquier situent stratégiquement le terrain.

Grâce à ces divisions binaires nous pouvons définir :

— le **camp des Blancs** et le **camp des Noirs ;**

— le secteur de la dame ou l'**aile-dame** et le secteur du roi ou l'**aile-roi,** dont les deux colonnes éloignées (a et h) constituent les extrémités caractéristiques.

Il est de coutume d'appeler également l'**aile-dame :** l'**Ouest** et l'aile-roi : l'**Est.**

Le diagramme 113 montre le **centre** proprement dit (constitué par le petit carré des quatre cases : d4, d5, é4, é5) et le **grand centre** ou **centre élargi** (qui comporte en outre les douze cases : ç3, ç4, ç5, ç6, d6, é6, f6, f5, f4, f3, é3, d3).

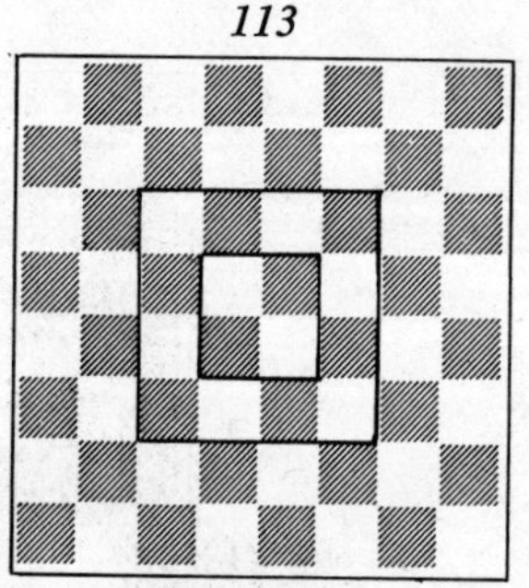

Petit centre
et centre élargi

Selon la place qu'elles occupent sur l'échiquier à un moment plus ou moins avancé de la partie, les pièces de même forme, de même couleur et de même marche peuvent ne pas avoir la même portée ou la même valeur.

Il arrive, en effet, qu'au milieu d'une bataille, le FR soit plus précieux que le FD, le grand-roque soit plus vulnérable que le petit-roque, les pions qui restent dans leur camp soient plus utiles à la défense que les pions avancés jusqu'au cœur du camp ennemi (où ils rendent davantage service aux opérations offensives). En outre, les pions du centre sont plus importants que les pions des ailes, surtout aux premiers engagements de la partie.

III. STRUCTURES DE PIONS
VERTUS ET FAIBLESSES DES PIONS

Les diagrammes qui suivent présentent diverses dispositions caractéristiques des pions.

114

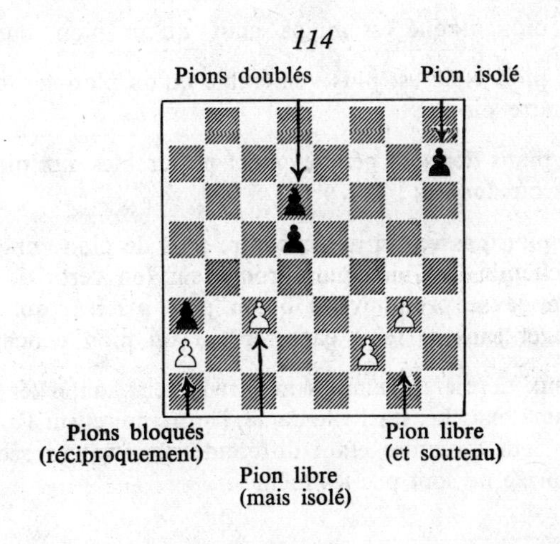

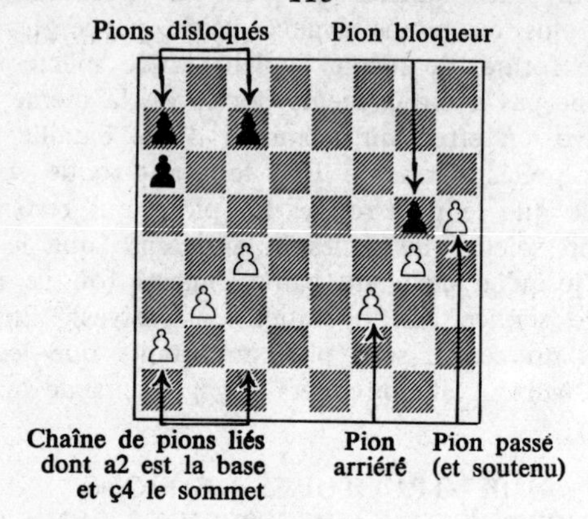

Retenez ceci :

— un pion **bloqué** est moins actif qu'un pion **libre ;**

— un pion **isolé** est plus vulnérable qu'un pion **soutenu** par un autre pion ;

— les pions **liés** sont généralement préférables aux pions **disloqués** ou **doublés ;**

— un pion **passé** (qui ne rencontre plus de pion ennemi sur son chemin) est bien plus prometteur (en vertu de sa possibilité de se promouvoir) qu'un pion **arriéré** (qui ne peut bouger sans se faire capturer par un pion ennemi).

Les deux derniers exemples montrent deux **majorités** de pions : l'une blanche, sur l'aile-dame, l'autre noire, sur l'aile-roi. Mais leur structure étant différente, leur valeur réelle et leur portée ne sont pas les mêmes.

116

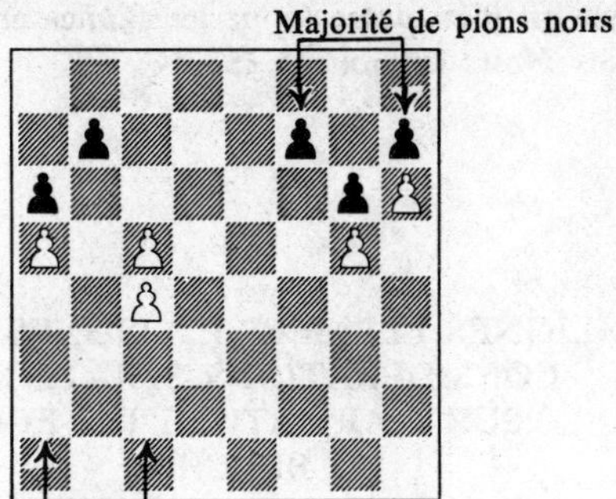

117

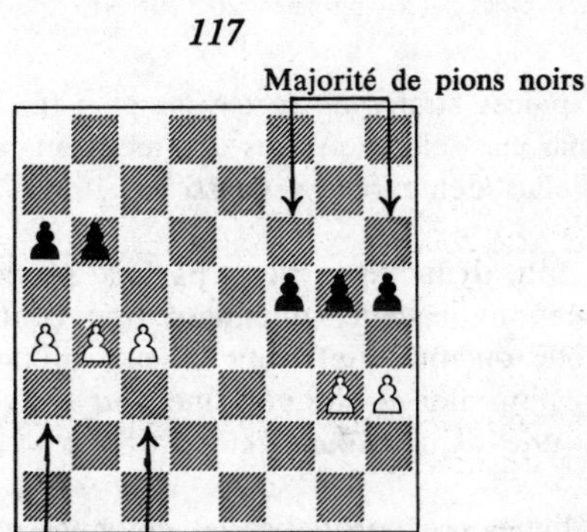

Alors que dans la position du diagramme 116, les majorités sont en réalité peu dangereuses du fait que les pions ennemis, inférieurs en nombre, sont capables de **les neutraliser** (si les Blancs jouent **ç5—ç6** les Noirs répondent **b7×ç6** ; si les Noirs jouent **f7—f5** les Blancs répliquent **g5×f6 e.p.**), dans la position du diagramme 117 elles sont, au contraire, très efficaces, parce que **susceptibles de créer un pion passé** (pour les Blancs en jouant **ç4—ç5,** pour les Noirs en jouant **f5—f4).**

IV. LIGNES FERMÉES ET LIGNES OUVERTES CONSIDERATIONS STRATEGIQUES SUR L'ARMATURE DU ROQUE BRECHES

Les pièces sont plus fortes ou plus faibles, efficaces ou inoffensives, selon qu'elles se meuvent **en toute liberté** ou qu'elles demeurent **séquestrées.**

Un fou **dynamique** peut parfois supplanter une tour **obstruée ;** un cavalier **dominant** (qui contrôle une rosace complète ou presque) vaut mieux qu'un fou **camouflé** par un pion ami et bloqué ; une tour **active** gagne souvent contre une dame **clouée,** etc.

Les lignes (en particulier les colonnes et les diagonales) sont dites **fermées** lorsqu'elles comportent des pions amis, **ouvertes** lorsqu'elles n'en comportent pas.

Les lignes ouvertes sont favorables à l'**attaque** — surtout quand elles servent de voies d'invasion — cependant que les lignes fermées sont mieux utilisées pour la **défense** (particulièrement lorsque les pions amis peuvent jouer le rôle de **boucliers).**

Ouvrir une ligne c'est faire disparaître l'obstacle limitant l'action d'une pièce amie ; **fermer une ligne** c'est, au contraire, placer un obstacle qui obstrue son action.

118

L'activité du fou blanc sur la grande diagonale est réduite par la présence du pion ç3. En jouant **ç3—ç4,** le fou est **libéré** et donne échec au roi noir h8. A leur tour, les Noirs répondent f7—f6 mettant le roi à l'abri ; la diagonale du fou est obstruée et son action est limitée à la case f6. Dans un tel cas, on dit que le fou se trouve sur une ligne **demi-ouverte** ou **demi-fermée.**

119

Dans la position du diagramme 119, le coup b2—b4 **ferme** la quatrième rangée à l'action horizontale de la tour.

Dégagement de ligne. — Dans le diagramme 120, il suffit de bouger le pion ç2 pour **ouvrir** au profit de la dame, la diagonale b1/h7. Le coup Tb2—b8 **dégage** la colonne —CD au profit de la même dame.

120

Enfin le coup Rç1—d1 **évacue** la case ç1 et la dame peut s'y installer au coup suivant.

Ouverture, fermeture, dégagement de ligne ou **évacuation** d'une case, sont des éléments stratégiques souvent employés dans le cours d'une partie.

L'armature du roque. — Au milieu d'une partie, le roque est mieux protégé par une rangée **intacte** de pions (par des pions **unis** qui n'ont pas encore bougé) que par une trinité de pions **avancés** ou **disloqués.**

Les diagrammes suivants exhibent quatre aspects différents du même petit-roque noir et du même grand-roque blanc.

121

Pions *intacts :* excellente position du roque

122

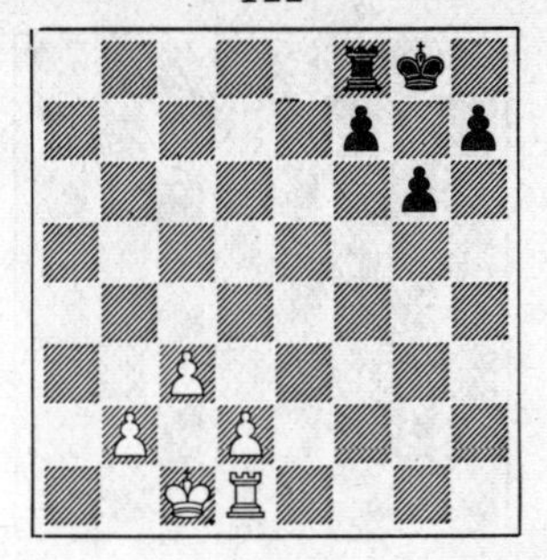

Roques *ébréchés :* brèches (ou *trous)* en b3 et d3 ; f6 et h6

123

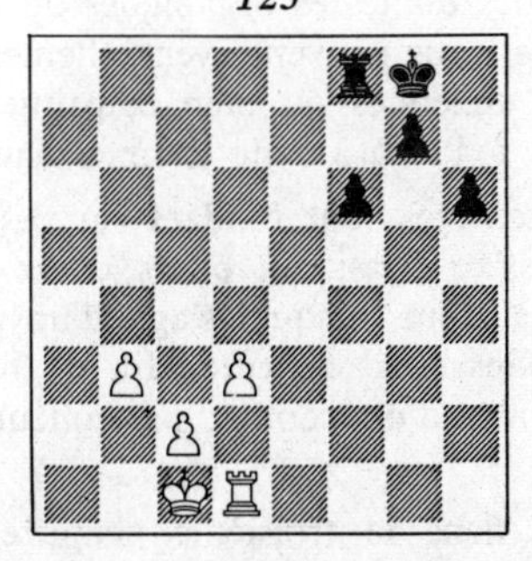

Roques *ébréchés : trous* en a3, ç3 et é3 ; é6 et g6

124

Roques *ébréchés : trou* en b3, pion *faible* en d3, colonne —FD *ouverte ; trou* en h6, pion *faible* en f6, colonne —CR *ouverte.*

Alors que l'**armature** intacte des roques du diagramme 121 constitue pour chaque camp un solide **barrage de protection,** un vrai **bouclier** du roi, rendant pratiquement inaccessibles les cases a3, b3, ç3, d3, é6, f6, g6, h6 de la troisième ligne de défense de chaque camp, les roques **ébréchés** des autres diagrammes sont **vulnérables** à cause des faiblesses organiques ou des **trous** qu'ils comportent. Les trous peuvent éventuellement être occupés par des pièces ennemies ou bien constituer de véritables portes ouvertes à l'invasion de l'armée ennemie.

Certaines offensives sont fondées sur ces considérations « topographiques ». Aussi, au cours d'une partie, **chaque coup de pion** (surtout lorsqu'il s'agit d'un pion du roque) **doit être judicieusement exécuté** afin de ne pas compromettre les chances d'un combat par ailleurs parfaitement équilibré.

On trouvera dans le troisième chapitre des exemples d'exploitation rationnelle des brèches.

V. LE TEMPS ET SES RELATIONS AVEC LES FORCES ET L'ESPACE LA NOTATION COMPLETE ET ABREGEE SIGNES CONVENTIONNELS

Aux Echecs, la notion de TEMPS se confond avec la notion de COUP. L'expression « perdre un temps » veut dire : réaliser **avec un coup de plus** qu'il n'en faut normalement, la même opération. L'expression « gagner un temps » signifie : réaliser **avec un coup de moins** la même opération.

125

Dans la position ci-contre, si au lieu de faire mat immédiatement par **Td7—d8,** les Blancs jouaient d'abord **Td7—h7** puis (après la réponse des Noirs **Ra8—b8) Th7—h8 mat,** ils **perdraient** manifestement un **temps,** en l'occurrence **sans aucune utilité.**

Il est des cas cependant où la perte d'un temps, peut, au contraire, se révéler nécessaire, comme le prouve l'exemple ci-contre.

126

Les Blancs jouent
et font mat en deux coups

Il est clair que pour gagner les Blancs doivent capturer le fou noir qui sert de bouclier au roi noir ; mais s'ils le font tout de suite la partie est nulle, car sur **Td8×ç8+** les Noirs répondent **Rb8×ç8.** Ils ne peuvent donc réaliser cette opération avec efficacité qu'en effectuant d'abord **un coup d'attente.** Il suffit à cet effet de faire avec la tour « un coup pour rien » en la jouant indifféremment à é8, f8, g8 ou h8. Le fou étant cloué, le roi noir est bien obligé de s'en éloigner ; après **Rb8—a8** les Blancs répliquent **T×ç8 mat.**

127

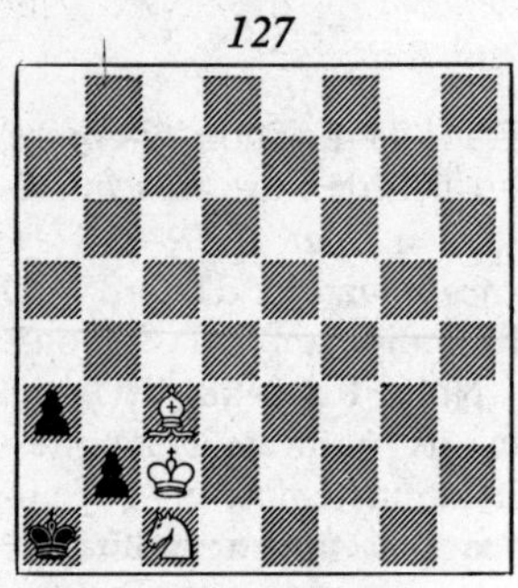

Les Blancs jouent
et font mat en deux coups

Ici aussi, le fou blanc fait un coup d'attente en jouant sur la grande diagonale à d4, é5, f6, g7 ou h8 au choix ; après la réponse (forcée) des Noirs : **a3—a2** la réplique brutale et catégorique est **F×b2 mat** (ou Cb3 mat).

Certes, ces exemples sont élémentaires. On en rencontre de plus subtils au cours d'une partie d'Echecs et en particulier dans les positions simplifiées des fins de partie. Nous examinerons un de ces cas ci-après ; mais il est nécessaire auparavant de connaître la notation complète des coups ou sa forme abrégée ainsi que quelques autres signes conventionnels.

Notation complète des coups. — Parmi les diverses notations employées actuellement dans le monde des Echecs, celle que nous préférons (et que nous avons adoptée dans ce manuel d'initiation) est la notation dite **algébrique,** incontestablement la plus claire et la plus pratique, la plus répandue aussi. Vous la connaissez déjà. Il suffit de la compléter en précisant que pour interpréter une succession de coups ou une partie entière on emploie des numéros d'ordre.

Chaque numéro d'ordre, accompagné d'un point, précède le coup des Blancs qui, séparé par une virgule ou par un petit espace vide (selon la forme de la présentation) précède le coup des Noirs. On mentionne également l'échec, le double échec ou l'échec à la découverte (lorsqu'il a lieu) à la fin du coup qui l'effectue.

Reprenons sous cette forme l'avant dernier exemple (diagramme 126). La solution s'écrit :

1° d'une façon linéaire :

1. Td8—é8, Rb8—a8 2. Té8×ç8 mat.

2° d'une façon verticale :

1. Td8—é8 Rb8—a8
2. Té8×ç8 mat.

3° d'une façon fractionnaire (forme peu courante, mais utile) :

$$1\ \frac{\textbf{Td8—é8}}{\textbf{Rb8—a8}}\quad 2\ \frac{\textbf{Té8}\times\textbf{ç8 mat.}}{}$$

Dans cette dernière notation, le numérateur est toujours un coup des Blancs et le dénominateur un coup des Noirs.

La forme abrégée. — Les chroniques d'Echecs des journaux (où la place fait souvent défaut) emploient une forme simplifiée de notation supprimant la lettre de la case de départ et le signe de déplacement (—) en ne gardant que l'initiale de la pièce qui joue et la lettre de la case d'arrivée.

La même solution peut donc s'écrire, sans aucun risque de confusion :

1° d'une façon linéaire :

1. Té8, Ra8 2. T×ç8 mat.

2° d'une façon verticale :

1. Té8 Ra8
2. T×ç8 mat.

3° d'une façon fractionnaire :

Té8 **T×ç8 mat.**
1 —— 2 ————
Ra8

Lorsqu'un pion joue, on n'est pas tenu d'employer son initiale (P) ; il suffit d'indiquer sa case de départ et sa case d'arrivée (ou seulement sa case d'arrivée en notation abrégée) sans oublier de préciser qu'il y a simple déplacement (dans la notation complète), prise normale, prise en passant, échec ou promotion (dans toutes les formes de notation).

Ainsi les coups de l'exemple 110 (page 99) peuvent s'écrire :

1° d'une façon linéaire :

1. é4—é5+, Rd6×é5 2. Cé3—g4+

ou, en abrégé :

1. é5+, R×é5 2. Cg4+.

2° d'une façon verticale :

1. é4—é5+ Rd6×é5
2. Cé3—g4+

ou, en abrégé :

1. é5+ R×é5
2. Cg4+

3° d'une façon fractionnaire :

é4—é5+ **Cé3—g4+**
1 ———— 2 ————
Rd6×é5

ou, en abrégé :

$$1\ \frac{\textbf{é5}+}{\textbf{R}\times\textbf{é5}}\quad 2\ \frac{\textbf{Cg4}+}{\quad}$$

Quelques autres signes conventionnels, utiles à l'écriture. — Aux signes déjà décrits, il convient d'ajouter ceux-ci :

≠ signifie mat ;
! signifie coup favorable ;
!! signifie coup excellent ;
? signifie coup défavorable ;
?? signifie coup perdant (ou très mauvais) ;
!? signifie coup incertain, mais digne d'intérêt ;
?! signifie coup d'essai (tentative), mais de valeur douteuse ;
∾ signifie coup au choix (on emploie également l'expression latine « ad libitum »).

Chacun de ces signes accompagne le coup dont il interprète le sens.

Enfin les points de suspension ... employés dans une succession de coups remplacent généralement le dernier coup exécuté par les Blancs (comme dans les pages 136, 138, 140, 142, 143, etc.).

Prenons encore comme exemple la solution du diagramme 126 (page 111) et interprétons-la à l'aide de ces signes :

1. Td8—é8! Rb8—a8 2. Té8×ç8≠

Pour interpréter l'éventuelle tentative de prise immédiate du fou (c'est-à-dire sans faire le coup d'attente nécessaire), on écrira :

1. Td8×ç8+?? Rb8×ç8
et la partie est nulle faute de combattants.

Reprenons l'étude de la notion de TEMPS.

128

Comment les Blancs font-ils mat le plus rapidement ?

Ce nouvel exemple (diagramme 128), légèrement plus compliqué, résume l'essentiel de ce qui précède.

Vous remarquez immédiatement que le roi noir se trouve en mauvaise posture, car il est seul pour se défendre contre une forte coalition ennemie et ne dispose dans ses mouvements que de deux cases : g6 et h7.

Le mat est « dans l'air » et doit être aisément réalisé. Mais en combien de coups et de quelle manière ?

Une analyse révèle que la participation du pion blanc à l'opération de mat est indispensable.

En effet, les tentatives suivantes, bien que plausibles, sont à rejeter pour des raisons diverses :

— si **1. Fa1—b2?!, a2—a1=D!** forçant le coup **2. Fb2×a1,** ce qui allonge la solution puisqu'on revient à la même position ;

— si **1. Rh4—h3?!, Rg6—g5!** assurant au roi noir une activité accrue lui permettant de mieux se défendre ;

— si **1. Ch6—g8?!, Rg6—f7!** et le roi noir en fuyant écarte le danger immédiat ;

— si enfin **1. Cg4—é3?!, Rg6×h6** retardant sensiblement le dénouement.

Avançons donc le pion, mais prenons garde ! car, si

1. f2—f4?!, Rg6—h7 2. f4—f5?, le roi noir est **pat** et la partie est **nulle.**

La solution **exacte et la plus rapide** comporte comme premier coup — comme **clé** — l'avance du pion d'**un pas** seulement. Cette **perte de temps** se révèlera bientôt **utile,** comme il ressort de la succession des coups :

1.	**f2—f3!!**	**Rg6—h7** (coup forcé)
2.	**f3—f4**	**Rh7—g6** (coup forcé)
3.	**f4—f5+!**	**Rg6—h7** (coup forcé)
4.	**f5—f6!**	**Rh7—h8**
	(Rh7—g6 mène au même résultat)	
5.	**f6—f7+d.**	**Rh8—h7**
6.	**f7—f8=C!≠.**	

La surprenante promotion en cavalier fournit le mat immédiat, alors que la promotion du même pion en dame (ou en tour, ou en fou) ne réalise le mat qu'en deux (ou plusieurs) coups.

L'énoncé de ce problème peut donc être formulé : les Blancs jouent et font mat en six coups.

EXERCICES

Nº 13.

129

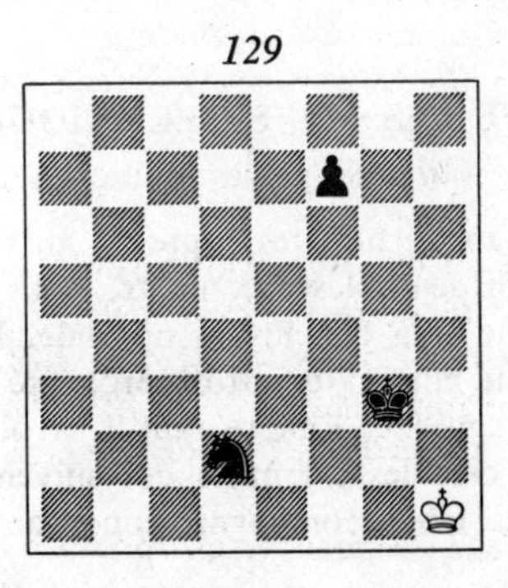

En combien de coups fait-on mat le roi blanc :

A) Dans la position du diagramme 129 ;

B) En mettant le roi blanc en g1 (au lieu de h1).

Dans les deux cas, les Noirs ont le trait, c'est-à-dire ils jouent les premiers.

N° 14.

130

Les Blancs jouent
et font mat

Quelle est la solution la plus courte ?
(Réponses à la page 394.)

VI. LES MATS TECHNIQUES

Quelques **mats techniques** (appelés aussi **mats élémentaires**) sont indispensables à connaître pour pouvoir mener le combat jusqu'à sa conclusion normale. Il ne suffit pas d'obtenir — au bout d'un effort prolongé et rentable — une position gagnante. Encore faut-il savoir en obtenir la victoire. Pour cela les exemples qui suivent et le tableau comparatif qui les accompagne donneront l'essentiel de ce que tout débutant (et en général tout joueur) doit posséder de la science du « petit infini » des Echecs.

L'étude des mats techniques concerne exclusivement les fins de partie comportant le **minimum de pièces** capable de forcer la décision, c'est-à-dire d'obtenir la victoire contre un roi dépouillé de ses défenseurs. Pour être simples, ces positions — qui sont des problèmes en miniature — n'en exigent pas moins une stratégie précise. Il faut — lorsque le mat est réalisable — **éviter toute fausse manœuvre pouvant mener au pat.**

131

Les Blancs jouent

Dame et roi contre roi. — Dans la position du diagramme 131, le mat s'obtient facilement grâce à la situation initialement défavorable du roi noir.

La solution la plus courte est le trajet diagonal du roi blanc :

1.	**Rh1—g2**	**Ra8—a7**
2.	**Rg2—f3**	**Ra7—a8**
3.	**Rf3—é4**	**Ra8—a7**
4.	**Ré4—d5**	**Ra7—a8**
5.	**Rd5—ç6**	**Ra8—a7**
6.	**Db5—b7≠**	

132

Dans l'exemple 132 il faut, au contraire, forcer le roi noir à s'approcher du roi blanc.

Les Blancs jouent

La méthode la plus rapide est :

1.	**Db2—b8**	**Ra6—a5**
2.	**Db8—b7**	**Ra5—a4**
3.	**Db7—b6**	**Ra4—a3**
4.	**Db6—b5**	**Ra3—a2**
5.	**Db5—a4≠** ou	
5.	**Db5—b2≠**	

133

La position du diagramme 133, malgré son apparence plus compliquée, se résout facilement en quelques coups.

Les Blancs jouent

Il s'agit d'enserrer le roi noir dans un espace de plus en plus étroit. Parmi plusieurs solutions, la plus courte est :

1. **Dé8—h5!** **Rf4—g3** (forcé)
2. **Rd3—é3** **Rg3—g2** (forcé)
3. **Dh5—h4** **Rg2—g1!**
   (si Rg2—f1? 4. Dh4—h1≠)
4. **Ré3—f3!**
   (non pas 4. Dh4—h3?? car les Noirs sont pat)
   Rg1—f1
5. **Dh4—f2≠** ou
5. **Dh4—h1≠**

Roi et tour contre roi. — Avec ce matériel, le problème n'est pas plus difficile, mais peut exiger des solutions plus longues.

134

Les Blancs jouent

Dans le diagramme 134, par exemple, il n'est pas possible de forcer le mat en moins de sept coups.

1. **Ta1—b1** **Ra4—a5**
2. **Ra2—a3** **Ra5—a6**
3. **Ra3—a4** **Ra6—a7**
4. **Ra4—a5** **Ra7—a8**
5. **Ra5—b6!**
   (et non 5. Ra5—a6?? et le roi noir est pat)
   Ra8—b8
6. **Tb1—ç1!** **Rb8—a8**
7. **Tç1—ç8≠**

En jouant 5. Ra5—b6! le roi blanc **intercepte** l'action de la tour sur la colonne —CD, ce qui permet au roi noir de jouer à b8.

135

Les Blancs jouent

Cette position est un exemple classique. La meilleure méthode d'attaque consiste à poursuivre le roi noir par le roi blanc à la distance d'un coup de cavalier.

1. **Rç1—ç2!**
   (le roi blanc se trouve ainsi à l'angle opposé d'un rectangle de $3 \times 2 = 6$ cases imaginé à partir du roi noir)
   Ra3—a4!
   (et non 1. ..., Ra3—a2? à cause de 2. Tb8—a8≠)
2. **Rç2—ç3!** **Ra4—a5**
3. **Rç3—ç4!** **Ra5—a6**
4. **Rç4—ç5!** **Ra6—a7**
   (ici il faut interrompre la marche du roi blanc car la tour est attaquée)
5. **Tb8—b6!** **Ra7—a8**
6. **Rç5—ç6** **Ra8—a7**
7. **Rç6—ç7** **Ra7—a8**
8. **Tb6—a6≠**

Alors que cette solution a nécessité huit coups, il n'en faut que cinq à celle du problème suivant.

136

Les Blancs jouent

Ici, le roi noir ayant plus de liberté, la méthode d'attaque diffère par son début. La solution la plus courte est :

1. Tf1—f2+! Cet échec est nécessaire pour **refouler** le roi noir sur la bande, mais celui-ci ayant le choix entre quatre cases il en résultera quatre façons différentes de forcer le mat, en deux, trois, quatre ou cinq coups selon le cas.

a) si **Rb2—a1** alors **2. Rç4—b3, Ra1—b1 3. Tf2—f1≠**
b) si **Rb2—a3** alors **2. Tf2—h2!** (simple coup d'attente), **Ra3—a4 3. Th2—a2≠**
c) si **Rb2—b1** alors **2. Rç4—ç3!, Rb1—a1** (sur 2. ..., Rb1—ç1 3. Tf2—f1≠) **3. Rç3—b3, Ra1—b1 4. Tf2—f1≠**
d) si **Rb2—ç1!** alors **2. Rç4—d3!, Rç1—b1** (sur 2. ..., Rç1—d1 3. Tf2—f1≠) **3. Rd3—ç3, Rb1—a1 4. Rç3—b3, Ra1—b1 5. Tf2—f1≠.**

Roi et deux fous contre roi. — C'est toujours en l'acculant à la bande et plus spécialement à l'angle, que deux fous peuvent forcer le mat d'un roi seul : soit par l'attaque « en chenille », comme dans l'exemple 137, soit par une manœuvre plus subtile, comme dans l'exemple 138.

137

Les Blancs jouent

1.	**Fg6—f5+**	**Rç8—b8**
2.	**Fg5—f4+**	**Rb8—a8**
3.	**Ff5—é4≠**	

138

Les Blancs jouent

1. **Fç7—d6!**
(il s'agit de lever le pat du roi noir, tout en lui interdisant d'aller au-delà de la case d8)

1.	**...**	**Rç8—d8**
2.	**Fa4—b5!**	**Rd8—ç8**
3.	**Fd6—é7!**	**Rç8—b8**
4.	**Fb5—a6!**	**Rb8—a8**
5.	**Fa6—b7+**	**Ra8—b8**
6.	**Fé7—d6≠**	

Roi, fou et cavalier contre roi. — Cette coalition peut également forcer le mat, mais le chemin pour y parvenir est généralement plus laborieux (et parfois bien plus long) que pour les cas précédents. Avant de passer aux exemples pratiques, deux particularités sont à retenir : 1° ce mat a lieu dans l'une des trois cases de chaque **angle** de l'échiquier ; 2° la case angulaire doit être de **même couleur** que celle des cases contrôlées **par le fou** (avec un FR blanc le mat sera donné sur l'une des trois cases des angles a8 ou h1 ; avec FD blanc le mat sera donné sur l'une des trois cases des angles a1 ou h8).

Les diagrammes 139 et 140 représentent des positions finales typiques de ce problème ; le diagramme 141 nous permet de développer la méthode à employer pour atteindre le but.

139

Les Blancs jouent

Le roi noir se trouve déjà dans l'une des trois cases de l'angle a8 et par surcroît le roi blanc occupe la meilleure case.

1.	**Fa4—d7**	**Rb8—a8**
2.	**Cb3—ç5!**	**Ra8—b8**
3.	**Cç5—a6+**	**Rb8—a8**
4.	**Fd7—ç6≠**	

140

Les Blancs jouent

Même remarque sur cette position qui présente également une solution courte.

1.	**Fa4—b5!**	**Ra8—b8**
2.	**Fb5—a6**	**Rb8—a8**
3.	**Fa6—b7+**	**Ra8—b8**
4.	**Cf6—d7≠**	

141

Les Blancs jouent

Ici le roi noir a plus de liberté d'action et se trouve plus éloigné de l'angle a8. La solution sera légèrement plus longue et plus fournie en manœuvres subtiles, mais sa réalisation est à la portée du débutant.

La clé est **1. Cé4—ç5!** laissant au roi noir le choix entre deux cases de fuite ce qui amènera deux suites différentes c'est-à-dire **deux variantes :**

a) **1. ... Rç8—d8**
2. Cç5—b7+! Rd8—ç8
3. Rd6—ç6 Rç8—b8
4. Rç6—b6! Rb8—ç8 (ou Rb8—a8)
5. Fg6—f5+ Rç8—b8
6. Cb7—ç5! Rb8—a8
7. Ff5—g4!
(un coup d'attente nécessaire ; si immédiatement 7. Cç5—a6? le roi noir est pat)
7. ... Ra8—b8
8. Cç5—a6+ Rb8—a8
9. Fg4—f3≠

Remettez les pièces à leurs places (comme au diagramme 141) à l'exception du cavalier qui a déjà joué son premier coup et se trouve en ç5. La seconde variante est :

b) **1. ... Rç8—b8**
2. Fg6—f5 Rb8—a8
(voir plus loin la réponse Rb8—a7)
3. Rd6—ç7 Ra8—a7
4. Ff5—ç8 Ra7—a8
5. Cç5—a4 Ra8—a7
6. Ca4—ç3! Ra7—a8
7. Fç8—b7+ Ra8—a7
8. Cç3—b5≠

Remettez encore les pièces en place (roi blanc d6, fou f5, cavalier ç5 ; roi noir b8) et suivez la sous-variante :

Si **2. ... Rb8—a7**
3. Rd6—ç7 Ra7—a8
4. Cç5—d3 Ra8—a7
5. Cç3—b4! Ra7—a8

6.	**Ff5—d3**	**Ra8—a7**
7.	**Fd3—a6**	**Ra7—a8**
8.	**Fa6—b7+**	**Ra8—a7**
9.	**Cb4—c6≠**	

EXERCICES

N° 15.

142

Les Blancs jouent
et font mat en deux coups

N° 16.

143

Les Blancs jouent
et font mat en deux coups

N° 17.

144

Les Blancs jouent

A) Quelle est la solution de mat la plus courte ?
B) Même énoncé en remplaçant la dame g1 par une tour blanche.

N° 18.

145

Les Blancs jouent

Quelle est la solution de mat la plus courte ?
(Réponses aux pages 395 et 396.)

VII. ROI ET PION CONTRE ROI
LA PROMOTION ET LA REGLE DU CARRE
LA PROMOTION ET L'OPPOSITION DES ROIS
REGLE DES CASES EFFICACES
TABLEAU COMPARATIF
DES FINALES ELEMENTAIRES
EXCEPTIONS

Lorsqu'un simple pion reste l'unique compagnon d'un roi peut-on encore espérer gagner contre un roi seul ?

Oui, mais à condition que le pion puisse **aller à dame,** ce qui n'est pas toujours réalisable. Pour y parvenir, deux cas se présentent :

a) le pion réalise sa promotion tout seul ;
b) le pion a besoin d'être aidé par son roi.

a)

146

Les Blancs jouent
et gagnent

La solution est simple :

1.	**f5—f6**	**Rb5—ç6**
2.	**f6—f7**	**Rç6—d7**
3.	**f7—f8=D** et les Blancs gagnent.	

147

Les Blancs jouent :
la partie est nulle

Cependant si on place le roi noir en ç5 (au lieu de b5) le gain n'est plus possible (diagramme 147).

En effet :

1.	**f5—f6**	**Rç5—d6**
2.	**f6—f7**	**Rd6—é7**
3.	**f7—f8=D+**	**Ré7×f8**

et la partie est nulle.

● Le pion est perdu même avec l'aide de son roi, trop éloigné.

Les deux derniers exemples nous serviront à définir et à généraliser la **règle du carré.** Cette règle concerne le rapport spatial existant entre un roi et un pion ennemi allant à dame.

148

Les Blancs jouent

Reprenons la position précédente des Blancs et traçons en pointillé un carré dont le côté mesure quatre cases, soit le chemin que le pion doit parcourir depuis la case où il se trouve (f5) jusqu'à la case de promotion (f8).

Nous constatons :

1° que le pion fait dame sans encombre quand le roi ennemi se trouve à l'**extérieur** du carré (case b5) ;

2° que le pion est arrêté (ou pris) quand le roi ennemi se trouve à l'**intérieur** du carré (case ç5).

● Le carré de promotion diminue à mesure que le pion avance.

149

Les Blancs ont le trait : ils gagnent

La règle du carré est valable dans tous les cas sauf quand le pion se trouve encore sur **sa case d'origine** (exemple 149).

Bien qu'il soit déjà dans le carré de promotion le roi noir ne rattrapera pas le pion a2 allant à dame. Pourquoi ? Parce qu'en jouant **1. a2—a4!** ce pion laissera le roi noir hors du carré. C'est là moins une exception qu'une illusion : tout se passe comme si le pion blanc se trouvait en a3.

b)

150

Les Blancs jouent
et gagnent

151

Les Blancs jouent
et gagnent

Dans les deux positions ci-dessus le roi noir se trouve dans le carré, mais ne peut s'opposer à la promotion du pion passé pour deux raisons : dans le diagramme 150 le roi blanc **protège** le passage du pion sur toutes les cases de sa marche en avant (f6, f7 et f8) ; dans le diagramme 151 le roi blanc **interdit** au roi ennemi l'accès de la case é4 (porte d'entrée sur la grande diagonale blanche) et le pion va tranquillement à dame : **1. a3—a4, Rf3—é3 2. a4—a5, Ré3—d4 3. a5—a6,** etc.

Ces exemples sont, comme on peut le constater, fort simples. Cependant il existe bien des positions où un pion, malgré le soutien de son roi, peut ne pas réussir à faire dame, ou bien ne réussit à faire dame qu'après de subtiles manœuvres de son roi.

Voici de nouveaux cas où le rapport spatial entre les rois se révèle décisif.

152

Les Blancs jouent : partie nulle

Dans cette position comment faire passer le pion à dame ?

Première tentative : **1. b6—b7+, Ra8—b8! 2. Rç6—b6,** les Noirs sont pat ; ou bien **2. Rç6—d6, Rb8×b7** et la partie est nulle.

Deuxième tentative : **1. Rç6—ç7,** le roi noir est pat.

Troisième tentative : **1. Rç6—b5, Ra8—b7! 2. Rb5—ç5,**

Rb7—b8! 3. Rç5—ç6, Rb8—a8 et on revient à la position du départ : donc partie nulle.

153

Les Blancs jouent et gagnent

Dans cette nouvelle position le roi noir se trouve en b8 (au lieu de a8). Or, ce minime changement de place autorise une victoire rapide des Blancs réalisée par la même poussée de pion : **1. b6—b7!** Seulement ici le roi noir ne dispose que d'une case et, après **1. ..., Rb8—a7 2. Rç6—ç7!** la promotion en dame aura lieu sans la moindre entrave.

Remarque importante. Sur les deux derniers exemples on constate que dans une certaine position avancée le même coup de pion fait **nulle** lorsqu'il **donne échec, gagne** lorsqu'il avance **sans donner échec.** Cette règle concerne le pion parvenu à la septième rangée et soutenu par son roi **en arrière.**

Etudions la position du diagramme 154.

154

Les Blancs jouent et gagnent

Essayons d'abord **1. b5—b6+**. En vertu de ce qui précède le roi noir choisira la bonne réponse **1. ..., Ra7—a8!** qui rend la nullité inévitable (position 152) et rejetera bien entendu la mauvaise réponse **1. ..., Ra7—b8?** qui mène à sa perte (position 153).

Pour gagner il faudra donc jouer des coups précis. La solution comporte quelques manœuvres subtiles du roi blanc :

1. Rç6—ç7 **Ra7—a8**

2. Rç7—b6!

(et non 2. b5—b6? et le roi noir est pat)

2. ... **Ra8—b8**

3. Rb6—a6!!

(le seul coup gagnant ; si 3. Rb6—ç6, alors 3. ..., Rb8—a7! et l'on revient à la position de départ)

3. ... **Rb8—a8**

(voir la variante, 4e ligne ci-dessous).

4. b5—b6 **Ra8—b8**

5. b6—b7! **Rb8—ç7**

6. Ra6—a7 suivi de la promotion en dame.

Sur **3. ..., Rb8—ç8** (ou **Rb8—ç7**) on a, en outre, la suite gagnante :

4. Ra6—a7 et le pion fait dame sans condition.

Les fins de partie de pions — toujours intéressantes, mais parfois assez délicates à manier — sont soumises à quelques règles de base dont la connaissance est utile aux joueurs de bonne force. Voici une de ces règles, une des plus remarquables, susceptible de compléter le bagage des débutants. Mais définissons d'abord l'**opposition.**

155

Deux rois se trouvant face à face sur une colonne (ou sur une rangée ou sur une diagonale) et séparés d'une case sont en **état d'opposition** (voir le diagramme 155 ; revoir les diagrammes 68, 69 et 70). Il est clair que :

1° **avoir le trait,** c'est **perdre** l'opposition ;

2° **passer le trait** à l'adversaire, c'est **prendre** l'opposition.

Le premier cas est généralement un inconvénient, le second cas est plutôt un avantage. Mais tout dépend évidemment de la position.

Règle des cases efficaces.

Considérons la position du diagramme 156 où le pion n'a pas encore bougé.

156

Les Blancs ont le trait : partie nulle

Les tentatives du roi blanc de percer la défense ennemie sont vouées à l'échec. En effet :

— si **1. Ré3—d3, Ré5—d5!** (le roi noir prend l'opposition ;

— si **1. Ré3—f3, Ré5—f5!** (le roi noir prend l'opposition).

Il est clair que tout autre coup du roi blanc serait un recul permettant au roi noir de pénétrer dans le territoire ennemi.

La victoire, malgré l'avantage d'un pion, n'est donc pas réalisable.

Que se passerait-il si, après **1. Ré3—d3, Ré5—d5** les Blancs jouaient **2. é2—é4+?**

La partie serait encore nulle :

2.	**...**	**Rd5—é5**
3.	**Rd3—é3**	**Ré5—é6!**
4.	**Ré3—d4**	**Ré6—d6!**
	(le roi noir prend l'opposition)	
5.	**é4—é5+**	**Rd6—é6**
6.	**Rd4—é4**	**Ré6—é7!**
	(c'est la meilleure méthode, permettant au roi de prendre l'opposition soit à gauche, soit à droite de la colonne-roi)	
7.	**Ré4—d5**	**Ré7—d7!**
	(le roi noir prend l'opposition)	
8.	**é5—é6+**	**Rd7—é7**
9.	**Rd5—é5**	**Ré7—é8!**

10. Ré5—d6 Ré8—d8!

(le roi noir prend l'opposition)

11. é6—é7+ Rd8—é8

12. Rd5—é6 les Noirs sont pat

ou bien, si

12. Rd6 joue ailleurs Ré8×é7

Nulle

Les trois cases marquées d'une croix (d4, é4, f4) s'appellent des **cases efficaces.**

Etudions maintenant la position du diagramme 157.

157

Avec ou sans le trait les Blancs gagnent

Les Blancs gagnent, leur roi *se trouvant sur une des cases efficaces.*

Cet énoncé paraît-il exagéré ? On constate tout d'abord que les Blancs **possèdent l'opposition ;** car même s'ils étaient à jouer leur pion pourrait faire passer le trait au roi noir, comme dans la solution qui suit :

1.	**d2—d3!**	**Rd6—é6**
2.	**Rd4—ç5**	**Ré6—d7**
3.	**Rç5—d5!** (le roi blanc prend l'opposition)	
3.	**...**	**Rd7—é7**
4.	**Rd5—ç6**	**Ré7—d8**
5.	**Rç6—d6!** (le roi blanc prend l'opposition)	
5.	**...**	**Rd8—é8**
6.	**d3—d4!**	**Ré8—d8**
7.	**d4—d5!**	**Rd8—é8**
8.	**Rd6—ç7** et le pion passe aisément, soutenu jusqu'au bout par son roi : les Blancs gagnent.	

Les exemples 156 et 157 nous enseignent que le couple roi et pion sur sa case d'origine gagnent contre un roi seul s'il respecte les trois conditions suivantes :

1° le roi **doit accéder** à l'une des **cases efficaces ;**

2° le roi doit se trouver toujours **devant** son pion (c'est-à-dire sur l'une des cases efficaces) jusqu'à la sixième rangée au moins ;

3° le couple doit toujours **posséder l'opposition** ou **la prendre.**

A cela s'ajoute une quatrième condition « de bon sens » : le couple doit éviter le pat.

C'est là l'essentiel de la célèbre **règle des cases efficaces** mise au point par l'abbé Durand (1).

---

(1) Joueur et théoricien d'Echecs français (1799-1880). Auteur de plusieurs ouvrages et d'excellents travaux consacrés à la théorie des fins de partie.

158

Avec ou sans le trait :
les Blancs ne gagnent pas

Exception. — Cette règle est valable pour tous les couples roi et pion d'origine, sauf pour roi et **pion-tour.**

Les Blancs, ayant l'opposition et leur roi se trouvant sur une case efficace, peuvent tenter de gagner en appliquant les méthodes précédentes. Donc :

1. a2—a3	**Ra6—a7**
2. Ra4—a5	**Ra7—a8**
3. Ra5—a6	**Ra8—b8**
4. a3—a4	**Rb8—a8**
5. a4—a5	**Ra8—b8** continuant ainsi

indéfiniment. On ne peut pas déloger le roi noir de la case a8 (case de promotion du pion blanc) mais on peut le faire pat. Par exemple :

6. Ra6—b6	**Rb8—a8**
7. a5—a6	**Ra8—b8**
8. a6—a7+	**Rb8—a8**
9. Rb6—a6 pat !	
ou bien	
9. Rb6 joue ailleurs	**Ra8×a7**
Nulle	

On doit également à l'abbé Durand la mise au point de la **règle des limites.** Cette règle concerne deux pions, un blanc et l'autre noir, **se bloquant réciproquement** ou sur le point de le faire.

159

Le camp qui a le trait gagne

Dans cette position classique le roi qui **le premier** attaque le pion ennemi **en arrière** (et non à son niveau) le prend tout en gardant le sien.

Exemple :

1.	**Rç6—d6!**	**Rg3—f4**
2.	**Rd6—d5**	**R noir** ∽
3.	**Rd5×é5** et les Blancs gagnent.	

De même si :

1.	**...**	**Rg3—f3!**
2.	**Rç6—d5**	**Rf3—f4**
3.	**R blanc** ∽	**Rf4×é4** et les Noirs gagnent.

La **case limite** du pion noir est d5, la **case limite** du pion blanc est f4.

Celui des rois qui occupe le premier la case limite du pion ennemi perd le sien. C'est ce qu'on appelle « tomber dans le Trébuchet ».

Exemple, dans la position du diagramme 159 :

Si	**1.**	**Rç6—d5?**	**Rg3—f4**
	2.	**R blanc joue**	**Rf4×é4**

De même si :

1.	**...**	**Rg3—f4?**
2.	**Rç6—d5**	**R noir ∞**
3.	**Rd5×é5**	

Le trébuchet est une exception à la règle générale des limites concernant des rois **éloignés** de leurs pions. Dans ce cas le roi qui le premier occupera une case limite du pion ennemi le capturera tout en conservant le sien.

160

Les Blancs ont le trait : partie nulle

Dans la position du diagramme 160, les cases limites du pion noir é5 sont : b5, ç5 et d5 ; les cases limites du pion blanc é4 sont : b4, ç4 et d4.

Les Blancs ne peuvent pas gagner le pion. En effet :

1.	**Ra4—b4**	**Ra6—b6**
2.	**Rb4—ç4**	**Rb6—ç6**
3.	**Rç4—b4**	

(le roi blanc est obligé de rebrousser chemin, car si 3. Rç4—d3?, Rç6—b5! 4. Rd3—ç3, Rb5—ç5 5. Rç3—d3, Rç5—b4! et le roi noir en accédant à une case limite du pion blanc arrivera à capturer celui-ci)

3.	**...**	**Rç6—b6**

et ainsi de suite, la partie est nulle puisqu'aucun des rois ne peut occuper une case limite du pion ennemi.

Le tableau comparatif des finales élémentaires comportant un roi plus pièces amies contre un roi seul résume ce qui précède :

a	R+D contre	R	gagnent	dans n'importe quelle position mais en évitant de faire pat.
b	R+T contre	R	idem	idem
c	R+2 F contre	R	idem	idem
d	R+F+C contre	R	idem	idem
e	R+P contre	R	idem	dans certaines positions permettant la promotion du pion en dame.
f	R+F contre	R	ne peuvent pas gagner	pas de mat possible.
g	R+C contre	R	idem	idem
h	R+2 C contre	R	idem	bien que théoriquement un mat existe, on ne peut pas le forcer à cause de l'inévitable pat.

Ce tableau a force de loi et permet aux néophytes de cesser un combat inutile en épargnant leur temps. On a trop vu des débutants prolonger indéfiniment leur vain effort en gardant le fallacieux espoir d'obtenir un résultat miraculeux.

Cela ne doit pas arriver à un joueur d'Echecs digne de ce nom.

Cependant lorsque, à la faveur d'un minime changement opéré dans ce tableau, des possibilités inattendues s'introduisent dans les schémas les plus simples, il est bon de ne pas raccrocher le fusil avant d'avoir tiré le dernier plomb.

Voici quelques positions particulières où les résultats des trois derniers cas f, g et h peuvent se trouver modifiés grâce à des éléments nouveaux, en octroyant au roi seul une ou plusieurs pièces amies. Paradoxalement, une telle pièce, au lieu d'être une aide, peut **obstruer** une case de fuite ou **écarter un pat.**

161

Les Blancs jouent
et gagnent

Solution :

1. Cb3—d2 ! **Rh2—h1**

2. **Cd2—f1!**
(empêchant le roi noir de jouer et forçant l'avance du pion qui obstruera la case h2)

2. **...** **h3—h2**
3. **Cf1—g3≠**

162

Les Blancs jouent
et gagnent

Solution :

1. **Cé5—g4!** **Fg1—h2**
2. **Cg4×f2≠**

163

Les Blancs jouent
et gagnent

Solution :

1. **Ré5—é6** **Rg8—h8**
2. **Ré6—f7!**
   (et non 2. Ré6×é7?, Rh8—g8 3. Ré7—é8, Rg8—h8 4. Ré8—f7?, pat !)
2. **...** **é7—é6**
3. **Fh6—g7≠**

164

Les Blancs jouent
et gagnent

Solution :

1. **Cf5—é7!**
   (prenant au roi noir la case de fuite g8, mais **débloquant** en même temps le pion f6)
1. **...** **f6—f5**
2. **Cb5—d6** **f5—f4**
3. **Cd6—f7≠**

Ainsi roi et fou, roi et cavalier, roi et deux cavaliers ont éventuellement la possibilité de forcer le mat si le roi ennemi n'est pas seul.

N° 19.

165

Les Blancs jouent
et font nulle

N° 20.

166

Les Blancs jouent
et font nulle

N° 21.

167

Les Blancs jouent
et gagnent

N° 22.

168

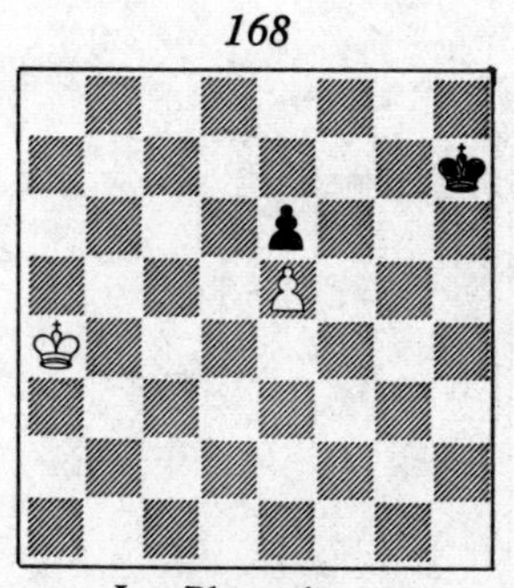

Les Blancs jouent
et gagnent

(Solutions aux pages 396-400.)

CHAPITRE III

Débuts de parties et parties miniatures

I. QUELQUES CONSEILS UTILES AVANT D'ENTAMER UNE PARTIE D'ECHECS

1. On détermine d'abord l'**attribution des camps,** les Blancs ayant toujours le trait. Pour ce faire, on tire au sort comme on joue aux poings fermés : l'un des joueurs tient dans chaque main une pièce de couleur différente et l'autre choisit. C'est simple.

Eventuellement, on se met d'accord pour jouer un nombre pair de parties, ce qui rend le tirage au sort superflu.

Dans les compétitions officielles on applique certaines formules, désignant à l'avance ceux qui prennent les Blancs et ceux qui prennent les Noirs pendant toute la durée de l'épreuve.

2. On place ensuite **correctement l'échiquier** (la case angulaire blanche à droite de chaque joueur) et **les pièces** (en commençant par la dame qui occupe une case de sa couleur).

3. Chaque camp est **obligé** de faire son coup (et un seul chaque fois) à tour de rôle (en déplaçant la pièce de sa case de départ et en la posant **aussitôt** sur sa case d'arrivée ; ou bien, en cas de prise, en **enlevant d'abord** la pièce ennemie visée et en posant à sa place la sienne).

4. Il faut respecter la règle essentielle : **toute pièce touchée doit être jouée** (en la déplaçant quand c'est la sienne, en la capturant quand elle appartient au camp adverse) à moins d'impossibilité matérielle.

L'observation stricte de cette règle, tout en évitant des abus ou des malentendus fâcheux, développe l'**attention,** cette première qualité qui manque aux débutants.

Si l'on désire seulement rajuster une de ses pièces, sans l'intention de la jouer, il est d'usage de le manifester d'abord à haute voix en prononçant l'expression : **j'adoube** (du verbe adouber, vieux terme dont le sens a changé et qui signifie aujourd'hui : mettre en ordre).

5. Pour roquer on joue **d'abord le roi** (de deux cases) **puis la tour** (qui saute par-dessus le roi). Si, en voulant roquer, **on touche d'abord la tour,** on est **obligé** de la jouer **sans pouvoir roquer.**

6. Chaque coup doit être effectué **sans hésitation.** Il ne faut pas garder la pièce dans la main, en planant au-dessus de l'échiquier, sans savoir où la poser, car cela **gêne** votre adversaire.

De même, **il est interdit de gêner** un joueur de quelque façon que ce soit, ni en bavardant pendant la partie (le silence est de rigueur) ; ni en touchant du doigt (ou en montrant) les cases pour faciliter l'analyse des coups.

Plan, calcul ou combinaison, se font **mentalement.** Cela développe **la réflexion** et **la faculté d'abstraction.**

Il **n'est pas permis** non plus **de demander conseil** à un tiers (une partie d'Echecs engage la responsabilité personnelle de chaque joueur et le résultat dépend uniquement de son propre effort).

6. Enfin, d'une manière générale, il convient de s'imprégner d'un **haut esprit sportif.**

II. LE DEBUT DE LA PARTIE

Lorsqu'on se trouve devant un échiquier comportant la position initiale de toutes les pièces blanches et noires on est un peu hésitant sur la façon de commencer la partie. On a, en effet, le choix entre vingt coups différents, qui ne sont évidemment pas de même valeur, mais dont on ignore a priori la portée véritable.

Pour faciliter sa tâche, le néophyte peut s'aider du principe de l'**équilibre des forces.** Toute partie débute dans une **égalité** parfaite qu'il importe de **maintenir** autant que possible durant l'évolution du combat. Une fois cet équilibre des forces rompu, le sort des armes prend une orientation nouvelle souvent susceptible de précipiter la fin.

Lorsqu'on cède à l'adversaire, par inadvertance, une ou plusieurs unités, il s'agit d'une **perte** de matériel qui peut, selon la situation, être sérieuse, grave ou décisive. Mais lorsque cette perte est opérée **à bon escient** et

volontairement, pour en retirer un certain avantage, il s'agit d'un **sacrifice** matériel, à la faveur duquel on gagne parfois de belles parties.

D'une manière générale, le grand art des Echecs consiste à utiliser avec adresse trois facteurs : **forces, espace, temps,** de façon à faire triompher tantôt l'un, tantôt l'autre, ou bien les trois ensemble. Ce principe connu, il est recommandé d'amorcer la partie d'une façon « saine » ou normale, guidé par le bon sens et la logique.

169

Regardez à présent l'échiquier où vous venez de placer vos pièces (diagramme 169).

Remarquez la position resserrée des officiers dont aucun, à l'exception des cavaliers, ne peut bouger.

Si le but suprême d'une partie d'Echecs est de faire mat le roi ennemi, encore faut-il rendre ce mat possible. Le plus souvent, il faut un long chemin pour y parvenir à cause de la nécessité primordiale de **mobiliser** une partie ou la totalité des forces.

Pour mener à bonne fin une telle entreprise, plusieurs **phases distinctes** confèrent aux diverses opérations se déroulant sur l'échiquier des aspects et des objectifs différents. On a, dans l'ordre de leur succession :

1° La phase **stratégique** ou **préparatoire :** le début de la partie. Cette première phase comporte elle-même deux périodes distinctes : l'**ouverture** (ou le **début** proprement dit) et le **développement des forces.**

2° La phase **tactique,** où ont lieu plus particulièrement le choc des armes et la vivacité des engagements. C'est la phase des opérations d'envergure, souvent à caractère décisif : **le milieu de la partie.**

3° La phase technique des réalisations : la **fin de la partie.**

Les parties d'Echecs disputées par des joueurs chevronnés ont en moyenne 40 coups, nombre important mais justifié par la nécessité de passer par les différentes phases de la lutte.

Il arrive cependant, quoique rarement et surtout entre débutants (ou entre un fort joueur et un débutant), qu'une partie finisse en quelques coups. Dans de tels cas l'un des joueurs, **ayant enfreint les principes essentiels de l'ouverture,** a précipité son désastre. Nous allons en donner quelques exemples. Mais, afin de mieux les comprendre, il faut se rendre à l'évidence que, pour mobiliser les forces qui sont paralysées par des obstructions réciproques, il est indispensable de jouer **d'abord les pions** afin d'ouvrir quelques portes de sortie aux fous, aux tours ou à la dame (les cavaliers pouvant se mouvoir à volonté sans aucune aide).

Des huit pions, lequel doit retenir plus que les autres notre choix ? Comment faudra-t-il continuer pour permettre aux officiers d'apporter aussi vite que possible leur efficace contribution aux premières escarmouches ou aux engagements plus sérieux ?

Les deux parties très courtes qui suivent nous aideront à formuler des réponses à ces questions.

PARTIE N° 1

Blancs	Noirs
1. f2—f4	**é7—é6**

A l'impétueux départ du PFR blanc, les Noirs répondent très modestement en avançant leur PR d'une seule case.

2. g2—g4??

Encouragés par la « timidité » de leur adversaire, les Blancs poussent hardiment leur second pion (le PCR) en pensant sans doute déjà aux ravages que les courageux et intrépides fantassins feront bientôt dans les rangs de l'armée ennemie.

Hélas ! La réserve des Noirs n'était qu'une feinte et leur réplique mortelle dévoile toute la précarité de la position des Blancs, issue précisément de l'**avance inconsidérée de leurs pions.**

2. ...	**Dd8—h4 mat**

170

Position finale

Ce mat — le plus court possible — est appelé « mat du lion » ou « mat des sots », etc. Quel que soit son nom, il nous permet de tirer une première leçon.

Dans une partie d'Echecs (où l'on est deux), **il est aussi important de prendre en considération les possibilités de l'ennemi** que celles de son propre camp. Il faut **discerner** ou du moins **essayer de comprendre la portée d'une manœuvre ennemie,** même (et surtout) quand elle se dissimule sous un aspect anodin.

Analysons les faits : en avançant, le PR noir **a ouvert** une diagonale à la dame noire. Au lieu de se précipiter, les Blancs auraient dû prendre garde et jouer par exemple 2. Cg1—f3, **protégeant** leur roi dont la position venait de **s'affaiblir** par le départ du PFR.

PARTIE N° 2

Blancs	Noirs
1. é2—é3	**g7—g5?**
2. Ff1—é2	**f7—f5??**
3. Fé2—h5 mat	

171

Position finale

Que s'est-il passé ? Cette fois ce sont les Noirs qui ont poussé imprudemment leurs pions **en découvrant leur roi ;** ils sont tombés naïvement dans le même piège, le fou blanc ayant repris l'attitude agressive de son auguste collègue.

Ces deux cas — et l'on pourrait évidemment en trouver d'autres — montrent suffisamment **le danger de pousser arbitrairement les pions.**

La pratique et la logique nous enseignent qu'en avançant le PR ou le PD de deux pas, on n'a pas à craindre une défaite rapide comme celles que nous venons de voir et l'on favorise de surcroît — cela est d'une importance capitale — **la sortie des officiers.**

Mais comment interpréter ce principe de base : **sortir les officiers ?** La réponse à cette question sera donnée à la suite de quelques parties courtes, mettant en lumière la façon de traiter les différentes phases de la partie et surtout les débuts.

Précisons que les remarques ou critiques faites sur les parties ne visent nullement les joueurs, mais seulement l'ordre ou la portée des coups, l'absence de plans ou les plans erronés et toutes sortes de fautes, commises aussi bien par des joueurs expérimentés que par des débutants. Les commentaires sont essentiellement techniques et objectifs et poursuivent un but exclusivement didactique ; ils peuvent se faire sans même connaître ceux qui ont mené le combat.

La partie n° 3 fut jouée dans les studios de la Télévision française et reproduite en même temps sur le petit écran en janvier 1950, à titre démonstratif, à l'issue d'un cours d'initiation que venaient de suivre deux téléspectateurs. Ils disputaient donc pour la première fois une lutte sur les 64 cases et n'avaient d'autres connaissances que celles de la marche des pièces. Cette partie n'a aucune valeur intrinsèque, elle fut même jouée très mal de part et d'autre. Mais elle a le mérite de montrer que l'on peut « pousser du bois » après seulement quelques leçons et de nous permettre, en la commentant, de souligner les fautes inhérentes aux néophytes.

PARTIE N° 3

Blancs	Noirs
M. X.	Mlle Y.

1. é2—é4 **é7—é5**

Bon début autant pour les Noirs que pour les Blancs. Chaque camp affirme avec une égale décision la volonté de **maintenir au centre** de l'échiquier au moins une unité, tout en prévoyant la possibilité de sortir par la suite les autres pièces.

2. Cg1—f3

Bonne continuation, logique et efficace. Cet officier entre en lice d'une façon idéale, car il occupe une case lui permettant de **contrôler le centre** et attaque déjà le pion noir é5.

2. ... **Ff8—d6**

Les Noirs ont raison de défendre leur bien menacé, mais ils ne le font pas de la meilleure façon ; en se plaçant en d6 le FR **bloque** le pion d7 et **entrave** la sortie du Fç8.

Une excellente réponse serait 2. ..., Cb8—ç6.

3. Ff1—d3

Ce n'est certes pas la meilleure continuation dont disposent les Blancs. La critique qu'on peut formuler à cette occasion est celle qui vient d'être faite au sujet du FR noir : le FR blanc **bloque** le pion d2 et **entrave** la sortie du FD blanc. Ce coup n'est même pas justifié par la nécessité de défendre le Pé4 qui n'est pas attaqué.

La continuation recommandée serait 3. Ff1—ç4 assurant à ce même fou **une belle diagonale,** sans entraver la sortie des autres pièces blanches.

3. ... **Cg8—f6**

Bien joué. Les Noirs semblent vouloir rétablir l'équilibre des forces au centre.

4. a2—a3 .

Un coup prudent sans doute, **trop** prudent même ; pour l'instant du moins, aucune pression ennemie ne s'affirmait de ce côté-là.

Préférable eût été assurément 4. o—o!, profitant du droit de roquer pour **mobiliser** une nouvelle pièce importante : la TR.

4. ... Fd6×a3?

Méprise ou faux calcul ? Toujours est-il que les Noirs non seulement perdent un temps précieux (leur FR ayant déjà joué à d6), mais font surtout une opération d'échange à leur détriment. Ils cèdent un fou qui compte 3 points contre un pion qui ne vaut que l'unité, tout en laissant leur Pé5 de nouveau en prise. Or, l'**équilibre des forces** étant le premier grand principe à observer, les Noirs se mettent en **infériorité matérielle** sans même y être contraints.

Ils avaient pourtant un bien meilleur coup à faire : 4. ..., o—o! abritant le roi et mettant en même temps leur TR en jeu.

5. b2×a3 g7—g5

Encore une faute grave, mettant un nouveau pion en prise et surtout **affaiblissant le rempart** des pions susceptible de protéger le roi.

On constate dans cette succession de coups l'**absence de tout lien, du moindre plan d'action ou de développement.** Parmi les réponses valables dont les Noirs pouvaient disposer (à la place de 5. ..., g7—g5) on retient : 5. ..., Cb8—ç6 ou 5. ..., d7—d6.

6. g2—g4

Décidément les Blancs, comme les Noirs, exécutent des coups **sans portée, dépourvus d'un sens faisant partie d'un ensemble harmonieux et cohérent.** Ce pion se met, lui aussi, en prise sans une raison valable tout en dégarnissant le rempart des pions de l'aile-roi.

6. ... Cf6×g4

En s'emparant de ce pion, les Noirs récupèrent, faute de mieux, une partie de leurs points imprudemment perdus (puisqu'ils ont maintenant deux pions = 2, contre un F = 3).

7. h2—h3

Attaquant le C noir. La manœuvre 7. Th1—g1!, visant le même objectif, entrait également en ligne de compte.

7. ... a7—a5?

Les Noirs ne semblent pas saisir le danger qui menace leur cavalier. Il fallait, de toute évidence, retirer cette pièce. Plus indiqué était donc, par exemple : 7. ..., Cg4—h6.

8. Fd3—ç4?

Générosité ou cécité ? La prise du cavalier s'imposait.

8. ... Th8—g8

Les Noirs pouvaient encore sauver leur pièce en la retirant de la case g4.

9. h3×g4

Rectifiant leur précédent oubli, les Blancs capturent enfin le cavalier et s'adjugent ainsi une supériorité matérielle considérable. En outre, le départ du pion h3 **a ouvert** la colonne —TR par laquelle la Th1 pourra désormais exercer une redoutable pression sur la position ennemie déjà très affaiblie. Les Blancs menacent, en effet, de prendre au coup suivant le Ph7.

9. ... h7—h5

Pour autant qu'on cherche à résister encore, ce n'est pas de cette façon qu'on protège l'unité menacée ; il fallait plutôt répondre 9. ..., Tg8—g7.

10. Th1×h5 Tg8—h8

Trop de prodigalité nuit. Un peu désemparés, les Noirs précipitent leur désastre.

11. Th5×h8+ Ré8—é7

12. Th8×d8 les Noirs abandonnent

Avec raison, car le massacre de leurs troupes (ils ont perdu successivement F, C, T et D) ne leur laisse plus la moindre possibilité de résister.

Sur les deux camps ayant disputé cette partie, celui qui a fait le moins de fautes a gagné.

Les parties qui suivent, choisies à dessein parmi les plus courtes, comportent également des fautes peut-être moins visibles, mais réelles. Ces « parties miniatures » ont été disputées par des joueurs plus expérimentés qui ont eu le tort de ne point tenir compte de certains préceptes indispensables à la conduite correcte des opérations préliminaires. Or, des imprécisions même petites, bien exploitées par l'adversaire, peuvent devenir fatales au camp qui les pratique.

Le lecteur attentif retiendra utilement les remarques qui font ressortir les inconvénients d'un traitement trop léger des débuts et saura éviter certains pièges qui peuvent être dissimulés derrière des coups anodins. A ce propos, soulignons l'importance de la « menace » de certaines manœuvres, que tout joueur doit prendre en considération avant d'exécuter son propre coup.

Cet exemple classique est connu sous le nom de « mat du berger » (ou « mat du cordonnier », etc.).

PARTIE N° 4

	Blancs	Noirs
1.	**é2—é4**	**é7—é5**
2.	**Ff1—ç4**	

Un bon coup de développement, exerçant en même temps une pression sur **le pion f7, point vulnérable** du camp noir dans la position initiale.

2. ... Ff8—ç5

Les Noirs ne veulent pas être en reste et font de même en plaçant leur FR sur une case d'où cette importante unité de combat vise **le pion f2, point vulnérable** du camp blanc dans la position initiale.

3. Dd1—f3

Cette sortie précipitée de la dame est la manœuvre caractéristique du néophyte, qui pense utiliser avec profit la plus puissante des pièces sans se douter que l'ennemi **pourrait éventuellement la prendre comme principal objectif** en lançant contre elle des attaques concertées, menées par des pièces de moindre importance.

Une bonne politique serait de jouer 3. Cg1—f3, accélérant le petit-roque, qui fait partie du développement général et normal de la phase préparatoire.

Or le coup de la dame **prive** précisément le CR de sa meilleure case (f3). En revanche (et c'est là peut-être l'excuse qu'on pourrait formuler à son égard), **il institue une grave menace** sur le pion f7 dont la prise entraînerait automatiquement le mat.

3. ... d7—d6??

Insouciance, lourde méprise ou cécité ? Les Noirs **ignorent** la menace qui pèse sur leur roi et que leur réponse **ne pare nullement.**

Plusieurs autres coups étaient à leur disposition, par exemple : 3. ..., Cg8—f6! obstruant l'action verticale de la dame blanche et accélérant en même temps le petit-roque.

4. Df3×f7 mat

Bien des joueurs cherchent à faire le « mat du berger » (qui d'ailleurs peut se présenter sous d'autres formes) au lieu de développer logiquement leurs pièces. Cette entorse aux bonnes règles peut leur réussir une fois, mais leur procurera le plus souvent des défaites méritées.

PARTIE N° 5

(Jouée en Italie vers 1900)

Blancs	Noirs
1. é2—é4	**é7—é5**
2. Cg1—f3	**Dd8—f6**

Protéger un pion attaqué n'est certes pas le rôle de la dame. Cette réponse est faible pour deux raisons : elle **entrave** la sortie efficace du Cg8, mais surtout elle **expose** la plus puissante des forces noires aux réactions agressives des pièces mineures blanches.

3. Ff1—ç4

Un bon coup de développement, qui accélère, en outre, la possibilité de roquer.

3. ... Df6—g6

Encore cette manœuvre qui tente bien des débutants : attaquer avec la dame dès les premiers engagements. Cette idée semble dans la position présente d'autant plus prometteuse qu'elle vise simultanément deux pions blancs : é4 et g2.

4. o—o!

Excellente décision. En roquant, les Blancs obtiennent un jeu confortable.

4. ... Dg6×é4

Les Noirs sont logiques avec eux-mêmes : ils s'emparent du pion tout en menaçant de capturer le Fç4. Cependant, en continuant de la sorte ils se mettent en difficulté et risquent **de perdre beaucoup de temps** par les retraites successives qu'imposeront à leur dame les **inévitables harcèlements** des forces ennemies, sans oublier le danger de voir leur roi subir un assaut cruel. L'inconvénient majeur de leur position se traduit par un évident **retard de déve-**

loppement contrastant avec la **mobilité** des pièces blanches admirablement placées en ligne de combat. Pour toutes ces raisons il eût été plus sage de répondre 4. ..., Cb8—ç6.

5. Fç4×f7+!

Une surprise désagréable. Cette foudroyante riposte est parfaitement justifiée par le fait que le fou est pratiquement imprenable. En effet, si 5. ..., Ré8×f7? alors 6. Cf3—g5+!! gagne la dame (par la fourchette du cavalier).

5. ... Ré8—é7

6. Tf1—é1!

On voit à présent clairement l'avantage d'**avoir roqué à temps.** Libérée de son angle, la TR peut immédiatement apporter sa décisive contribution à l'action punitive dirigée contre la frêle position de l'ennemi.

6. ... Dé4—f4

Attaquée pour la première fois, la dame noire est bien obligée de reculer ; c'est ce qu'elle fait en attaquant en même temps le Ff7.

7. Té1×é5+

Une autre bonne continuation était sans doute 7. Cf3×é5. Mais la position des Noirs est tellement compromise que toutes les solutions énergiques sont valables, même en sacrifiant du matériel.

7. ... Ré7×f7

Sur le retrait 7. ..., Ré7—d8 la réplique serait 8. Té5—é8 mat.

8. d2—d4

Attaquant de nouveau la dame, par la découverte du Fç1.

8. ... Df4—f6

9. Cf3—g5+ Rf7—g6

A moins de perdre la dame en l'échangeant contre le Cg5, cette réponse est forcée.

10. Dd1—d3+

D'où l'on voit à quel point **une position saine, bien développée, favorise une harmonieuse coopération des forces.**

10. ... **Rg6—h5**
11. g2—g4+! **Rh5—h6**

Le choix est limité. Sur 11. ..., Rh5×g4 ou Rh5—h4 la réplique serait 12. Dd3—h3 mat. Cependant en h6 le roi n'est pas plus à l'abri.

12. Cg5—f7 mat
(par échec double).

172

Position finale :
la plupart des pièces noires
n'ont pas bougé.

Moralité : sortez vos pièces avant la dame et efforcez-vous de mettre le roi à l'abri.

Un autre exemple classique de débâcle rapide est le fameux « mat de Légal » où la **menace latente** d'un groupe de pièces mineures se réalise grâce à un sacrifice de dame. Voici cette élégante prouesse.

PARTIE N° 6

(Paris, vers 1750)

Blancs KERMUR DE LEGAL (1)	Noirs UN AMATEUR
1. é2—é4	**é7—é5**
2. Cg1—f3	**d7—d6**

Bien meilleure que 2. ..., Df6 (adoptée dans la partie précédente), cette réponse défend solidement le Pé5, mais comporte un petit inconvénient : elle limite l'action du Ff8.

3. Ff1—ç4

On connaît désormais ce développement **actif** du FR blanc qui constitue une menace latente contre le Pf7.

3. ... Fç8—g4

Clouant le Cf3 par rapport à la dame. Ce clouage arrive souvent dans les parties normales. Il est quelque peu prématuré dans cette position à peine entamée. On conseille généralement de sortir d'abord les cavaliers et, dans cet esprit, la réponse 3. ..., Cg8—f6 est préférable.

4. Cb1—ç3!

La sortie de ce second cavalier n'est pas seulement un bon coup de développement, elle constitue en même temps le troisième facteur d'une conspiration visant le roi noir et elle institue une **menace** qui, pour être réelle et immédiate, n'en demeure pas moins subtile et très cachée. Cette menace peut parfaitement être parée de plusieurs façons : soit en jouant 4. ..., Cb8—ç6, soit en opérant l'échange 4. ..., Fg4×f3 ; mais, si (comme dans cette partie) les Noirs ne la flairent pas, elle se réalise telle qu'elle est exposée dans la suite :

---

(1) De Kermur, sire de Légal (1710-1792). Un des plus forts joueurs français de la première moitié du XVIIIe siècle.

4. ... g7—g6?

5. Cf3×é5!!

Brillant sacrifice de dame ou bien pseudo-sacrifice de cavalier. En effet, les Noirs peuvent répondre 5. ..., d6×é5 mais, après 6. Dd1×g4 ils restent mal développés et appauvris d'un bon pion. Ils peuvent également accepter le don généreux des Blancs en prouvant ainsi qu'ils n'ont toujours pas découvert les véritables intentions de l'ennemi. C'est ce second terme de l'alternative qui fut choisi et cela donna :

5. ... Fg4×d1

6. Fç4×f7+

Une fois de plus la faiblesse organique du Pf7 paye les erreurs commises dans le début.

6. ... Ré8—é7

7. Cç3—d5 mat

173

Position finale

Il existe un nombre considérable de variations sur le thème du « mat de Légal ». L'application du même principe peut facilement être repérée une fois son mécanisme saisi. En voici un exemple instructif.

PARTIE N° 7

(Dans les traités théoriques avant 1900)

Blancs	Noirs
1. é2—é4	**é7—é5**
2. Cg1—f3	**Cg8—f6**

Une défense active parfaitement codifiée : l'attaque du Pé4 compense l'attaque du Pé5.

3. Cf3×é5

Les Noirs ne doivent pas récupérer sur-le-champ leur pion (après 3. ..., Cf6×é4 4. Dd1—é2! ils auraient une partie difficile), mais peuvent le faire après 3. ..., d7—d6 4. Cé5—f3, Cf6×é4. Cependant, ils choisissent une autre ligne de jeu **en sacrifiant un pion afin d'avancer le développement** de leurs forces.

3. ...	**Cb8—ç6**
4. Cé5×ç6	**d7×ç6**
5. d2—d3	

Protégeant le Pé4.

5. ...	**Ff8—ç5**

Le FR noir prend une excellente diagonale, d'où il exerce une pression latente sur le pion f2 (point faible du camp blanc, ce pion n'étant protégé que par son roi).

6. Fç1—g5?

A leur tour, les Blancs commettent l'erreur signalée à la partie précédente : ils clouent prématurément le Cf6 dont le départ laisserait la dame noire en prise. Et pourtant...

6. ... Cf6×é4!!

Même riposte élégante et... décisive ; les Blancs n'ont pas le moyen de refuser le « présent grec » en prenant le cavalier. En effet : si 7. d3×é4, Fç5×f2+!! (ce second sacrifice mène au gain forcé de la dame blanche) laissant un choix bien triste : ou 8. Ré1×f2, Dd8×d1 ; ou 8. Ré1—é2, Fç8—g4+ menant au même résultat. Donc :

7. Fg5×d8 Fç5×f2+

8. Ré1—é2 Fç8—g4 mat

Une fois de plus, trois pièces légères actives se sont révélées plus fortes que la dame.

174

Position finale

Les parties qui suivent mettent l'accent sur les fautes de début à ne pas commettre ou sur certains pièges élémentaires.

PARTIE N° 8

Blancs	Noirs

1. é2—é4 **ç7—ç5**

Une réponse à la mode, qui remplace l'usuelle poussée é7—é5.

2. d2—d4 **ç5×d4**

3. Cg1—f3

Les Blancs s'apprêtent à reprendre le Pd4 par le cavalier. Ils veulent éviter la suite : 3. Dd1×d4, Cb8—ç6! qui n'est pas sans laisser aux Noirs un petit avantage de position.

3. ... **é7—é5**

Cette réponse protège le Pd4 et crée en même temps un piège qui réussit.

4. Cf3×é5?

La continuation juste est 4. ç2—ç3. Le coup du texte coûte une pièce.

4. ... **Dd8—a5+!**

Une des conséquences du premier coup (1. ..., ç7—ç5) est la possibilité de faire jouer la dame sur la diagonale a5/d8. Dans le cas présent, cette possibilité est fatale aux Blancs, qui perdent sans compensation leur CR. Pour cette raison, l'équilibre des forces étant rompu...

5. Les Blancs abandonnent

Ce piège grossier réussit plus souvent qu'on ne pense. Au tournoi olympique de Folkestone (Angleterre), en 1933, un joueur chevronné connut la même mésaventure mais dans un début différent. Cela arriva aussi à un candidat-maître allemand, à Berlin, en 1950.

PARTIE N° 9

(Ve Olympiade d'Echecs, Folkestone 1933)

Blancs	Noirs
COMBE (Ecosse)	HASSENFUSS (Lettonie)

1. d2—d4 **ç7—ç5**

Un sacrifice provisoire de pion, les Noirs étant à même de récupérer leur unité sans aucun risque. Le but est de supprimer le pion blanc du centre.

2. ç2—ç4

Le coup 2. d4—d5 est plus indiqué, car il garde le pion tout en gênant la sortie normale du CD noir, via ç6.

2. ... **ç5×d4**

3. Cg1—f3

Avec l'intention de reprendre le Pd4 par le cavalier.

3. ... **é7—é5**

4. Cf3×é5??

Même erreur que dans ıa partie n° 8.

4. ... **Dd8—a5+!**

5. Les Blancs abandonnent

La perte de leur cavalier rend inutile la poursuite de la partie.

PARTIE N° 10

(Championnat de Berlin, 1950)

Blancs	Noirs
LEHMANN	SCHULZ

1. ç2—ç4

Les maîtres modernes adoptent souvent ce coup dont le but stratégique est d'exercer une pression sur la case d5.

1. ... d7—d5

Les Noirs cherchent ainsi à briser dans l'œuf le plan de l'ennemi. Toutefois cette réaction naturelle est quelque peu prématurée. Les réponses : 1. ..., ç7—ç6 ou 1. ..., é7—é6 ou encore 1. ..., Cg8—f6 sont plus prudentes.

2. ç4×d5 Cg8—f6

Avec l'intention d'égaliser au coup suivant par 3. ..., Cf6×d5.

3. é2—é4

Cette avance protège le Pd5 et pose un piège connu dans lequel les Noirs tombent naïvement.

3. ... Cf6×é4??

4. Dd1—a4+! les Noirs abandonnent

Leur cavalier est perdu sans la moindre compensation.

PARTIE N° 11

(Jouée à Paris en 1925)

Blancs	Noirs
TCHINENOFF	MAILLARD

1. é2—é4 **é7—é5**

2. f2—f4

Un sacrifice familier de pion, dont l'acceptation permet aux Blancs d'opérer une concentration des forces sur le Pf7.

Les débuts où un tel sacrifice a lieu sont généralement appelés « gambits » (d'une expression italienne qui signifie « croc-en-jambe »).

2. ... **Ff8—ç5**

A tort ou à raison les Noirs refusent le présent et laissent à leur tour le Pé5 en prise.

3. f4×é5

La continuation correcte est 3. Cg1—f3. La prise du Pé5 est une grave faute qui coûte la partie. Pourquoi ? Parce que cela réalise **un troisième coup de pion au lieu de développer les pièces.** En outre, et c'est là l'inconvénient majeur, **le roi reste trop exposé** et devra subir l'assaut de l'ennemi.

3. ... **Dd8—h4+**

Après ce terrible échec, les Blancs ont la triste alternative de perdre sans aucune compensation du gros matériel : par exemple, sur 4. g2—g3, Dh4×é4+ 5. Cg1—é2, Dé4×h1 ; ou bien de jouer leur roi, mais alors : sur 4. Ré1—é2, Dh4×é4 mat. Donc :

4. Les Blancs abandonnent

PARTIE N° 12

(Barcelone, 1896)

Blancs	Noirs
TOLOSA Y CARRERAS	MASCERO

1. é2—é4 **é7—é5**
2. Cg1—f3 **d7—d6**
3. d2—d4 **f7—f5**
4. Ff1—ç4! **f5×é4**

Quatre coups de pions ont été joués par les Noirs dont le roi se trouve dans sa position initiale trop découvert, le barrage naturel de protection formé par les pions d7, é7 et f7 ayant fondu. Du côté des Blancs, deux pièces importantes ont été développées et occupent des postes de combat d'où elles sont prêtes à bondir. Derrière elles, la dame n'a besoin que d'un seul coup pour apporter sa précieuse contribution à une attaque-éclair. Dans ces conditions, comment s'étonner du sacrifice qui va suivre ?...

5. Cf3×é5!!

Parfaitement motivé. La triple menace instituée par cet élégant présent (c'est-à-dire aussi bien 6. Cé5—f7 que 6. Fç4—f7+ ou encore 6. Dd1—h5+) ne laisse pas le choix.

5. ... **d6—d5**

A peu de chose près la même défaite rapide arriverait aux Noirs sur la prise du cavalier : sur 5. ..., d6×é5 6. Dd1—h5+ forçant la triste balade du roi ou bien la perte matérielle après 6. ..., g7—g6 7. Dh5×é5+, suivi de 8. Dé5×h8.

6. Dd1—h5+ **Ré8—é7**

Ou bien 6. ..., g7—g6 7. Cé5×g6!, h7×g6 8. Dh5×h8 et les Blancs obtiennent un jeu manifestement gagnant.

7. Dh5—f7+ **Ré7—d6**

8. Df7×d5+ **Rd6—é7**

9. Cé5—g6+!

Un sacrifice d'évacuation (de la case é5).

9. ... **h7×g6**
(si 9. ..., Ré7—f6 10. Dd5—f7 mat)

10. Dd5—é5+ et les Noirs abandonnent parce qu'ils sont mat au coup suivant (si 10. ..., Fç8—é6 11. Dé5×é6 mat ; si 10. ..., Ré7—d7 11. Dé5—é6 mat).

175

Position finale

Il est important de remarquer que sur les neuf coups effectués par les Noirs, six (!) furent joués par des pions, trois (!) par le roi. Le diagramme 175 donne la position finale. Regardez-la : aucune des sept pièces noires n'a bougé. La défaite est largement méritée.

PARTIE N° 13

(Suisse, 1964)

Blancs	Noirs
BORSDORFF	H. KELLER

1. d2—d4 **ç7—ç5**
2. d4×ç5

L'avance 2. d4—d5 est plus indiquée. Peu d'intérêt offre la continuation 2. ç2—ç4 (partie n° 9). Quant à la prise du texte, elle fait plutôt le jeu des Noirs, dont le premier coup visait justement la suppression du pion blanc central.

2. ... **é7—é6**

Une des méthodes préconisées pour récupérer aussitôt le pion investi. D'autres coups sont également jouables, tel 2. ..., Cb8—a6.

3. b2—b4?

La **tentative de garder le butin** est généralement déconseillée. Dans la position présente, le dernier coup des Blancs est nettement inférieur, parce qu'il permet aux Noirs d'en faire **leur objectif d'attaque.** A sa place, n'importe quel coup de développement serait meilleur, par exemple : 3. Cg1—f3 ou 3. Cb1—ç3 ou encore 3. é2—é4, etc.

3. ... **a7—a5!**

Réaction juste, qui menace le Pb4 et, par voie de conséquence, le Pç5.

4. ç2—ç3

S'obstinant à garder à tout prix le pion de plus. Cette erreur peut coûter cher.

4. ... **a5×b4**
5. ç3×b4 **Dd8—f6!!**

La sortie de la dame noire, loin d'être blâmable, est la meilleure riposte, car elle exploite sur-le-champ l'**affaiblissement** de la grande diagonale en attaquant la Ta1. Une pièce doit donc être perdue et pour cette raison :

6. Les Blancs abandonnent

PARTIE N° 14

(Amsterdam, 1950)

Blancs	Noirs
Dr HEIN	TELLMANN

1. é2—é4	**Cg8—f6**

Cette réponse, qui peut dérouter le débutant, fait partie des conceptions modernes de combat. Sa stratégie consiste à provoquer un jeu de pions blancs qui deviendraient, une fois avancés au centre, des objectifs d'attaque. Bien entendu, l'amateur inexpérimenté ne doit pas l'adopter sans en connaître la vraie portée.

2. Cb1—ç3

Les Blancs protègent leur pion tout en développant une pièce. Une autre possibilité est 2. d2—d3. Toutefois la continuation usuelle est 2. é4—é5.

2. ...	**d7—d5**

Les Noirs renouvellent l'attaque sur le Pé4.

3. é4×d5	**Cf6×d5**
4. d2—d4	**Fç8—f5**

Ce coup institue une menace sérieuse. La voyez-vous ?

5. Cg1—é2?

L'amateur de bonne force qui joue les Blancs n'a pas découvert la menace de l'ennemi, le coup du texte le prouve ; sinon il aurait pris la précaution de parer cette menace au moyen de 5. a2—a3 ou bien en opérant au préalable l'échange 5. Cç3×d5, Dd8×d5 (qui eût laissé un petit avantage aux Noirs grâce à leurs deux pièces développées).

5. ... Cd5—b4!

Pour avoir été ignorée, la menace se réalise ; son effet est immédiat. Les Blancs doivent perdre la TD (par la fourchette du cavalier : 6. ..., Cb4×ç2+!) même si celle-ci joue à b1 (car alors la réponse serait 6. ..., Ff5×ç2!).

6. Fç1—é3?

Cette autre éventualité fait perdre non plus la tour, mais la dame !

6. ... Ff5×ç2!!

7. Les Blancs abandonnent

176

Position finale

Sur 7. Dd1—ç1 ou Dd1—d2, les Noirs répondent 7. ..., Cb4—d3+!! et la dame est perdue soit par la fourchette du cavalier, soit par l'obligation de parer le mat au moyen de 8. Dd2×d3, Fç2×d3. L'abandon est largement justifié.

PARTIE N° 15

(Jouée à New York en 1937)

Blancs	Noirs
P. ROSENZWEIG	H. GILGULIN

1. é2—é4 **é7—é5**
2. Cg1—f3 **Cg8—f6**
3. d2—d4

Un bon coup. Une alternative est 3. Cf3×é5 (partie n° 7).

3. ... **é5×d4**
4. é4—é5 **Cf6×é4**
5. Dd1×d4

En reprenant à d4 la dame attaque le Cé4.

5. ... **d7—d5**

Les Noirs cherchent à maintenir leur cavalier au centre, où il joue le rôle d'**avant-poste.** Cette politique est d'autant plus valable qu'elle institue en même temps la forte menace 6. ..., Ff8—ç5!

6. Cb1—ç3?

Les Blancs semblent ignorer la menace de l'ennemi et ils ont tort (la suite correcte serait 6. é5×d6 e.p., Cé4×d6 7. Ff1—d3, etc.). Le coup du texte est manifestement dirigé contre le Pd5, mais constitue une faute grave.

6. ... **Ff8—ç5!**
7. Dd4×d5?

En d5 la dame n'est pas suffisamment protégée. La réplique des Noirs le prouve d'une façon convaincante.

7. ... **Fç5×f2+**

Le pion vulnérable du camp blanc tombe et avec lui s'écroule tout l'édifice.

8. Les Blancs abandonnent
parce qu'ils doivent perdre leur dame.

177

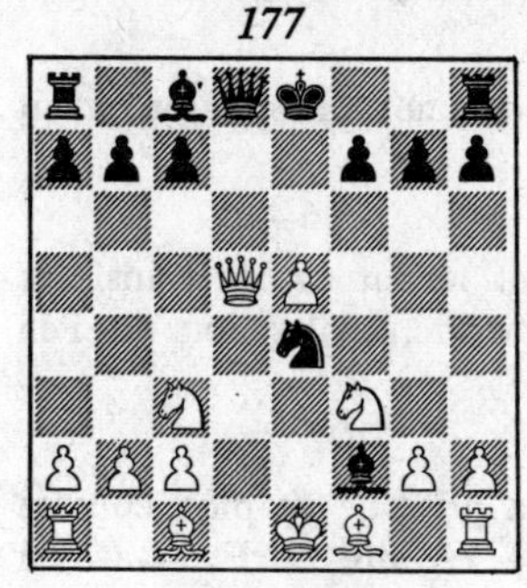

Position finale

Sur 8. Ré1—é2 ou 8. Ré1—d1 (coups forcés), les Noirs répondent 8. ..., Cé4×ç3+!! (privant la dame blanche de son seul soutien : le Cç3) et sur 9. b2×ç3, Dd8×d5.

PARTIE Nº 16

(Jouée en Angleterre, vers 1878)

Blancs	Noirs
UN AMATEUR	MORTIMER

1. é2—é4 **é7—é5**
2. Cg1—f3 **Cb8—ç6**
3. Ff1—b5

Bon coup de développement tendant à laisser aux Blancs la possibilité d'agir efficacement sur le pion central é5 après l'échange du Cç6.

3. ... Cg8—f6

Une des multiples réponses valables. En se développant, le CR noir attaque en même temps le pion central é4.

4. d2—d3

Solide, mais trop passif. Une bonne continuation serait 4. o—o.

4. ... Cç6—é7

Cette curieuse manœuvre, dont le but est de transférer le CD en g6, cache un piège raffiné. L'abandon du Pé5 n'est qu'une feinte.

5. Cf3×é5?

L'erreur est caractéristique. La prise de ce pion coûtera une pièce. Plus prudente est la retraite 5. Fb5—a4 ou Fb5—ç4.

5. ... ç7—ç6!

Cette réplique appropriée chasse le fou, dont le départ de la case b5 ferait perdre le cavalier : si 6. Fb5—ç4, Dd8—a5+ suivi de 7. ..., Da5×é5.

6. Cé5—ç4

Un contre-piège ingénieux : si 6. ..., ç6×b5?? 7. Cç4—d6 mat ! Mais malgré ce joli mat étouffé, les Blancs ne peuvent éviter la perte d'une pièce.

6. ... Cé7—g6

Le CD prend donc position sur la case g6 (comme il le désirait) et le mat par le cavalier blanc à d6 est interdit (par le Ff8). Mais le Fb5 reste bel et bien en prise et les Blancs n'ont d'autre ressource que de le retirer.

7. Fb5—a4 b7—b5!

C'est la pointe de la diabolique combinaison des Noirs. Cette fourchette est sans appel. Une pièce est perdue et pour cette raison :

8. Les Blancs abandonnent

PARTIE N° 17

(Angleterre, 1930)

Blancs	Noirs
PHILIPPS	DAWIS

1. d2—d4 **Cg8—f6**
2. ç2—ç4 **é7—é5**

Un sacrifice de pion bien connu par lequel les Noirs espèrent obtenir un bon jeu d'attaque.

3. d4×é5

L'acceptation du présent est ici parfaitement valable. C'est par la suite que les Blancs devront être vigilants.

3. ... **Cf6—é4**

L'autre terme de l'alternative est 3. ..., Cf6—g4.

4. Cg1—f3

Bien que jouable, cette continuation n'est pas la meilleure. La suite exacte est 4. a2—a3, Cb8—ç6 5. Cg1—f3, suivi de 6. Cb1—d2! chassant ou échangeant le Cé4.

4. ... **d7—d6**
5. é5×d6

Ici encore 5. Cb1—d2 était plus prudent. La position du Cé4 est trop dominante. Or, l'échange du texte ne fait qu'accroître sa puissance, par l'entrée active en jeu du Ff8.

5. ... **Ff8×d6**

Maintenant le potentiel guerrier des Noirs est si important qu'une menace extrêmement cachée, mais réelle, vise déjà le camp des Blancs (le lecteur aura tout intérêt à consacrer quelques minutes à la déceler sans toucher les pièces).

6. g2—g3

Sans se douter le moins du monde du danger qui les guette, les Blancs préparent tranquillement la sortie de leur FR à g2, suivie aussitôt du petit-roque. Mais...

6. ... Cé4×f2!!

La menace se réalise donc. Tout surpris par cette étonnante incursion ennemie et découvrant soudain le triste état de leur armée...

7. Les Blancs abandonnent

178

Position finale

Décision justifiée. La D et la Th1 sont en prise. Si 7. Dd1—a4+, Fç8—d7! Si 7. Ré1×f2, Fd6×g3+!! suivi de 8. ..., Dd8×d1. Inutile de continuer un combat inégal.

Les deux joueurs de la partie suivante sont des maîtres argentins. L'un d'eux se rend néanmoins coupable d'une grave erreur, commise dans un Début très familier. Il s'agit d'un coup en apparence insignifiant, qui **affaiblit la grande diagonale.**

PARTIE N° 18

(Mar del Plata, 1943)

Blancs	Noirs
MICHEL	ILIESCO

1. é2—é4 **ç7—ç5**
2. Cg1—f3 **d7—d6**
3. d2—d4 **b7—b6?**

La réponse exacte est 3. ..., ç5×d4. Le coup du texte affaiblit trop tôt et inutilement la grande diagonale blanche.

4. d4×ç5 **b6×ç5??**

Cette reprise est fatale au camp des Noirs. Un moindre mal eût été 4. ..., Fç8—b7 5. Ff1—b5+!, Cb8—ç6 6. ç5×d6, é7×d6 laissant aux Noirs, déjà appauvris d'un pion, une durable faiblesse organique : le Pd6.

5. Dd1—d5! **les Noirs abandonnent** car ils perdent une pièce.

PARTIE N° 19

(Londres, 1868)

Blancs	Noirs
POTTER	MATTHEWS

1. é2—é4 **é7—é5**
2. d2—d4 **é5×d4**
3. Ff1—ç4

Toujours en mesure de reprendre le pion, les Blancs préfèrent accélérer le développement actif de leurs pièces.

3. ... ç7—ç5?

La tentative de garder le butin n'est pas recommandable. Nous savons qu'elle mène généralement à un jeu resserré : la partie n° 13 nous en a donné une bonne illustration.

4. Cg1—f3 Cb8—ç6

5. o—o d7—d6

6. ç2—ç3!

Dans l'intention de récupérer le pion avec un net avantage de position au moyen de 7. ç3×d4. Ou bien d'obtenir, sur 6. ..., d4×ç3 7. Cb1×ç3, une considérable supériorité de développement.

6. ... d4—d3

Les Noirs évitent les deux variantes mentionnées en rendant le pion. Mais il est trop tard.

7. Tf1—é1!

Les Blancs préfèrent, avec raison, augmenter la concentration de leurs forces au centre, où ils peuvent agir avec efficacité.

7. ... Fç8—g4

Ce clouage est un peu automatique. Il fallait sans tarder protéger la position vulnérable du roi par 7. ..., Ff8—é7.

8. é4—é5!

C'est le signal de l'attaque. L'intérêt des Blancs, qui ont déjà roqué et possèdent plusieurs pièces bien placées, est d'ouvrir le jeu. Le coup du texte a pour mission de faire valoir la pression de la Té1 sur la colonne-roi.

8. ... Cç6×é5

Une faute. La réponse 8. ..., d6—d5 était indispensable.

9. Cf3×é5!!

Un sacrifice de dame à l'instar de la combinaison de mat de Légal bien qu'ici l'effet final soit différent.

9. ... Fg4×d1

10. Fç4—b5+!

Le but de cet échec est de refouler le roi noir sur la case é7 afin de permettre la réalisation d'un mat original.

10. ... Ré8—é7

11. Fç1—g5+! f7—f6

Il n'y a pas mieux. Sur 11. ..., Ré7—é6 la dame est perdue (12. Fg5×d8) et si 11. ..., Cg8—f6 il y a 12. Cé5—g6 mat. La réponse du texte ménage au roi noir une case de fuite (f7).

12. Cé5—g6++ Ré7—f7

13. Cg6×h8 mat

Un excellent développement triomphe toujours.

PARTIE N° 20

(Jouée dans un match par correspondance, en Allemagne fédérale, 1950)

Blancs	Noirs
Dr TOERBER	MENKE

1. é2—é4 é7—é6

Coup réservé dont le but est de soutenir l'avance d7—d5 projetée au coup suivant.

2. d2—d4 d7—d5

Attaquant le pion central é4.

3. Cb1—ç3

La sortie de ce cavalier est bien meilleure que l'échange 3. é4×d5, é6×d5 qui donnerait aux Noirs l'égalité, aucun problème de développement ne pouvant plus les embarrasser.

3. ... Ff8—b4

Egalement un bon coup. En clouant le CD blanc, les Noirs renouvellent leur menace de capturer le Pé4.

4. a2—a3

Ce coup ne défend pas le Pé4, mais force l'échange du fou ennemi, afin d'assurer par la suite aux forces blanches une plus grande mobilité. La continuation usuelle est 4. é4—é5.

4. ... Fb4×ç3+

5. b2×ç3 Cg8—f6

Bien entendu, les Noirs pouvaient s'emparer du Pé4 ; ils ne l'ont pas fait pour éviter des complications tactiques bien connues, qui apparaissent après 5. ..., d5×é4 6. Dd1—g4! D'ailleurs, la réponse du texte n'est pas blâmable, puisqu'elle développe le CR tout en renouvelant pour la troisième fois l'attaque sur le Pé4.

6. é4—é5

Seule continuation rationnelle : elle chasse le cavalier tout en bloquant le centre.

6. ... Cf6—d7

7. a3—a4

Ce coup est loin d'être disparate. Son rôle est d'ouvrir au Fç1 un débouché sur la diagonale a3/f8.

7. ... ç7—ç5

Le centre étant bloqué, il est normal que les opérations soient amorcées sur les ailes. D'où cette poussée qui précède, en principe, la sortie Cb8—ç6.

8. Dd1—g4!

La sécurité de l'aile-roi des Noirs s'étant altérée par la disparition du FR et par le départ forcé de son défenseur : le CR, les Blancs en profitent pour amorcer une attaque visant dans l'immédiat le Pg7. Leur dernier coup pose un problème important dont la solution sera déterminante pour la conduite de la partie. Comment protéger le Pg7 ? Si 8. ..., o—o? alors 9. Fç1—h6! menace de mat à g7 et provoque la réponse 9. ..., g7—g6 qui autorise 10. Fh6×f8 gagnant la qualité. D'autre part, sur 8. ..., g7—g6 immédiatement, les cases noires f6, h6 s'en trouveraient affaiblies et le roque compromis par le coup 9. Fç1—h6, sans compter d'autres possibilités d'attaque de l'armée ennemie. Dans ces conditions...

8. ... Ré8—f8

Une réponse peu agréable, dictée par la nécessité de la situation. Les Noirs préfèrent renoncer au droit de roquer, mais garder intacts leurs pions protecteurs.

9. h2—h4!

En favorisant la sortie rapide de la Th1, via h3, les Blancs préparent une forte concentration de troupes, en vue d'attaquer la position du roi ennemi, bien qu'elle se trouve encore en bon état.

9. ... Dd8—ç7

10. Th1—h3 ç5×d4?

Les Noirs pensent ainsi pouvoir contrecarrer le projet agressif des Blancs par une petite combinaison : sur 11. ç3×d4, Cd7×é5!! 12. d4×é5, Dç7×é5+ 13. Ff1—é2, Dé5×a1 gagnant la qualité, clouant et menaçant le Fç1 tout en protégeant de loin, mais réellement, le point vulnérable : le Pg7. Mais ils oublient la force latente du FD blanc. Leur dernier coup laisse la diagonale a3/f8 ouverte et ce seul détail leur coûtera la partie.

11. Fç1—a3+! Rf8—g8

Pratiquement forcé. Sur 11. ..., Cd7—ç5 12. ç3×d4 gagne le cavalier. Sur 11. ..., Rf8—é8 12. Fa3—d6, Dç7—a5 13. Dg4×g7 et les Blancs gagnent du matériel tout en conservant l'initiative des opérations. Cependant, le coup du texte mène au mat.

12. Dg4×g7+!!

Fâcheuse surprise !...

12. ... les Noirs abandonnent

179

Position finale

Les Noirs sont mat en quatre coups : 12. ..., Rg8×g7 13. Th3—g3+, Rg7—h6 14. Fa3—ç1+, Rh6—h5 15. Ff1—é2+, Rh5×h4 16. Tg3—h3 mat.

Nous venons de voir comment **la perte** (volontaire ou forcée) **du droit de roquer** par le déplacement du roi (8. ..., Ré8—f8) a pu entraîner, à plus ou moins brève échéance, la ruine du camp noir. Ce thème apparaît souvent dans les parties et constitue la trame des combinaisons à longue portée, le point de départ des offensives visant la position affaiblie du roi en question. Voici un nouvel exemple, tiré d'un tournoi où participaient les maîtres russes les plus en vue vers la fin du siècle dernier.

PARTIE N° 21

(Saint Petersbourg, 1892)

Blancs	Noirs
SCHIFFERS	YOUREVITCH

1. é2—é4 **é7—é5**
2. Cg1—f3 **Cb8—ç6**
3. Ff1—ç4 **Ff8—ç5**

Les jeux sont parfaitement équilibrés.

4. b2—b4

Un familier sacrifice de pion, par lequel les Blancs tentent une rapide concentration de leurs forces.

4. ... **Fç5×b4**
5. ç2—ç3

Le premier objectif est atteint par le gain d'un temps qu'offre l'attaque du FR noir ; en outre, le petit coup du texte prépare l'avance du Pd2 à d4 afin de former un centre puissant.

5. ... **Fb4—a5**
6. o—o

Un bon coup, assurant plus de souplesse au jeu des Blancs. Le roque évite également le clouage du Pç3. En effet, si immédiatement 6. d2—d4 (au lieu 6. o—o), alors les Noirs peuvent répondre 6. ..., é5×d4 sans craindre la réplique 7. ç3×d4 renforçant le centre.

6. ... **Dd8—f6**

La sortie de la dame est prématurée dans cette position et constitue une faute stratégique sérieuse. Plus prudent est 6. ..., d7—d6. La souveraine noire sera bientôt harcelée par les pièces légères de l'ennemi.

7. d2—d4 **Cg8—h6**

Conséquence du précédent coup de la D : le CR ne

pouvant pas sortir via f6 exécute une manœuvre marginale, ce qui est peu recommandable.

8.	**Fç1—g5!**	**Df6—g6**
9.	**d4—d5!**	

Bon coup chassant le C, seul protecteur du Pé5.

9.	**...**	**Cç6—d8**

A moins de rebrousser chemin (9. ..., Cç6—b8) et de retarder considérablement le développement des Noirs, ce retrait est pratiquement forcé.

10.	**Fg5×d8!**	

Cet échange fait perdre au roi noir le droit de roquer.

10.	**...**	**Ré8×d8**
11.	**Cf3×é5**	**Dg6×é4**
12.	**Tf1—é1**	

On voit avec quelle aisance les forces blanches prennent l'initiative, en gagnant du temps par des attaques répétées contre la dame ennemie.

12.	**...**	**Dé4—h4**
13.	**d5—d6!**	

Percée décisive.

13.	**...**	**ç7×d6**
14.	**Dd1×d6**	**Fa5—ç7**

La seule satisfaction des Noirs est d'attaquer à leur tour la dame. Mais leur joie sera de courte durée, car la position est mûre pour conclure en beauté.

15.	**Dd6×h6!!**	

Un sacrifice de dame très efficace.

15. ... Dh4×ç4

Si 15. ..., Dh4×h6 16. Cé5×f7 mat. En prenant le Fç4, les Noirs espèrent encore s'en sortir, car le Pf7 est protégé et d'autre part, sur 16. Cé5×ç4, g7×h6 ils pourraient encore résister longtemps. Mais...

16. Dh6—h4+!! les Noirs abandonnent

Avec raison, car ils perdent la dame ou ils sont mat.

180

Position finale

Si 16. ..., f7—f6 17. Dh4×ç4. Si 16. ..., Dç4×h4 17. Cé5×f7 mat. Si 16. ..., Rd8—é8 17. Cé5×ç4+d. suivi d'un mat en deux coups.

On comprend, à la lumière de ces parties, l'intérêt que l'on a à conserver la possibilité de roquer.

Cependant, il est des positions où le fait de renoncer au droit de roquer se justifie amplement par une combinaison gagnante. En pareilles occasions les règles habituellement respectées s'inclinent devant le cas particulier.

Les deux parties qui suivent développent ce thème, combiné à celui du double sacrifice des tours. Les joueurs respectifs comptent parmi les plus grands maîtres de la première moitié du siècle.

PARTIE N° 22

(Rotterdam, 1920)

Blancs	Noirs
RÉTI	EUWE

1. d2—d4 **f7—f5**
2. é2—é4

Encore un sacrifice de pion parfaitement correct, dont le but est d'accélérer le développement des forces blanches.

2. ... **f5×é4**
3. Cb1—ç3 **Cg8—f6**
4. Fç1—g5 **g7—g6**
5. f2—f3

Les Blancs pouvaient récupérer leur pion au moyen de 5. Fg5×f6, é7×f6 6. Cç3×é4, mais ils auraient renoncé à leur plan initial. Le coup du texte maintient l'idée du sacrifice.

5. ... **é4×f3**
6. Cg1×f3 **Ff8—g7**
7. Ff1—d3 **ç7—ç5**
8. d4—d5

Les Blancs évitent les échanges qui pourraient simplifier le schéma de combat. L'avance du texte maintient et augmente leur avantage spatial.

8. ... **Dd8—b6**

Ici, les Noirs auraient mieux fait de roquer ou de jouer 8. ..., d7—d6 afin de donner du jeu à leurs pièces de l'aile-dame. L'attaque du Pb2 est prématurée.

9. Dd1—d2! **Db6×b2**

La prise de ce pion est imprudente. Mais les Noirs ont conçu un plan fondé sur la force latente de leur FR sur la grande diagonale.

10. Ta1—b1 **Cf6×d5**

On voit l'idée : si les Blancs continuent par 11. Tb1×b2, la réaction prévue serait 11. ..., Fg7×ç3! regagnant la dame et conservant l'avantage de deux pions.

11. Cç3×d5!!

Cette contre-combinaison déjoue totalement le projet de l'ennemi. Pour les Blancs il ne s'agit pas moins que de sacrifier leurs tours.

11.	**...**	**Db2×b1+**
12.	**Ré1—f2**	**Db1×h1**
13.	**Fg5×é7**	

Les Noirs paient leur enrichissement matériel par une mauvaise position. D'une part leur dame est hors jeu, d'autre part leur roi devient le principal objectif d'attaque au milieu d'une harmonieuse concentration agressive de toutes les pièces ennemies restant sur l'échiquier (voir diagramme 181).

181

Position après
le treizième coup des Blancs

Le lecteur remarquera que l'avantage matériel des Noirs est sans importance, car les deux tours, le CD et le FD sont encore sur leur case d'origine et ne peuvent pas apporter dans l'immédiat leur indispensable concours.

13. ...	**d7—d6**
14. Fé7×d6	**Cb8—ç6**
15. Fd3—b5!	**Fç8—d7**

Grâce aux trois derniers coups, les Noirs ont sorti enfin les pièces mineures et s'apprêtent à faire le grand-roque qui leur permettrait de mettre leur roi à l'abri.

16. Fb5×ç6!

Mais il est trop tard ! La prise du Cç6 laisse les cases noires à la merci de l'assaillant.

16. ...	**b7×ç6**

17. Dd2—é2+!! les Noirs abandonnent

La décision est justifiée par les deux variantes ci-après :

182

Position finale

Si 17. ..., Ré8—d8 18. Fd6—ç7+, Rd8—ç8 19. Dé2—a6 mat ; si 17. ..., Ré8—f7 18. Cf3—g5+, Rf7—g8 19. Cd5—é7+, Rg8—f8 20. Cé7×g6++, Rg8 21. Dé2—ç4+, Fd7—é6 22. Dç4×é6 mat.

Une bien jolie combinaison.

PARTIE N° 23

(Paris, 1937)

Blancs	Noirs
Dr BERNSTEIN	Dr TARTAKOVER

1. é2—é4 **é7—é5**
2. Cg1—f3 **d7—d6**
3. d2—d4

Egalement jouable est 3. Ff1—ç4 (partie n° 6). L'avance du texte n'est pas seulement un bon coup de développement, le Pd4 attaque le Pé5.

3. ... **Cg8—f6**

Les Noirs cèdent le Pé5 pour le Pé4.

4. d4×é5 **Cf6×é4**
5. Ff1—ç4 **Fç8—é6**

Protection anticipée du Pf7 par l'opposition du FD sur la diagonale a2/g8.

6. Fç4×é6 **f7×é6**
7. Dd1—é2

Ce coup amorce un plan d'attaque. La menace exercée sur le Cé4 permet à la D blanche de gagner rapidement l'aile-dame (la case b5) sans perte de temps. Cependant cette manœuvre se révélera insuffisante. Il eût mieux valu roquer d'abord, afin de mettre le roi à l'abri.

7. ... **d6—d5**
8. Dé2—b5+ **Cb8—ç6!**

Avec l'intention de répondre au coup plausible 9. Db5×b7, par 9. ..., Cç6—b4! (menaçant de prendre le Pç2 par échec et laissant en même temps la D blanche en mauvaise posture).

9. Cf3—d4

Les Blancs renforcent leur pression sur le C cloué tout en lorgnant le Pb7.

9. ... Dd8—d7!!

En jouant ce coup, les Noirs sont parfaitement conscients du danger qui les guette, mais ils ont pris une résolution aussi généreuse qu'efficace : sacrifier les deux tours.

10. Db5×b7

Les Blancs acceptent volontiers le défi, l'invasion sur l'arrière-front de l'ennemi faisant partie de leur propre plan. A présent ils menacent à la fois la Ta8 et le Cç6.

10. ... Ff8—b4+!

Il semble que les Noirs, loin de prendre des précautions, aggravent au contraire leur cas par la mise en prise de nouvelles pièces.

11. ç2—ç3

Actuellement trois pièces noires sont attaquées : la Ta8, le Cç6 et le Fb4.

11. ... Cç6×d4!!

Cette nouvelle pointe met également en prise la Th8.

12. Db7×a8+

Sur 12. Db7×b4, Cd4—ç2+ gagne la D.

12. ... Ré8—f7!

13. Da8×h8

Et maintenant, comment punir la gourmandise de l'ennemi ?

13. ... Dd7—b5!!

Par ce coup tranquille et... féroce, pointe finale de la combinaison.

14. Les Blancs abandonnent

183

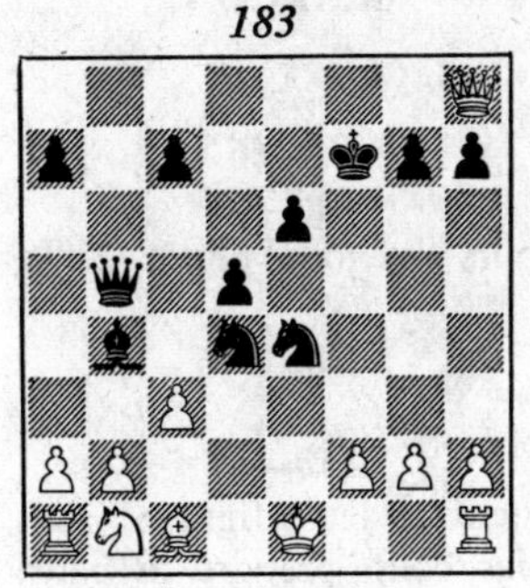

Position finale

Le mat par Db5—é2 est inévitable (le Pç3 ne pouvant pas prendre le Cd4 parce qu'il est cloué par le Fb4). Très ingénieux !

Un des thèmes les plus recherchés, qui passionne tout joueur d'Echecs, est l'**attaque du roque.**

Le débutant comprend parfaitement la logique d'une défaite provenant de la perte du roque ou de la position manifestement vulnérable d'un roi qui se trouve au feu de la bataille sur sa case d'origine ; mais il ne saurait saisir a priori les raisons conduisant à l'écroulement d'une citadelle classiquement considérée comme un abri sûr : le roque.

Les parties qui suivent illustrent ce thème : attaque d'un roque affaibli et attaque d'un roque intact.

PARTIE N° 24

(Gênes, 1619)

Blancs GRECO	Noirs MARCONI

1. é2—é4 **é7—é6**

2. d2—d4 **Cg8—f6**

Attaquant le Pé4. De nos jours on joue plutôt 2. ..., d7—d5 (partie n° 20).

3. Ff1—d3 **Cb8—ç6**

Attaquant le Pd4.

4. Cg1—f3 **Ff8—é7**

Les Noirs pratiquent délibérément un jeu « figural » sans s'occuper du centre. Leur dernier coup prépare le petit-roque.

5. h2—h4

Ce coup psychologique cache un piège très fin. On reconnaît là le style inventif du plus grand joueur du XVIIe siècle : l'Italien Greco le Calabrais. Son jeu, où abondent des feintes et stratagèmes, s'inspirait parfois des travaux théoriques de son illustre devancier Cesare Polerio.

5. ... **o—o**

Ne se doutant de rien, les Noirs roquent. Dans ce cas particulier, roquer n'est pas le meilleur coup et constitue même une faute grave. Mais qui, à la place de l'amateur Marconi n'aurait pas fait de même à l'époque où cette partie fut jouée ?

6. é4—é5!

Pour que le piège réussisse il faut **d'abord chasser** le Cf6 **défenseur du roque** (et plus spécialement du Ph7). Ce coup précis **ouvre** au Fd3 la diagonale visant le Ph7.

6. ... **Cf6—d5**

7. **Fd3×h7+!!**

184

Position après
le septième coup des Blancs

Le sacrifice du FR est fréquent même dans la pratique courante. En supprimant le Ph7 il laisse la voie libre à l'invasion des autres pièces d'attaque.

7. ... **Rg8×h7**

Dans une autre partie jouée à la même époque on trouve l'autre terme de l'alternative : le refus du sacrifice, qui suscita la suite que voici: 7. ..., Rg8—h8 8. Cf3—g5!, g7—g6 9. h4—h5!, Fé×g5 10. h5×g6, Fg5×ç1 11. Dd1—h5, Rh8—g7 12. Fh7—g8!!, Tf8×g8 13. Dh5—h7+, Rg7—f8 14. Dh7×f7 mat.

8. **Cf3—g5+!**

C'est ce coup, sans lequel toute la combinaison serait fausse, qui justifie enfin le sens de l'avance 5. h2—h4. Il fallait, en effet, **un appui** supplémentaire au cavalier blanc allant à g5 afin de donner à l'attaque du roque toute sa vigueur.

8. ... **Rh7—g8**

Les autres coups mènent également à la perte. Si 8. ..., Rh7—h6 9. Cg5×é6+d. gagnant la dame. Si 8. ..., Rh7—g6 9. h4—h5+ (on voit que le pion-tour sert aussi d'arme tranchante), Rg6—f5 10. g2—g4 mat. Si enfin 8. ..., Fé7×g5 9. h4×g5+d. (ouvrant d'une façon décisive la colonne TR), Rh7—g6 (sur 9. ..., Rh7—g8 la suite est comme dans la partie) 10. Dd1—h5+, Rg6—f5 11. Dh5—f3+, Rf5—é4 (ou Rf5—g6) 12. Dh3—d3 mat (ou Dh5—h7 mat).

9. Dd1—h5

Instituant la menace 10. Dh5—h7 mat.

9. ... Fé7×g5

Si 9. ..., Tf8—é8 10. Dh5—h7+, Rg8—f8 11. Dh7—h8 mat.

10. h4×g5

Le second objectif du coup 5. h2—h4 est, comme on peut le constater, l'ouverture de la colonne —TR. Les Blancs menacent précisément de faire mat à h8.

10. ... f7—f5

11. g5—g6!

Enlevant au roi la case de fuite f7. Le mat par 12. Dh5—h8 est imparable.

11. ..., les Noirs abandonnent

La combinaison visant la démolition du roque et s'appuyant sur l'ouverture de la colonne —TR par l'avance du Ph2 est familière à tous les joueurs chevronnés. Elle se présente sous des aspects différents, mais comporte en fin de compte les mêmes effets. Voici d'autres exemples, plus récents, mettant en lumière sa portée.

PARTIE N° 25

(Buenos Aires, 1952)

Blancs	Noirs
CASAS	PIAZZINI

1. d2—d4 **Cg8—f6**

2. ç2—ç4 **é7—é6**

La réponse immédiatement engageante : 2. ..., é7—é5 a été illustrée dans la partie n° 17. En avançant leur PR d'un seul pas, les Noirs préparent la poussée d7—d5 afin de rétablir l'équilibre au centre.

3. Cb1—ç3 **d7—d5**

4. Cg1—f3

Les Blancs laissent volontiers leur Pç4 en prise et préfèrent développer une pièce.

4. ... **Ff8—é7**

Les Noirs pratiquent un jeu prudent. La réponse du texte, parfaitement valable, accélère le petit-roque. Une autre possibilité est 4. ..., Ff8—b4. Quant à l'acceptation du présent, elle peut mener, après 4. ..., d5×ç4 5. é2—é4 à une position **ouverte** pour les Blancs (qui récupèrent le Pç4 facilement, au moyen de Ff1×ç4 par exemple), légèrement resserrée pour les Noirs, dont le FD aura quelque difficulté à se développer activement.

5. Fç1—g5 **Cb8—d7**

6. é2—é3

Le FD blanc étant sorti, ce coup s'effectue sans gêner le développement.

6. ... o—o

Le roque est fait dans de bonnes conditions, rien ne pouvant le menacer en ce moment.

7. Dd1—ç2 ç7—ç5

Ce coup provoque des échanges dans le dessein de rendre plus claire la situation au centre. Une tactique plausible ; toutefois la tentative de développer le FD au moyen de 7. ..., b7—b6 (suivi de 8. ..., Fç8—b7 ou 8. ..., Fç8—a6) paraît plus adéquate.

8. ç4×d5 Cf6×d5

La première imprécision : **le CR s'éloigne du roque** et se laisse échanger par le CD blanc. Plus indiqué était 8. ..., é6×d5.

9. Cç3×d5 Fé7×g5

Seconde imprécision : meilleur était 9. ..., é6×d5.

10. h2—h4!!

Et voici l'**avance thématique** exécutée à point nommé. La menace 11. h4×g5 est sérieuse.

10. ... Dd8—a5+?

Cet échec constitue la faute décisive. Mais la situation du camp des Noirs était déjà bien compromise. Un moindre mal était 10. ..., Fg5—é7 et, sur 11. Cf3—g5!, Fé7×g5 12. h4×g5, g7—g6 ; ou bien, sur 11. Cd5×é7+, Dd8×é7 12. Cf3—g5, Cd7—f6.

11. b2—b4!! ç5×b4

Après cette réponse, le mat sera donné rapidement.

185

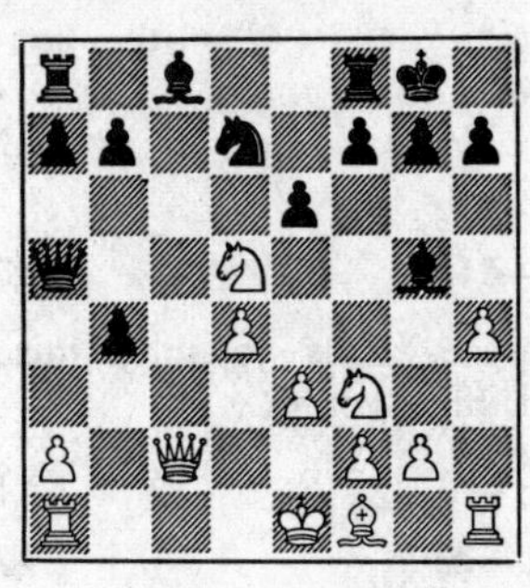

Position après
le onzième coup des Noirs

12. Dç2×h7+!!

Un beau sacrifice de dame.

12. ... Rg8×h7

13. h4×g5+d.

Moment crucial de la combinaison : l'**ouverture de la colonne —TR.**

13. ... Rh7—g6

Sur 13. ..., Rh7—g8 c'est la même réplique sans appel :

14. Cd5—é7 mat

Moralité : **ne pas donner un échec sans utilité** quand il y a d'autres coups nécessaires à jouer.

PARTIE N° 26

(Jouée par correspondance, en 1949)

Blancs	Noirs
NETTHEIM	HAMILTON

1. d2—d4 **d7—d6**

Réponse réservée, mais jouable, faisant partie d'un système défensif bien connu.

2. é2—é4 **Cg8—f6**

3. Cb1—ç3 **g7—g6**

Ce coup prépare le développement du FR noir en flanc.

4. Fç1—g5 **Ff8—g7**

5. f2—f4

Les Blancs établissent une phalange de pions au centre. La politique est bonne dans la mesure où les fantassins pourront agir avec efficacité dans cette partie du front.

5. ... **o—o**

6. é4—é5 **Cf6—é8**

7. Cg1—f3 **Cb8—d7**

Sans doute un bon coup de développement, mais, dans la situation présente, chasser d'abord le Fg5 au moyen de 7. ..., h7—h6 s'imposait.

8. h2—h4!

L'avance caractéristique ; elle ne doit pas être prise à la légère par les Noirs.

8. ... h7—h6

9. h4—h5!

Un sacrifice de pièce à longue portée. La poussée du Ph4 constitue une autre méthode pour ouvrir la colonne —TR.

9. ... h6×g5

10. Cf3×g5 Cd7—b6

A noter que la chasse au C par 10. ..., f7—f6 ne marche pas à cause de 11. Cg5—é6!! gagnant la dame. D'où cette manœuvre du CD noir, qui ouvre l'action du Fç8 sur la case é6 afin de pouvoir jouer f7—f6.

11. Ff1—d3 f7—f6

12. h5×g6!! f6×g5

La capture des deux figures offertes si généreusement par l'ennemi a créé une disproportion des forces qui devrait favoriser les Noirs. Hélas !... cette gloutonnerie n'a pas été sans **affaiblir considérablement** le roque. La suite de la partie montrera qui, des deux belligérants, a fait la meilleure affaire dans le marché qui vient d'être conclu.

13. Th3—h8+!!

Un troisième sacrifice, élégant et décisif.

13. ... les Noirs abandonnent

Avec raison : sur 13. ..., Fg7×h8 14. Dd1—h5 (menace de mat à h7), Tf8×f4 15. Dh5—h7+, Rg8—f8 16. Dh7×h8 mat.

Ce qu'il fallait démontrer.

PARTIE N° 27

(Championnat de Hongrie, 1953)

Blancs	Noirs
SOLYMAR	NAVAROVSKY

1.	**é2—é4**	**ç7—ç5**
2.	**Cg1—f3**	**é7—é6**

Ou 2. ..., d7—d6 réponses d'égale valeur (partie n° 18).

3.	**d2—d4**	**ç5×d4**
4.	**Cf3×d4**	**Cg8—f6**
5.	**Ff1—d3**	**Cb8—ç6**

Les cavaliers noirs se développent en attaquant : le premier le Pé4, le second le Cd4.

6.	**Cd4×ç6**	**b7×ç6**

La reprise à ç6 par le PCD suit la règle qui préconise le rapprochement des pions du centre de l'échiquier.

7.	**ç2—ç4**	**é6—é5**

Ce coup fait perdre un temps aux Noirs ; en revanche, il bloque le Pé4 ce qui réduit sensiblement l'action du Fd3.

8.	**Cb1—ç3**	**Ff8—ç5**
9.	**o—o**	**Ta8—b8**

La tour prend possession d'une colonne demi-ouverte à toutes fins utiles, mais d'abord pour empêcher le départ du Fç1 par la réponse Tb8×b2.

10.	**Rg1—h1**	

Le but de ce retrait royal est de **déclouer** le Pf2 que les Blancs envisagent d'avancer prochainement. Il était plus nécessaire de jouer 10. Dd1—é2 ou 10. Ta1—b1 afin de libérer le Fç1.

10. ... d7—d6

En découvrant la diagonale ç8/h3 au FD noir ce coup prépare la manœuvre 11. ..., Cf6—g4.

11. Dd1—é2

L'intention de l'ennemi étant connue, il eut été plus prudent de jouer 11. f2—f3.

11. ... Cf6—g4!

L'entrée en lice de cette importante unité de combat prépare l'incursion prochaine de la dame noire, via h4.

12. f2—f3?

Valable un temps plus tôt, ce coup est une grosse erreur dans cette position. L'**affaiblissement du roque** par l'ouverture de la diagonale a7/g1 où se trouve confortablement installé le FR noir, sera exploité sur-le-champ par l'ennemi.

12. ... Cg4×h2!!

Bien sûr, car le cavalier est imprenable (si 13. Rh1×h2, Dd8—h4 mat). On constate qu'**un seul mauvais coup peut ruiner le roque.**

13. Tf1—é1

Les Blancs veulent sauver leur tour, mais ils perdront la dame. Un moindre mal était 13. g2—g3.

13. ... Ch2—f1!!

Fâcheuse surprise. Les menaces simultanées : 14. ..., Cf1—g3+ (gagnant la dame) et 14. ..., Dd8—h4 mat ne laissent pas le choix.

14. Les Blancs abandonnent

PARTIE N° 28

(Jouée vers 1900 en Italie)

	Blancs	Noirs
1.	**é2—é4**	**é7—é5**
2.	**Cg1—f3**	**Cb8—ç6**
3.	**Cb1—ç3**	

Un bon développement, où la sortie des deux cavaliers blancs précède celle des autres pièces.

3. ... **g7—g6**

Le FR noir ayant déjà la possibilité de se développer en é7, ç5 ou b4, cette réponse, qui prépare l'installation du même fou en g7, paraît moins utile que 3. ..., Cg8—f6 par exemple. A ce propos, rappelons que chaque coup de pion affaiblit les cases qu'il contrôle au départ : ici f6 et h6.

4. d2—d4!

Excellente réaction, qui a la vertu d'ouvrir aussitôt le jeu en attaquant le Pé5 directement ou après l'avance d4—d5, et surtout de préparer la mobilisation du FD blanc, dont l'activité sur les cases noires trouvera un débouché intéressant dans le camp ennemi.

4. ... **é5×d4**

Cet échange fait le jeu des Blancs. Plus logique, et certainement plus prudent, était 4. ..., Ff8—g7.

5. Cç3—d5!

En revanche les Blancs ont de la clarté dans les idées. Renonçant pour l'instant à récupérer le pion au moyen de 5. Cf3×d4, ils préfèrent créer un puissant **avant-poste** dont le rôle est d'établir un contrôle efficace des cases noires ennemies et en particulier de la case affaiblie : f6.

5. ... Ff8—g7

Le fou protège en même temps le pion butiné : d4.

6. Fç1—g5! Cg8—é7

Réponse naturelle, préparant le roque. Toutefois entrait en ligne de compte 6. ..., Cç6—é7 débloquant le Pç7 en vue de le pousser à ç6 dans le dessein de chasser le Cd5.

7. Cf3×d4!!

Coup inattendu, menaçant de supprimer le Cç6 par l'échange 8. Cd4×ç6, d7×ç6 et de gagner du matériel en poursuivant par 9. Fg5×é7, Dd8—d7 10. Cd5—f6+, Fg7×f6 11. Fé7×f6. Cependant, en prenant à d4, le cavalier blanc se met en prise soit par le Cç6, soit par le Fg7.

7. ... Fg7×d4

Un moindre mal. Sur 7. ..., Cç6×d4 8. Fg5×é7 gagne la dame et la partie.

8. Dd1×d4!!

Un beau sacrifice de dame que les Noirs doivent se garder d'accepter ; car sur 8. ..., Cç6×d4 il y aurait 9. Cd5—f6+, Ré8—f8 10. Fg5—h6 mat : exploitation rationnelle de la faiblesse des cases noires. Mais s'ils ne prennent pas la dame, que doivent-ils répondre ? Dans la position désespérée où ils se trouvent, les Noirs doivent parer deux menaces à la fois : celle que nous venons de mentionner (9. Cd5—f6+) et aussi l'attaque directe visant la Th8 (9. Dd4×h8+). Or, si 8. ..., Th8—f8 9. Cd5—f6 mat. Si 8. ..., Th8—g8 9. Cd5—f6+, Ré8—f8

10. Fg5—h6+, Tg8—g7 11. Cf6×h7+, Rf8—é8 12. Dd4 ×g7 et les Blancs gagnent. De même, si 8. ..., f7—f6 9. Dd4×f6 (également efficace est 9. Cd5×f6+), Th8—f8 10. Df6—g7!, suivi de 11. Cd5—f6+ gagnant du matériel tout en conservant l'initiative des opérations. Dans ces conditions, le roque paraît s'imposer.

8. ... o—o

Mais, privé de son protecteur (le FR), le roque reste très vulnérable à cause des **trous** qu'il comporte en f6 et h6. Ces faiblesses organiques, impossibles à colmater, lui seront fatales.

9. Cd5—f6+ Rg8—h8

Ou 9. ..., Rg8—g7 10. Cf6—é8++, Rg7—g8 11. Dd4 —g7 mat.

10. Cf6—g4+d.!!

Laissant une nouvelle fois la dame en prise.

10. ... Cç6×d4

A noter que sur 10. ..., Rh8—g8 il y a 11. Cg4—h6 mat ; sur 10. ..., f7—f6 décide 11. Fg5×f6+, Tf8×f6 12. Dd4×f6+, Rh8—g8 13. Cg4—h6 mat.

11. Fg5—f6+ Rh8—g8

12. Cg4—h6 mat

186

Position finale

PARTIE N° 29

(Saint-Petersbourg, 1876)

Blancs	Noirs
ZUSSMAN	SCHIFFERS

1.	**é2—é4**	**é7—é5**
2.	**Cg1—f3**	**Cb8—ç6**
3.	**Ff1—ç4**	**Ff8—ç5**
4.	**o—o**	

Le roque mène à un jeu équilibré. Sur 4. b2—b4 voir la partie n° 21.

4.	**...**	**d7—d6**
5.	**d2—d3**	**Cg8—f6**
6.	**Cb1—ç3**	**Fç8—g4**

En clouant le Cf3 le Noirs menacent de disloquer les pions du roque par la manœuvre prochaine 7. ..., Cç6—d4!

7. Fç1—g5

Les Blancs ne prennent pas la menace au sérieux et ils ont tort. La continuation 7. Fç1—é3 était plus indiquée.

7.	**...**	**Cç6—d4!**
8.	**Cç3—d5**	

La menace est la même sur le Cf6, mais la position n'est pas identique. Une très importante considération les différencie fondamentalement : les Blancs ayant roqué, la prise sur f3 est plus grave, car elle s'attaque au bouclier du roque ce qui n'est pas le cas pour les Noirs, au contraire : la prise sur f6 ouvre un débouché immédiat à la Th8 par l'ouverture de la colonne —CR.

8. ... Cd4×f3+!

9. g2×f3 Fg4—h3!

10. Cd5×f6+?

Cette nouvelle erreur aggrave la précédente. Il fallait se contenter de jouer 10. Tf1—é1.

10. ... g7×f6

11. Fg5—h4

Avec l'intention de jouer sur 11. ..., Th8—g8+ 12. Fh4—g3. Ce retrait implique la perte de la qualité.

11. ... f6—f5!!

Les Noirs ne s'intéressent pas à la Tf1, mais au roi blanc. L'inattendue réponse du texte est déjà décisive, car elle crée la menace immédiate 12. ..., Dd8×h4 et prépare, sur 12. Fh4—g3, la poussée 12. ..., f5—f4 gagnant de toute façon le fou. Le sacrifice de la dame noire est donc parfaitement justifiée. Son acceptation pratiquement forcée a pour but d'éloigner le FD blanc de la zone du roque.

12. Fh4×d8 Th8—g8+!

Maintenant cet échec est mortel ; la pression sur la colonne —CR ouverte détermine une fin inexorable et rapide.

13. Rg1—h1 Fh3—g2+

14. Rh1—g1 Fg2×f3+d.

15. Fd8—g5 Tg8×g5 mat.

PARTIE N° 30

(Allemagne, 1937)

Blancs	Noirs
ENGELS	BADENSCHTEIN

1. ç2—ç4 **Cg8—f6**

Réponse normale bien meilleure que 1. ..., d7—d5 (comme dans la partie n° 10). Par ce coup et le suivant (2. ..., é7—é6) les Noirs préparent la poussée d7—d5 dans des conditions satisfaisantes.

2. Cg1—f3 **é7—é6**

3. Cb1—ç3 **d7—d5**

4. é2—é3

Coup solide empêchant le pion noir d5 d'avancer à d4 tout en ouvrant au Ff1 un chemin de sortie.

4. ... **Ff8—é7**

5. b2—b3

Le Pé3 obstruant la diagonale ç1/h6 et empêchant, par voie de conséquence, la sortie normale du Fç1, via f4 ou g5, c'est un développement latéral que les Blancs réservent à leur FD et notamment via b2 ; d'où ce petit coup qui protège en même temps le Pç4 de façon à le relayer en cas d'échange (d5×ç4).

5. ... **o—o**

6. Fç1—b2 **b7—b6**

A leur tour les Noirs préparent le développement de leur FD sur la grande diagonale blanche, via b7.

7.	**d2—d4**	**Fç8—b7**
8.	**Ff1—d3**	**d5×ç4**
9.	**b3×ç4**	**ç7—ç5**

Les Noirs cherchent à créer un pion isolé en d4 et leur dernier coup prévoit à cet effet l'échange de leur PFD contre le PD blanc.

10.	**o—o**	**ç5×d4**
11.	**é3×d4**	**Cb8—ç6**
12.	**Dd1—é2!**	

Les Blancs laissent volontiers leur pion en prise, estimant que sa capture ne peut nuire qu'aux Noirs.

12.	**...**	**Cç6×d4?**

Tombant dans un piège très profond.

13.	**Cf3×d4**	**Dd8×d4**
14.	**Cç3—d5!!**	

Les Noirs ont sous-estimé **la force latente du Fb2 ;** leur dame et leur FR étant simultanément attaqués, ils n'ont pas le choix.

14.	**...**	**Dd4—ç5**
15.	**Fb2×f6!!**	

La prise inconsidérée d'un pion est chèrement payée par les Noirs, qui perdent le meilleur défenseur de leur roque (le Cf6) tout en étant obligés de disloquer leurs pions.

15. ... g7×f6

Que faire d'autre ? Sur 15. ..., é6×d5 16. Ff6×é7 gagne sur-le-champ ; sur 15. ..., Fé7×f6 16. Dé2—é4! (menace 17. Dé4×h7 mat), g7—g6 17. Cd5×f6+ gagnant du matériel.

16. Cd5×é7+ Dç5×é7

17. Dé2—g4+

Exploitant immédiatement la brèche du roque ennemi.

17. ... Rg8—h8

18. Dg4—h4!! les Noirs abandonnent

187

Position finale

Décision justifiée par le cruel dilemme : perdre la dame ou être mat. En effet, la menace de mat (Dh4×h7) ne peut être parée qu'en répondant 18. ..., f6—f5 ; mais dans ce cas les Blancs répliquent en prenant la dame (19. Dh4×é7).

Moralité : n'acceptez le « don grec » qu'avec circonspection.

PARTIE N° 31

(Bruxelles, 1947)

Blancs	Noirs
DEFOSSE	FRANCK

1. d2—d4 **Cg8—f6**

2. ç2—ç4 **é7—é6**

3. Cg1—f3

Ou 3. Cb1—ç3, d7—d5 (partie n° 25).

3. ... **b7—b6**

Les Blancs ayant sorti d'abord leur CR, l'idée de développer le FD noir à b7 est logique.

4. Cb1—ç3 **Ff8—b4**

Ce clouage du Cç3 (suivi de l'échange du même cavalier dans un des prochains coups) a lieu souvent dans cette position. En supprimant le contrôle des Blancs au centre, les Noirs veulent établir leur suprématie sur la grande diagonale et en particulier sur la case é4.

5. Dd1—ç2 **Fç8—b7**

6. é2—é3 **Cf6—é4**

Création d'un avant-poste sur la case forte : é4.

7. Ff1—d3

Menace de gagner le Cé4.

7. ... **f7—f5**

Le duel se poursuit et les Noirs maintiennent leur présence au centre.

8. a2—a3 Fb4×ç3+

9. b2×ç3 o—o

10. o—o Tf8—f6!

Mobilisation rapide en vue d'exercer une pression verticale par l'une des colonnes demi-ouvertes : CR ou TR.

11. Cf3—d2

La chasse au puissant avant-poste ennemi obsède les Blancs. Le coup du texte multiplie la pression sur le Cé4.

11. ... Tf6—h6

Le départ du Cf3 sert le plan des Noirs qui menacent d'envahir le terrain royal au moyen de 12. ..., Dd8—h4.

12. g2—g3

Aussi légitime que semble cette mesure, elle constitue un grave affaiblissement du roque. Il fallait échanger le Cé4.

12. ... Dd8—h4!!

Une surprise de taille. Le coup 12. g2—g3 a été exécuté précisément pour interdire cette irruption de la dame noire (qui menace 13. ..., Dh4×h2 mat).

13. Cd2—f3

Retour tardif et désormais inefficace. L'acceptation du sacrifice eût mené, après 13. g3×h4, à une fin précipitée : 13. ..., Th6—g6+ 14. Rg1—h1, Cé4×f2 mat.

13. ... Cé4—g5!!

Encore une manœuvre surprenante, créant la menace 14. ..., Cg5×f3+, suivi de 15. ..., Dh4×h2 mat. La dame noire doit donc être capturée.

14. g3×h4

Non pas 14. Cf3×h4, à cause de 14. ..., Cg5—h3 mat.

14. ... Cg5×f3+

15. Rg1—g2

Ou 15. Rg1—h1, Th6×h2 (menaçant 16. ..., Th4×h2 mat).

15. ... Cf3—é1++

16. Rg2—g3

Sur 16. Rg2—g1, Th6—g6 mat.

16. ... Th6—g6+

17. Rg3—f4

Ou 17. Rg3—h3, Fb7—g2 mat.

17. ... Tg6—g4+

18. Rf4—é5 Cé1—f3 mat

L'action sur la grande diagonale noire (par le Fb2, dans la partie n° 30) et sur la grande diagonale blanche (par le Fb7 dans la partie n° 31) a été déterminante. C'est une arme redoutable qu'il convient de prendre sérieusement en considération. Quant à la petite balade du roi blanc, elle peut constituer à elle seule un thème intéressant, très souvent exploité et dont nous allons donner quelques exemples amusants.

PARTIE N° 32

(U.R.S.S., 1957)

Blancs	Noirs
DEMOURIA	RURBAK

1. é2—é4 **ç7—ç6**

Coup réservé, pour soutenir la poussée d7—d5.

2. d2—d4 **d7—d5**

Attaquant le Pé4.

3. Cb1—ç3 **d5×é4**

4. Cç3×é4 **g7—g6**

La réponse usuelle est 4. ..., Fç8—f5. On peut également jouer 4. ..., Cb8—d7 suivi de 5. ..., Cg8—f6. Le coup du texte (quatrième coup de pion) est moins recommandable, surtout aux débutants.

5. Ff1—ç4 **Ff8—g7**

Développe le FR en attaquant le Pd4.

6. Cg1—f3 **Cb8—d7?**

Une faute qui coûte la partie. Les Noirs ne prennent pas au sérieux le développement actif des forces ennemies. Plus prudent était 6. ..., Cg8—f6.

7. Fç4×f7+!!

Un sacrifice familier, exploitant la faiblesse initiale du Pf7 et du roi.

7. ... **Ré8×f7**

8. Cf3—g5+ **Rf7—é8**

Et non, bien sûr : 8. ..., Rf7—f8? 9. Cg5—é6+ gagnant la dame.

9. Cg5—é6

Attaquant la dame et le Fg7.

9. ... Dd8—b6

N'est pas meilleur 9. ..., Dd8—a5+ à cause de 10. Fç1—d2!

10. Cé6×g7+ Ré8—f7

Les Noirs sont à même de garder le butin, puisque le Cg7 ne peut s'échapper.

11. Cg7—é6!!

Oui, le cavalier blanc est condamné à disparaître, mais, en s'immolant de cette façon, il attire le roi ennemi dans un réseau de mat.

11. ... Rf7×é6

Sans cette prise, les Noirs resteraient quand même en mauvaise posture et amputés d'un bon pion.

12. Cé4—g5+ Ré6—d5

La fuite 12. ..., Ré6—d6 ne ferait qu'aggraver la situation à cause de l'attaque supplémentaire 13. Fç1—f4+! Quant à l'autre fuite, via f6, elle mènerait après 12. ..., Ré6—f6 à une rapide catastrophe : 13. Dd1—f3+, Rf6—g7 14. Cg5—é6 mat.

13. Dd1—f3+ Rd5—ç4

Ici encore, sur 13. ..., Rd5×d4 la dame serait perdue par 14. Fç1—é3+ ; sur 13. ..., Rd5—d6 il y aurait 14. Fç1—f4 mat.

14. b2—b3+ Rç4—b4

Ou 14. ..., Rç4—b5 15. Df3—d3+, Rb5—a5 16. Fç1—d2+ gagnant la dame.

15. Fç1—d2+ Rb4—a3

16. Df3—ç3! les Noirs abandonnent

Car ils sont mat au coup prochain (par 17. Fd2—ç1 ; ou bien, sur 16. ..., Db6×b3 par 17. Dç3×b3).

PARTIE N° 33

(Canada, 1893)

Blancs	Noirs
ZUKERTORT	AMATEUR

(d'une séance de dix parties jouées simultanément sans voir l'échiquier)

1.	**é2—é4**	**é7—é5**
2.	**f2—f4**	**d7—d6**

Une autre manière de refuser le sacrifice du pion est 2. ..., Ff8—ç5 (partie n° 11).

3.	**Cg1—f3**	**Cb8—ç6**
4.	**Cb1—ç3**	**Cg8—f6**
5.	**Ff1—ç4**	**Fç8—g4**
6.	**o—o**	**Ff8—é7**
7.	**d2—d3**	**Cf6—h5?**

Jusque-là, les Noirs ont traité le début de la partie avec prudence. Mais au lieu de roquer, ils se permettent une fantaisie qui pourrait coûter cher.

8.	**f4×é5!**	**Cç6×é5**

8. ..., o—o cédant un pion était un moindre mal. La reprise à é5 par le cavalier autorise une belle combinaison à longue portée. A noter que même sur 8. ..., d6×é5 la suite serait à l'avantage net des Blancs (par 9. Fç4×f7+, Ré8×f7 10. Cf3×é5++, Rf7—é8 11. Cé5×g4, etc.)

9. **Cf3×é5!!**

Une fois de plus on a le sacrifice de la dame dans l'esprit de la combinaison de Legal, mais avec une suite plus longue et complètement différente.

9.	**...**	**Fg4×d1**
10.	**Fç4×f7+**	**Ré8—f8**
11.	**Ff7×h5+d.**	**Fé7—f6**

Les Noirs couvrent l'échec à la découverte afin de ménager au roi une case de fuite : é7.

12. Tf1—f6+!!

Ce nouveau sacrifice maintient l'attaque.

12. ... g7×f6

Sur 12. ..., Dd8×f6 13. Cé5—d7+, Rf8—é7 14. Cd7 ×f6, Ré7×f6 15. Fh5×d1 et les Blancs gagnent sans effort avec leurs trois pièces pour la tour. On constate que Zukertort (un des plus grands joueurs de la deuxième moitié du XIXe siècle) voit mieux (sans regarder l'échiquier) que son adversaire.

13. Fç1—h6+ Rf8—é7

Et non pas 13. ..., Rf8—g8 14. Fh5—f7 mat.

14.	**Cç3—d5+**	**Ré7—é6**
15.	**Fh5—f7+!!**	

Un dernier sacrifice pour attirer le roi dans un réseau de mat.

15.	**...**	**Ré6×é5**
16.	**ç2—ç3!!**	

Pointe tranquille et féroce de la belle combinaison.

188

Position après
le seizième coup des Blancs

16. ... les Noirs abandonnent

Car ils ne peuvent pas empêcher le coup suivant des Blancs : 17. Fh6—f4 mat.

La partie qui suit, une des plus célèbres du début du siècle, développe le thème du **« roi aimanté »** au plus haut de sa facture puisque la balade du souverain d'ébène s'effectue d'une bande à la bande opposée. Les deux joueurs, l'un Américain, l'autre Anglais, étaient champions de leur pays et maîtres incontestés de leur génération.

PARTIE N° 34

(Londres, 1912)

Blancs	Noirs
EDWARD LASKER	SIR GEORG THOMAS

1. d2—d4 **f7—f5**
2. é2—é4 **f5×é4**
3. Cb1—ç3 **Cg8—f6**
4. Fç1—g5 **é7—é6**

Dans la partie n° 22 les Noirs répondirent 4. ..., g7—g6. En poussant leur PR, ce qui est parfaitement valable, les Noirs permettent le coup suivant des Blancs, du fait que leur CR se trouve cloué (par le Fg5).

5. Cç3×é4

Les Blancs récupèrent donc leur pion et instituent la menace : 6. Cé4×f6+, g7×f6 7. Dd1—h5+, Ré8—é7 déroquant le roi et conservant l'initiative.

5. ... **Ff8—é7**
6. Fg5×f6 **Fé7×f6**
7. Cg1—f3 **b7—b6**

Mesure nécessaire pour développer le Fç8 via b7 avec attaque sur le Cé4.

8. Cf3—é5!

En installant un excellent avant-poste en é5, les Blancs menacent de gagner du matériel au moyen de 9. Dd1—h5+, g7—g6 (sinon 10. Dh5—f7 mat) 10. Cé5×g6!, h7×g6 11. Dh5×g6+, suivi de la prise du Ff6 avec un avantage tangible.

8. ... **o—o**
9. Ff1—d3

On remarque l'excellente position d'attaque des pièces légères blanches.

9. ... Fç8—b7

10. Dd1—h5!

Augmentant le potentiel guerrier d'une nouvelle et colossale pièce : la dame, avec la menace terrible 11. Cé4×f6+, g7×f6 12. Dh5×h7 mat.

10. ... Dd8—é7

Pare cette menace (car après 11. ..., g7×f6 le Ph7 reste protégé par la D), mais laisse se réaliser une autre menace, plus cachée, qui mène également au mat du roi noir par un chemin très curieux.

11. Dh5×h7+!!

Un splendide sacrifice de dame, dont l'effet se fera sentir seulement sept coups plus tard.

11. ... Rg8×h7

12. Cé4×f6++ Rh7—h6

Si 12. ..., Rh7—h8 13. Cé5—g6 mat (un joli mat des deux cavaliers).

13. Cé5—g4+ Rh6—g5

14. h2—h4+ Rg5—f4

15. g2—g3+ Rf4—f3

16. Fd3—é2+

Marche également 16. Ré1—f1, suivi de 17. Fd3—é2 mat.

16. ... Rf3—g2

17. Th1—h2+ Rg2—g1

18. o—o—o mat

Cela ne se produit pas tous les jours !...

Le **mat étouffé** et l'**échec double** peuvent constituer, seuls ou réunis, des thèmes brillants ou des surprises désagréables. Leur réalisation est due parfois à la négligence de l'un des joueurs, souvent à l'ignorance de leur possibilité. Cependant, des maîtres eux-mêmes ont été leurs victimes. En voici quelques exemples :

PARTIE N° 35

(Palma de Majorque, 1935)

Blancs	Noirs
ALEKHINE	Plusieurs consultants

1.	**é2—é4**	**ç7—ç6**
2.	**d2—d4**	**d7—d5**
3.	**Cb1—ç3**	**d5×é4**
4.	**Cç3×é4**	**Cb8—d7**

Bien meilleure que 4. ..., g7—g6 (partie n° 32) cette réponse prépare la sortie du Cg8 à f6 en anticipant son relais en cas d'échange sur f6.

5. Dd1—é2

La suite courante est 5. Ff1—ç4. Le coup du texte pose un piège psychologique qui a réussi bien des fois.

5. ... Cg8—f6??

Les Noirs exécutent automatiquement leur coup projeté sans remarquer le danger qui les guette. Il fallait changer d'avis en répondant d'abord 5. ..., é7—é6.

6. Cé4—d6 mat

Un mat étouffé combiné au clouage du Pé7.

PARTIE N° 36

(Cologne, 1911)

Blancs	Noirs
MUELOCK	KOSTIC

1.	**é2—é4**	**é7—é5**
2.	**Cg1—f3**	**Cb8—ç6**
3.	**Ff1—ç4**	**Cç6—d4**

Une manœuvre rarement employée, qui cache un piège astucieux. Les réponses normales sont 3. ..., Cg8—f6 ou 3. ..., Ff8—ç5 (cette dernière ayant été adoptée dans la partie n° 29).

4. Cf3×é5?

L'appât du gain est un péché souvent puni aux Echecs. Plus prudent était 4. o—o ou 4. ç2—ç3. La prise du Pé5 paraît aux Blancs d'autant plus autorisée qu'elle entraîne l'attaque immédiate du Pf7. Mais...

4. ... Dd8—g5!

Réplique juste. La menace exercée simultanément sur le Cé5 et le Pg2 ne laisse pas le choix.

5. Cé5×f7 Dg5×g2

L'attaque de la Th1 est plus grave que celle de la Th8.

6.	**Th1—f1**	**Dg2×é4+**
7.	**Fç4—é2**	**Cd4—f3 mat**

Un mat étouffé combiné au clouage du Fé2.

PARTIE N° 37

(U.R.S.S., 1970)

Blancs	Noirs
GIK	VORONTCHICHINE

1.	**é2—é4**	**ç7—ç5**
2.	**d2—d4**	**ç5×d4**
3.	**ç2—ç3**	

Plus courante est la continuation 3. Cg1—f3 (partie n° 8). Le coup du texte sacrifie un pion dans le dessein d'obtenir un plus grand terrain de manœuvre.

3.	**...**	**d4×ç3**
4.	**Cb1×ç3**	**Cb8—ç6**
5.	**Cg1—f3**	**d7—d6**
6.	**Ff1—ç4**	**é7—é6**
7.	**o—o**	**Ff8—é7**
8.	**Dd1—é2**	**a7—a6**

Les Noirs envisagent d'installer leur dame en ç7 sans craindre la réaction gênante Cç3—b5! D'où le coup prophylactique du texte. Une bonne réponse était 8. ..., Cg8—f6 accélérant le petit-roque.

9.	**Tf1—d1**	**Dd8—ç7**
10.	**Fç1—f4**	**Cç6—é5?**

Les Noirs négligent leur développement, qui est déjà très en retard. Il fallait jouer 10. ..., Cg8—f6.

11. Ff4×é5 **d6×é5**

12. Ta1—ç1!

Le développement de toutes les forces blanches est achevé et de la façon la plus active. Ce dernier coup est très gênant pour la dame noire, qui est en péril sur la colonne —FD. Les Blancs menacent, en effet, de jouer 13. Cç3—b5!!, qui doit leur rapporter un substantiel gain matériel (si 13. ..., a6×b5 14. Fç4×b5+ gagnant la dame ; si 13. ..., Dç7—b6 14. Cb5—ç7+!! gagnant la tour ou la dame). Aussi les Noirs ne peuvent-ils plus songer à préparer leur petit-roque.

12. ... **Dç7—b8**

13. Cç3—a4!

Menace de bloquer l'armée ennemie de l'Ouest au moyen de 14. Ca4—b6.

13. ... **b7—b5**

Serait-ce la fourchette salvatrice ?

14. Fç4×b5+!

Tout a été prévu par les Blancs qui mènent leur assaut final avec beaucoup de brio.

14. ... **a6×b5**

15. Tç1×ç8+!!

Ce second sacrifice explique les deux coups précédents.

Il s'agit de dévier la dame noire de la colonne —CD.

15.	**...**	**Db8×ç8**
16.	**Dé2×b5+**	**Ré8—f8**
17.	**Ca4—b6**	**Dç8—a6**

Egalement perdant est 17. ..., Dç8—ç7 18. Cb6×a8, etc. De même, sur 17. ..., Dç8—b7 18. Cb6—d7+ gagne la dame. La réponse du texte abrège l'agonie.

18.	**Cb6—d7+**	**Rf8—é8**
19.	**Cd7—f6++!**	**Ré8—f8**
20.	**Db5—é8+!!**	**Ta8×é8**
21.	**Cf6—d7 mat**	

Un mat étouffé réalisé par un échec double.

189

Position finale

PARTIE N° 38

(XIX° Olympiade d'Echecs
Siegen, 1970)

Blancs	Noirs
AUGUSTI	OUZMAN

1. é2—é4 **é7—é5**
2. Cg1—f3 **Cb8—ç6**
3. Ff1—b5 **a7—a6**

La réponse la plus courante. Egalement jouable est 3. ..., Cg8—f6 (partie n° 16).

4. Fb5—a4

Sur 4. Fb5×ç6, d7×ç6! le Pé5 n'est pas prenable, car sur 5. Cf3×é5?, les Noirs répondent 5. ..., Dd8—d4! et récupèrent leur pion sans avoir de problèmes de développement.

4. ... **Cg8—f6**
5. o—o **b7—b5**

5. ..., Cf6×é4 est jouable, mais donne une partie compliquée, dans laquelle les Blancs récupèrent sans effort leur pion. La réponse du texte complète le sens du coup 3. ..., a7—a6.

6. Fa4—b3 **Fç8—b7**

La réponse usuelle est 6. ..., Ff8—é7. En développant d'abord leur FD, les Noirs gardent encore la possibilité de sortir leur FR via ç5.

7. Tf1—é1 **Ff8—ç5**
8. ç2—ç3

Excellent coup, préparant l'assaut du centre au moyen de 9. d2—d4.

8. ... **Cf6—g4**

Inusité, mais dangereux. Les Noirs menacent 9. ..., Fç5×f2+.

9. d2—d4 é5×d4

10. ç3×d4

Reprise plausible, mais entraînant de gros risques. Il fallait d'abord chasser le Cg4 par 10. h2—h3.

10. ... Cç6×d4!!

Une réplique inattendue. Les Noirs sacrifient une pièce afin de déloger le Cf3.

11. Cf3×d4?

En prenant à d4, les Blancs attaquent en même temps le Cg4. Et pourtant ce coup est une faute grave. Plus prudent était 11. Fç1—é3.

11. ... Dd8—h4!!

Le départ du CR défenseur du roque permet cette irruption de la dame aux conséquences désastreuses pour les Blancs. La double menace : 13. ..., Dh4×f2+ ou 13. ..., Dh4×h2+ est imparable.

12. Cd4—f3

Retour tardif et inefficace. La suite est brève.

12. ... Dh4×f2+

13. Rg1—h1 Df2—g1+!!

Sacrifice de dame caractéristique.

14. Té1×g1 Cg4—f2 mat

190

Position finale

PARTIE N° 39

(Paris, 1864)

Blancs MACZUSKI	Noirs KOLISCH
1. é2—é4	**é7—é5**
2. Cg1—f3	**Cb8—ç6**
3. d2—d4	

Attaquant le pion central é5. Cette poussée donne un jeu ouvert. Le lecteur a déjà fait connaissance des trois autres continuations valables dans ce schéma familier : 3. Ff1—b5 (parties n°s 16 et 38) ; 3. Ff1—ç4 (parties n°s 21, 29 et 36) ; 3. Cb1—ç3 (partie n° 28).

3. ...	**é5×d4**
4. Cf3×d4	**Dd8—h4**

Une réponse ancienne, aujourd'hui disparue de la pratique officielle. Nous avons vu qu'il n'est pas recommandable de sortir trop tôt la dame, surtout quand on dispose de bons coups de développement tels que 4. ..., Ff8—ç5 ou 4. ..., Cg8—f6. Toutefois, il ne faut pas prendre à la légère la portée de la manœuvre du texte : elle profite de l'écart du Cf3 et fait partie d'un plan qui vise le Pé4 lequel ne peut être protégé par f2—f3, le Pf2 étant cloué. Cette initiative hardie doit être combattue avec précision.

5. Cb1—ç3

On jouait également à l'époque la continuation 5. Cd4—b5, créant un jeu entreprenant, mais plein de risque.

5. ... Ff8—b4

Renouvelant la menace sur le Pé4 par le clouage du Cç3.

6. Dd1—d3 Cg8—f6

La sortie de ce cavalier triple la pression sur le Pé4.

7. Cd4×ç6 d7×ç6

8. Fç1—d2 Fb4×ç3

9. Fd2×ç3 Cf6×é4

Les Noirs ont fini par s'emparer de leur objectif, mais au détriment de leur développement. La suite, également plausible : 9. ..., Dh4×é4+ 10. Dd3×é4+, Cf6×é4 11. Fç3×g7 ne ferait qu'égaliser le matériel en laissant toutefois aux Noirs une mauvaise structure de pions et un jeu inférieur en finale.

10. Dd3—d4!

Réplique rationnelle clouant le Cé4 et menaçant en même temps le Pg7.

10. ... Dh4—é7

Sage retrait de la dame, créant du même coup la menace 11. ..., Cé4×ç3+d. gagnant une pièce.

11. o—o—o Dé7—g5+

Ce troisième coup de dame retarde considérablement le développement. Au lieu de cet échec sans portée, il eût été plus simple de faire l'échange 11. ..., Cé4×ç3 12. Dd4×ç3, suivi de 12. ..., Fç8—é6.

12. f2—f4!!

Une réplique très fine. La dame noire doit accepter le sacrifice de ce pion, sous peine de perdre le cavalier ou de recevoir un mat à d8. En effet, si 12. ..., Dg5—f5 13. Ff1—d3! et le cavalier tombe ; si 12. ..., Dg5—g6 13. Dd4—d8 mat ; si 12. ..., Dg5—é7 13. Td1—é1, Fç8—f5 14. Ff1—d3, Ta8—d8 15. Dd4—é3 et le cavalier tombe.

12. ... Dg5×f4+

13. Fç3—d2! Df4—g4

Ici encore, le coup est obligatoire, sinon le cavalier tombe (si 13. ..., Df4—f5 14. Ff1—d3!). Or il est évident que cinq coups de dame ne sont pas effectués sans laisser le roi dans une situation précaire. La réplique des Blancs le démontre d'une façon brillante.

14. Dd4—d8+!!

Un splendide sacrifice de dame dont le but est de placer le roi noir devant une batterie (T et F) ennemie.

14. ... Ré8×d8

15. Fd2—g5++

La pointe du sacrifice : un **échec double,** contre lequel on sait qu'il n'y a rien à faire.

15. ... Rd8—é8

16. Td1—d8 mat

Cette combinaison a été sous diverses formes appliquée dans de nombreuses parties. Un second exemple mettra en valeur la force de l'échec double, même lorsque le roi qui le reçoit dispose de plus de liberté de mouvement.

PARTIE N° 40

(Zagreb, 1920)

Blancs	Noirs
VUKOVIC	Dr DEUTSCH

1. é2—é4 **é7—é5**

2. Cg1—f3 **Cb8—ç6**

3. Ff1—b5 **Cg8—f6**

4. d2—d4

Plus énergique que 4. d2—d3 (adopté dans la partie n° 13). Les Blancs menacent le Pé5, mais laissent leur Pé4 en prise.

4. ... **é5×d4**

Sur 4. ..., Cf6×é4 5. o—o! assure aux Blancs un jeu plein de possibilités.

5. é4—é5

Ici encore 5. o—o est valable. L'avance du texte n'en est pas moins jouable. Le Cf6 est attaqué.

5. ... **Cf6—é4**

6. Fç1—f4 **f7—f5**

L'idée des Noirs est de maintenir leur avant-poste en é4.

7. Fb5×ç6 **d7×ç6**

8. Dd1×d4 **Dd8—d5**

L'échange de dames au moyen de 8. ..., Dd8×d4 9. Cf3×d4 simplifie le schéma. Les Noirs préfèrent laisser opérer cet échange par les Blancs, afin de dédoubler leur pion ç6 (9. Dd4×d5, ç6×d5).

9. Cb1—ç3 Dd5—a5

Ici encore l'échange de dames, suivi de celui des cavaliers, aurait simplifié le schéma de combat. Mais les Noirs préfèrent perdre des temps afin de clouer le Cç3 et maintenir le plus possible leur bastion é4. La tactique est loin d'être recommandable dans cette position.

10. Ta1—d1

Une nouvelle pièce entre en lice en créant la menace 11. Dd4—d8 mat.

10. ... Ff8—é7

11. Ff4—d2!

Ce coup décloue le Cç3 et menace de gagner une pièce par 12. Cç3×é4.

11. ... Da5—b6

Les Noirs se décident-ils enfin à échanger les dames ? Leur dernier coup menace le Pb2.

12. Cç3—é2

Coup psychologique, cachant un piège très fin.

12. ... Fé7—ç5?

Cette réponse paraît efficace, parce qu'elle attaque la dame et, au-delà, le Pf2. Mais une grosse surprise attend les Noirs...

13. Dd4—d8+!!

On retrouve le même sacrifice de dame, poursuivant le même but que dans la partie précédente. Cependant la position n'est pas identique, puisque le roi dispose d'une case de fuite : f7.

13. ... Ré8×d8

Sur 13. ..., Ré8—f7 il y aurait 14. é5—é6+!! comme dans la partie.

14. Fd2—g5++ Rd8—é8

15. Td1—d8+ Ré8—f7

16. é5—é6+!!

Très élégant et décisif.

16. ... Rf7×é6

Sur 16. ..., Fç8×é6 17. Cf3—é5 mat. Sur 16. ..., Rf7—g6 17. Cé2—f4 mat.

17. Cé2—f4+ Ré6—f7

18. Cf3—é5 mat

Une des plus jolies illustrations du thème : sacrifice de dame et échec double.

191

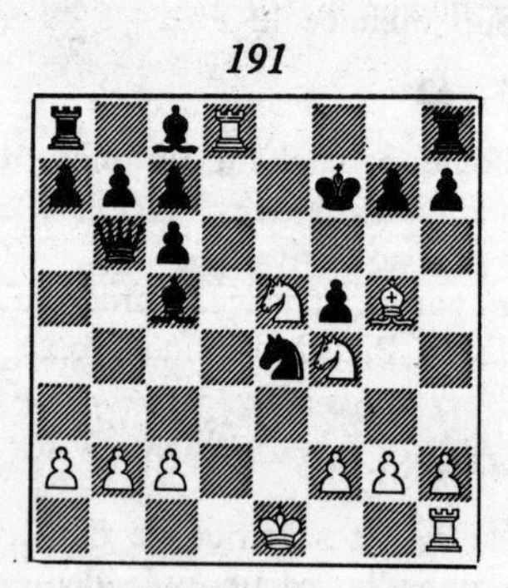

Position finale

Le dernier exemple de ce thème est probablement le plus ancien.

PARTIE N° 41

(Allemagne, vers 1850)

Blancs	Noirs
SCHULTEN	HORWITZ

1. é2—é4 **é7—é5**

2. Ff1—ç4 **Cg8—f6**

Cette réponse et 2. ..., Ff8—ç5 (adoptée dans la partie n° 4) peuvent s'intervertir. La sortie du CR est plus agressive puisqu'elle menace le Pé4.

3. Cb1—ç3 **b7—b5**

Un sacrifice de pion original, mais non exempt de risques. Son but : dévier le FR blanc de façon à pouvoir bientôt gagner un temps en l'attaquant.

4. Fç4×b5 **Ff8—ç5**

5. d2—d3 **ç7—ç6**

6. Fb5—ç4 **Dd8—b6**

Menace le Pf2.

7. Dd1—é2 **d7—d5**

Nouveau sacrifice de pion, en vue d'un développement rapide.

8. é4×d5 **o—o!**

9. Cç3—é4

Les Blancs se gardent bien d'aller plus loin dans la voie du gain matériel. En effet, sur 9. d5×ç6, Cb8×ç6! les Noirs obtiendraient une formidable concentration de forces ; sur 9. Dé2×é5? leur dame serait perdue par 9. ..., Tf8—é8! D'où cette manœuvre, qui tend à simplifier le schéma par des échanges.

9.	**...**	**Cf6×é4**
10.	**d3×é4**	**Fç5×f2+**

Une petite combinaison pour récupérer un pion.

11.	**Dé2×f2**	**Db6—b4+**
12.	**Fç1—d2**	**Db4×ç4**

Menaçant à la fois le Pé4 et le Pç2.

13.	**Df2—f3**	**f7—f5!**

Excellent coup qui donne à la Tf8 une plus-value, par l'ouverture de la colonne —FR.

14.	**é4×f5**	**Fç8×f5**

Créant plusieurs menaces, dont la plus grave est 15. ..., Ff5×ç2 (attaquant la dame dont le départ permettrait le mat à f1) 16. Df3—é2, Fç2—d3! gagnant la dame ou faisant mat à f1.

15.	**Df3—g3?**	

Il était indispensable de jouer 15. Df3—é2 et, sur 15. ..., Dç4×ç2 16. Cg1—f3. Les Blancs ne décèlent pas une autre menace, plus cachée, qui va se réaliser.

15.	**...**	**Dç4—f1+!!**
16.	**Ré1×f1**	**Ff5—d3++**
17.	**Rf1—é1**	**Tf8—f1 mat**

Une des combinaisons les plus spectaculaires est celle où l'on met en valeur (généralement pour forcer le mat) l'action conjuguée des deux fous. En voici deux exemples.

PARTIE N° 42

(Munich, 1927)

Blancs	Noirs
SPRINGE	GEBHARDT

1. d2—d4 **Cg8—f6**

2. Cg1—f3

Bonne continuation, développant une pièce et renforçant le contrôle de la case é5. On peut également jouer 2. ç2—ç4 (parties nos 17, 25 et 31).

2. ... **é7—é6**

3. Fç1—g5 **ç7—ç6**

Plus utile était 3. ..., Ff8—é7.

4. é2—é4

Menace d'attaquer le Cf6 cloué, au moyen de 5. é4—é5.

4. ... **Dd8—b6**

Encore une sortie prématurée de la dame, négligeant le centre et les manœuvres de développement. Ce coup menace à la fois le Pé4, par le cavalier décloué, et le Pb2, par la dame.

5. Cb1—d2!

Préférant céder un pion que de simplifier les données par l'échange 5. Fg5×f6, g7×f6 suivi de 6. b2—b3.

5. ... **Db6×b2**

6. Ff1—d3 **d7—d5**

7. o—o!

Face à un harmonieux et complet développement des forces blanches, les Noirs opposent une dame trop aventurée et susceptible d'être bientôt harcelée par l'ennemi.

7. ... Db2—b6

D'où un repli nécessaire, mais retardant encore la sortie des autres pièces et l'exécution du roque.

8. Dd1—é2 d5×é4

9. Cd2×é4 Cf6×é4

10. Dé2×é4 Cb8—d7

11. ç2—ç4 h7—h6?

Ce coup apparemment plausible est ici une faute grave, qui sera exploitée d'une façon brillante. Le tort de cette avance est d'affaiblir le contrôle de la case g6. La réplique des Blancs sera sans appel.

12. Dé×é6+!! f7×g6

Ou 12. ..., Ff8—é7 13. Dé6×é7 mat.

13. Fd3—g6 mat

192

Position finale

PARTIE N° 43

(Budapest, 1934)

Blancs	Noirs
CANAL	AMATEUR

1. é2—é4 d7—d5

Attaquant le Pé4. Bien que pratiquée par des maîtres, cette poussée précoce, en ouvrant immédiatement le jeu, sert la cause des Blancs, qui disposent d'un temps d'avance. Pour cette raison, on préfère généralement la préparer au moyen de 20. ..., é7—é6 (partie n° 20) ou 20. ..., ç7—ç6 (parties nos 32 et 35).

2. é4×d5! Dd8×d5

3. Cb1—ç3

Harcelant la dame prématurément aventurée.

3. ... Dd5—a5

L'autre terme de l'alternative est 3. ..., Dd5—d8 qui ne sert pas le développement des Noirs. Est à rejeter 3. ..., Dd5—é5+ car après 4. Ff1—é2 la dame noire serait chassée soit par 5. d2—d4, soit par 5. Cg1—f3.

4. d2—d4 ç7—ç6

Ce modeste coup ménage à la dame noire une éventuelle retraite en ç7.

5. Cg1—f3 Fç8—g4

Les Noirs ne veulent pas enfermer leur FD en jouant 5. ..., é7—é6.

6. Fç1—f4	**é7—é6**
7. h2—h3	**Fg4×f3**

L'échange développe le jeu des Blancs. Le retrait 7. ..., Fg4—h5 est un moindre mal.

8. Dd1×f3	**Ff8—b4**
9. Ff1—é2	**Cb8—d7**

Préparant le grand-roque. Une autre possibilité était 9. ..., Cg8—f6 préparant le petit-roque.

10. a2—a3

Un coup psychologique, créant un piège difficile à déceler.

10. ...	**o—o—o**

Le conseil donné aux néophytes de roquer aussitôt que possible est parfois infirmé par des situations exceptionnelles. Le cas se présente ici, où les Noirs croient pouvoir mettre leur roi à l'abri tout en sortant leur TD. Quant au Fb4, ils estiment qu'il n'est pas en danger, le Pa3 étant cloué par rapport à la Ta1. Or le très ingénieux piège tendu par l'ennemi envisage précisément le sacrifice d'une tour et même des deux, au profit d'une offensive-éclair à l'effet foudroyant.

11. a3×b4!!	**Da5×a1+**
12. Ré1—d2!!	**Da1×h1**

Pourquoi une telle générosité ?

13. Df3×ç6+!!

La pointe de la combinaison. Un troisième sacrifice est nécessaire pour forcer la décision.

13. ... b7×ç6

14. Fé2—a6 mat

193

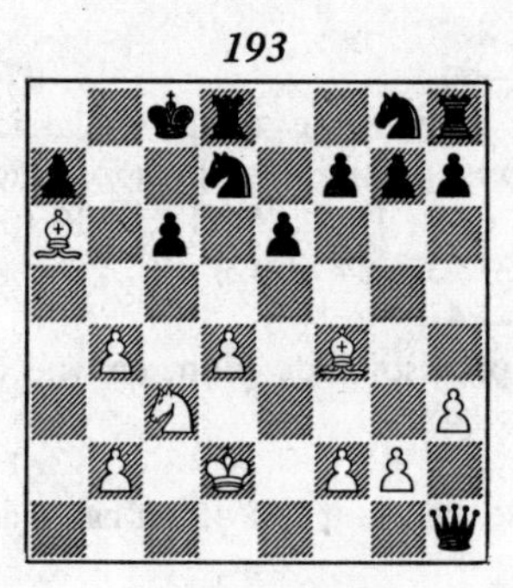

Position finale

Aux Echecs l'esprit domine la matière.

Nous terminerons cette série de parties miniatures par deux exemples au thème inattendu : le triomphe d'un pion.

Si la possibilité de conclure une guerre-éclair par le jeu des figures est parfaitement logique, il est pour le moins invraisemblable d'arriver au même résultat par le simple jeu d'un pion. Et pourtant...

PARTIE N° 44

(Vienne, 1908)

Blancs	Noirs
PERLIS	N.N.

1. d2—d4 d7—d5

Une réponse symétrique d'allure classique. Le lecteur connaît les autres possibilités, plus ou moins régulières : 1. ..., ç5 ; 1. ..., Cf6 ; 1. ..., f5 ; 1. ..., d6 (parties n°s 9, 13, 17, 22, 25, 26, 31, 32, 34 et 42).

2. ç2—ç4

Un sacrifice provisoire de pion, en vue de supprimer le pion central des Noirs.

2. ... ç7—ç6

Bonne réponse, relayant le Pd5 en cas d'échange (3. ç4×d5, ç6×d5).

3. Cg1—f3 Fç8—f5

Cette sortie est prématurée. Les réponses usuelles : 3. ..., é7—é6 ou 3. ..., Cg8—f6 sont plus solides.

4. Dd1—b3

Dans cette position, l'attaque de la dame est admise. La menace exercée sur le Pb7 exploite l'absence du Fç8.

4. ... Dd8—b6

Protège le Pb7 et propose l'échange de dames.

5. ç4×d5! Db6×b3

6. a2×b3

En compensation du pion doublé, les Blancs ont une tour agissant sur une colonne demi-ouverte. Le détail a son importance et permet d'envisager la suite plausible : 6. ..., ç6×d5 7. Cb1—ç3, Cg8—f6 8. Cç3—b5! avec un excellent jeu.

6. ... Ff5×b1

Pour éviter la ligne de jeu mentionnée, les Noirs suppriment le puissant cavalier et s'apprêtent (après 7. Ta1×b1) à reprendre le Pd5 en toute sécurité.

7. d5×ç6!!

Surprise : la menace 8. ç6×b7 est plus forte que la prise du fou ; et sur 7. ..., Cb8×ç6 8. Ta1×b1, les Noirs auront perdu un pion.

7. ... Fb1—é4

D'où cette réponse apparemment très efficace, qui pare la menace tout en gardant l'avantage d'une pièce. Tout semble donc parfaitement s'ordonner en faveur des Noirs. Mais...

8. Ta1×a7!!

Seconde surprise, de taille ! La colonne demi-ouverte a parlé. Les Noirs n'ont pas le choix.

8. ... Ta8×a7

A présent, les Noirs ont deux pièces de plus. La victoire est proche.

9. ç6—ç7!!

Oui, mais pas pour ceux qui s'y attendaient...

9. ... les Noirs abandonnent

Car la promotion en dame est inévitable.

194

Position finale

PARTIE N° 45

(Moscou, 1947)

Blancs	Noirs
RUSAKOV	VERLINSKY

1. é2—é4 **é7—é5**
2. ç2—ç3

Un coup ancien, exécuté par un maître moderne. Son but est d'établir deux pions au centre après 3. d2—d4.

2. ... **Cb8—ç6**
3. d2—d4 **Cg8—f6**

Attaquant le Pé4.

4. Fç1—g5 **h7—h6**
5. Fg5—h4 **g7—g5**

Aussi longtemps qu'on n'a pas roqué et qu'on n'envisage pas de roquer de ce côté, la poussée du texte peut avoir lieu.

6. Fh4—g3 **é5×d4**

Sur 6. ..., Cf6×é4 7. d4×é5. L'échange du texte **débloque** le Pé4.

7. é4—é5

Avec l'espoir d'obtenir sur le départ du Cf6 un centre puissant au moyen de 8. ç3×d4.

7. ... **d4×ç3!**

Le sacrifice du cavalier est aussi curieux que l'ensemble de cette partie originale. Apparemment incorrect, il est cependant bien calculé.

8. é5×f6 **ç3×b2**
9. Dd1—é2+

Ce coup paraît gagnant. Sur la réponse plausible : 9. ..., Ff8—é7 les Blancs envisagent la suite 10. Dé2×b2,

Fé7×f6 11. Cb1—ç3, évitant les complications et gardant le butin.

9. ... Dd8—é7!!

Pointe superbe qui explique ce qui précède. Cette invraisemblable réponse assure la victoire immédiate. Pour l'instant, la dame blanche est clouée et la menace 10. ..., b2×a1=D devient réelle.

10. f6×é7 Ff8—g7!!

11. Les Blancs abandonnent

195

Position finale

Décision justifiée, car sur 11. Dé2×b2 (sinon le pion fait dame en prenant la tour), Fg7×b2 12. Cb1—d2, Fb2×a1 13. Fg3×ç7, Ré8×é7 les Noirs restent avec l'avantage matériel considérable de la qualité, plus deux pions dans une position où les Blancs n'ont pas encore développé leurs pièces-roi.

CHAPITRE IV

Finales

Les « miniatures » du troisième chapitre sont des exceptions, des accidents de parcours.

Le combat échiquéen ayant gagné en clarté et précision, la technique et les connaissances théoriques s'étant enrichies de conceptions nouvelles, les joueurs qui s'affrontent étant généralement d'un niveau égal et plus avertis dans l'art de la défense, l'équilibre des forces se maintient plus longtemps et repousse le dénouement jusqu'à la limite des possibilités, en le retardant par la réduction progressive du matériel.

Aussi, la plupart du temps, la décision intervient seulement au cours de cette dernière phase simplifiée qu'on appelle **finale.** L'application stricte de quelques **types de position** y joue le rôle de théorèmes, se substituant neuf fois sur dix aux facteurs de lutte qui caractérisent les phases précédentes : intuition, psychologie, volonté. Pour traiter avec succès une finale, il suffit de **reconnaître la position ultime,** évidente comme un axiome, et à laquelle doit aboutir une succession exacte de quelques coups forcés.

L'intérêt de posséder au moins les bases élémentaires des finales est donc indispensable. Savoir gagner une position gagnante ou sauver une situation désespérée qui recèle cependant une possibilité de nullité, est à la portée de tout joueur d'Echecs, même débutant.

Ce chapitre donne l'essentiel de la « science des finales ».

Dame contre pion. Cette finale ne présente pas de difficulté, la dame ayant un énorme avantage dans cette disproportion des forces. Pourtant le cas d'**un pion se trouvant près de sa case de promotion** exige une mise au point précise. La connaissance de quelques règles est indispensable : 1° pour éviter une perte de temps inutile ; 2° pour gagner ou faire nulle lorsque la position l'autorise.

196

Les Blancs jouent et gagnent

La méthode de gain est infaillible. Son but est de **forcer le roi noir à bloquer son pion** afin de permettre au **roi blanc de s'approcher** de l'ennemi. Ensuite R+D auront raison du pion ou feront mat.

Il est **indispensable de parvenir intermédiairement** à une position type, qu'on pourrait appeler « le triangle fatal », figuré sur le diagramme 197.

197

Le triangle fatal

Le roi noir est **obligé de bloquer** son pion (en allant à é1) sous peine de le perdre (si Rd1—ç1 les Blancs jouent Dd3×é2 et gagnent).

Revenons à la position du diagramme 196 pour suivre la solution.

1. Dç8—d7+ (sur tout autre coup le pion noir fait dame et la partie est nulle).

1.	**...**	**Rd2—ç2**
2.	**Dd7—é6**	**Rç2—d2**
3.	**Dé6—d5+**	**Rd2—ç2**
4.	**Dd5—é4+**	**Rç2—d2**
5.	**Dé4—d4+**	**Rd2—ç2**
6.	**Dd4—é3!**	**Rç2—d1**
7.	**Dé3—d3+**	**Rd1—é1**
8.	**Rd8—é7!**	**Ré1—f2**
9.	**Dd3—d2** (clouant le pion)	
9.	**...**	**Rf2—f1**

Si 9. ..., Rf2—f3 10. Dd2—é1! et le gain est facile

10.	**Dd2—f4+**	**Rf1—g2**
11.	**Df4—é3!**	**Rg2—f1**
12.	**Dé3—f3+**	**Rf1—é1**
13.	**Ré7—é6!**	**Ré1—d2**
14.	**Df3—f2**	**Rd2—d1**
15.	**Df2—d4+**	**Rd1—ç2**

16.	**Dd4—é3!**	**Rç2—d1**
17.	**Dé3—d3+**	**Rd1—é1**
18.	**Ré6—é5!**	**Ré1—f2**
19.	**Dd3—d2**	**Rf2—f1**
20.	**Dd2—f4+**	**Rf1—g2**
21.	**Df4—é3!**	**Rg2—f1**
22.	**Dé3—f3+**	**Rf1—é1**
23.	**Ré5—d4!**	**Ré1—d2**
24.	**Df3—f2**	**Rd2—d1**

25. **Rd4—d3!** (il faut éviter ici des coups comme 25. Rd4—ç3? ou Rd4—é3? qui mènent à la nullité après 25. ..., é2—é1=D+!! suivi de l'échange de dames)

25.	**...**	**é2—é1=D**
26.	**Df2—ç2 mat**	

ou bien

25.	**...**	**é2—é1=C+**
26.	**Rd3—ç3**	**Cé1—f3**

Sinon c'est mat par Df2—d2

27.	**Df2×f3+**	**Rd1—é1**

28. **Df3—g2** (et non pas 28. Rç3—d3? ou Rç3—ç2? car le roi noir est pat !)

28.	**...**	**Ré1—d1**
29.	**Dg2—f1 mat**	

Cette méthode générale de gain s'applique aussi bien contre R et PD (Pd2) ; R et PCD (Pb2) ou R et PCR (Pg2).

Contre R et PTD (Pa2) ; R et PFD (Pç2) ; R et PFR (Pf2) ou R et PTR (Ph2) le couple R+D (lorsque le roi est éloigné) **ne gagne pas.**

Ces quatre cas de nullité reposent sur l'**impossibilité du roi** (éloigné) **de s'approcher** de l'ennemi à cause du **risque de faire pat.**

Pour en écourter la démonstration, faisons appel au « triangle fatal », sans lequel aucun gain n'est possible.

198

Position après Da3—b3+

Contrairement aux quatre premiers cas de gain, ici le roi noir **bloque volontairement** son pion. Après Rb1—a1! si le roi blanc essaie de s'approcher, les Noirs sont pat. D'autre part, d'éventuels échecs de la dame ne sauraient changer la situation, puisqu'il faut passer par la position du « triangle fatal ». Enfin, des coups tels que Db3—ç2 ou Db3—b4, etc. mèneraient également au pat. La caractéristique de l'angle détermine cette solution inattendue.

199

Position après Dç3—b3+

C'est encore l'angle qui permet aux Noirs de faire nulle, à cette différence près que le roi **abandonne volontairement** son pion. Après Rb1—a1! les Blancs ne peuvent pas jouer Db3×ç2 sans faire pat le roi ennemi. Par voie de conséquence, le roi blanc ne pourra pas s'approcher et la dame seule ne peut gagner.

Bien entendu les positions symétriques (avec le roi noir en g1 et le pion soit en f2, soit en h2) aboutissent au même résultat.

De rares exceptions à ces règles peuvent avoir lieu, selon la position qu'occupe sur l'échiquier le couple R et D. En voici quatre.

200

Les Blancs jouent, partie nulle

Aucun échec n'étant possible, le pion se transformera tranquillement en dame et la partie sera nulle.

201

Les Blancs jouent et gagnent

Le roi blanc **étant en mesure d'apporter rapidement sa contribution** au dénouement, l'emploi du « triangle fatal » n'est plus utile. La solution est aussi claire que brève :

1. Dh6—d2+ Rb2—b1

Non pas 1. ..., Rb2—b3 à cause de 2. Dd2—ç1! gagnant sans obstacle ; ni 1. ..., Rb2—a1, à cause de 2. Dd2—ç1 mat.

2. Rd5—ç4!! **a2—a1=D**

3. Rç4—b3!! et le mat est désormais imparable, la

dame noire étant incapable de s'y opposer. La seule chose à éviter est sur 3. ..., Da1—ç3+ 4. Dd2×ç3? faisant pat, alors que 4. Rb3×ç3 permet 4. ..., Rb1—a1 5. Dd2—b2 mat.

202

Les Blancs jouent et gagnent

C'est le pendant du cas précédent. La solution est : 1. Ré1—d2!, a2—a1=D 2. Dg1—b6+, Rb2—a3 3. Db6—a5+, Ra3—b2 (sinon la dame est prise) 4. Da5—b4+, Rb2—a2 5. Rd2—ç2!! et le mat est imparable.

On peut donc généraliser l'exception grâce aux deux exemples qui précèdent en affirmant que les Blancs gagnent si leur **roi peut parvenir en deux coups** sur l'une des cases **b3** ou **ç2.**

203

Les Blancs jouent et gagnent

Ici encore, la position avoisinante du roi blanc permet une solution de gain : 1. Rf3—é4!, Rd2—d1 2. Ré4—d3! rendant le mat imparable (si 2. ..., ç2—ç1=D 3. Db2—é2 mat ; si 2. ..., ç2—ç1=C+ 3. Rd3—é3, Cç1—b3 4. Db2×b3+, Rd1—ç1 5. Db3—a2 et mat au coup suivant.

Dame contre deux cavaliers. Tout dépend de la position, la dame ayant toutefois un net avantage. Un exemple :

204

Les Blancs jouent et gagnent

La position des deux cavaliers, qui se protègent mutuellement, paraît inexpugnable, et le roi blanc est séquestré sur la bande. Il existe cependant une idée de gain (qui est la base de toutes les finales de dame contre deux cavaliers) : **immobiliser le roi afin de séparer les cavaliers.**

Dans le diagramme 204, la solution est donc :

1. Dh2—ç2! avec la suite :

Si **1. ...** **Cb5—a3** (ou Cb5—d4)

2. Dç2—d1+ gagnant un cavalier

Si **1. ...** **Cd6—f7** (ou Cd6—é8)

2. Dç2—a4+ gagnant un cavalier

Sur tout autre coup, l'un des cavaliers est pris immédiatement.

205

Les Blancs jouent et gagnent

Dame contre tour : la dame gagne toujours. Même principe : **séparer** la tour de son roi.

1. **Rf4—f3** avec les variantes suivantes

a) 1. ... **Rh2—h3**
2. **Dé1—f1** gagne la tour

b) 1. ... **Tg2—ç2**
2. **Dé1—h4+** **Rh2—g1**
3. **Dh4—d4+** **Rg1—h2!**
4. **Dd4—d6+!** **Rh2—g1**
(si 4. ..., Rh2—h3 5. Dd6—g3 mat)
5. **Dd6—d1+** gagne la tour

c) 1. ... **Tg2—b2**
2. **Dé1—é5+** gagne la tour

d) 1. ... **Tg2—a2**
2. **Dé1—é5+** **Rh2—g1**
(si 2. ..., Rh2—h1 3. Dé5—h8+!, Rh1—g1 4. Dh8—g8+ gagne la tour ; ou 3. ..., Ta2—h2 4. Dh8—a1 mat)
3. **Dé5—g5+** **Rg1—h1**
4. **Dg5—h6+** **Rh1—g1**
5. **Dh6—g6+!** **Rg1—h1**
6. **Dg6—h7+** **Rh2—g1**
7. **Dh7—g8+** (ou Dh7—b1+) gagne la tour

e) **1. ...** **Tg2—g1**
2. Dé1—h4 mat

f) **1. ...** **Tg2—g5**
2. Dé1—d2+ gagne la tour

g) **1. ...** **Tg2—g6**
2. Dé1—é5+ **Rh2—g1**
(si 2. ..., Rh2—h1 3. Dé5—h5+ gagne la tour)
3. Dé5—ç5+! **Rg1—h1**
(si 3. ..., Rg1—f1 4. Dç5—ç1 mat)
4. Dç5—h5+ gagne la tour

h) **1. ...** **Tg2—g7**
2. Dé1—é5+ gagne la tour

i) **1. ...** **Tg2—g8**
2. Dé1—d2+ **Rh2—h1**
(si 2. ... Rh2—h3 3. Dd2—h6 mat)
3. Dd2—ç1+ **Rh1—h2**
(si 3. ..., Tg8—g1 4. Dç1—h6 mat)
4. Dç1—ç2+! **Rh2—g1**
5. Dç2—b1+ **Rg1—h2**
6. Db1—a2+ (ou **6. Db1—h7+**) gagne la tour.

206

Les Blancs jouent,
partie nulle

Tour contre pion ou pions. Chances équilibrées. Duel intéressant, parfois très subtil, en dépit de la modicité du matériel. En voici quelques exemples.

1. Rb4—b3 **Rb1—a1!**

Seule réponse capable d'annuler.

2. Tg2×b2 pat !

Si on ne prend pas le pion, il fait dame.

207

Les Blancs jouent
et gagnent

Apparemment facile, le gain ne s'obtient pas n'importe comment. Le roi blanc est loin derrière le pion et sa coopération exige beaucoup de précision. Plusieurs tentatives « plausibles » n'aboutissent qu'à la nullité. Par exemple :

1. Ré8—d7?, ç5—ç4 2. Tg7—g5+, Rd5—d4 3. Rd7—d6, ç4—ç3 4. Tg5—g4+, Rd4—d3 5. Rd6—d5, ç3—ç2 6. Tg4—g3+, Rd3—d2 7. Rd5—d4, ç2—ç1=D 8. Tg3—g2+, Rd2—d1 et les Blancs doivent échanger leur T contre la dame, sinon ils risquent même de perdre.

1. Tg7—g5+?, Rd5—d4 2. Ré8—d7, ç5—ç4 3. Rd7—ç6, ç4—ç3 4. Rç6—b5, ç3—ç2 5. Tg5—g1, Rd4—ç3 6. Rb5—a4, Rç3—d2 7. Tg1—g2+, Rd2—d1 et la situation est la même qu'au premier essai.

1. Tg7—g1?, ç5—ç4 2. Ré8—d7, ç4—ç3 3. Tg1—ç1, Rd5—d4 4. Rd7—ç6, Rd4—d3 5. Rç6—b5, Rd3—d2 6. Tç1—h1, ç3—ç2 et la partie est encore nulle.

La solution est :

1.	**Tg7—ç7!**	**ç5—ç4**
2.	**Ré8—d7**	**Rd5—d4**
3.	**Rd7—ç6!!**	

L'unique façon d'obtenir le gain :

3.	**...**	**ç4—ç3**
4.	**Rç6—b5**	**Rd4—d3**

5. **Rb5—b4** (menace de prendre le pion)

5.	**...**	**ç3—ç2**

6. **Rb4—b3!** et le pion tombe sans faire pat.

208

Les Blancs jouent,
les Noirs gagnent

Deux pions liés, ou même deux pions doublés, mais assez avancés, sortent souvent victorieux du duel contre la tour. L'exemple ci-contre est spirituel et instructif, car les Blancs perdent à cause de leur roi...

1. **Td7—ç7+** il est clair que seuls les échecs de la tour peuvent empêcher la promotion d'un pion en dame.

1.	**...**	**Rç3—d4!**

Sur tout autre coup les échecs peuvent faire nulle ; de même, la tentative de cacher le roi noir derrière ses pions ne mène pas plus loin. Par exemple : 1. ..., Rç3—b2 2. Tç7—b7+, Rb2—ç2 3. Tb7—ç7+, Rç2—d1 4. Rh3—g2!, Rd1—é2 5. Tç7—é7+, etc.

2.	**Tç7—d7+**	**Rd4—é3**
3.	**Td7—é7+**	**Ré3—f2**

4. Té7—f7+	**Rf2—g1**
5. Tf7—g7+	**Rg1—h1!!**

et le roi noir étant désormais à l'abri d'un échec vertical, le Pd2 fera dame.

Dans ce genre de finales, la tour peut donner un échec perpétuel s'il n'y a pas d'obstacle sur les colonnes. Sans la présence du roi blanc en h3, la partie serait donc nulle.

209

Les Blancs jouent, partie nulle

Tour contre pièces mineures. — Les finales comportant une tour contre un fou, une tour contre un cavalier, **sont nulles** sauf dans certains cas, où le roi du camp inférieur se trouve sur l'une des bandes de l'échiquier.

Position classique de nullité, malgré les apparences. Bien que le roi noir soit enfermé dans un angle, son fou-dame (agissant sur des cases blanches) empêche le mat.

Pour préciser la raison de ce théorème familier, deux tentatives s'imposent :

A.

1. Ta7—a8+	**Fb3—g8**
Si **2. Ta8—b8 les Noirs sont pat !**	
Si **2. Ta8—a7**	**Fg8—b3,** etc.

B.

1. Ta7—h7+	**Rh8—g8**
Si **2. Th7—b7**	**Fb3—ç2+!**

délogeant le roi blanc de sa bonne case g6.

Si **2. Th7—ç7** **Rg8—f8**
le roi noir se sauve via é8 ; ou bien
2. ... **Rg8—h8**
revenant à la position initiale dans laquelle le fou couvre le roi (en g8) en cas d'échec.

Remarque. Dans B, après 2. Th7—ç7 (menaçant de mat à ç8) une mauvaise défense serait 2. ..., Fb3—é6? à cause de 3. Tç7—é7! gagnant le fou sous peine de faire mat. Cette **double menace** imparable fait d'ailleurs partie de la méthode générale de gain.

210

Les Blancs jouent, partie nulle

La position ci-contre (déjà étudiée par Lolli, vers 1760) ne mène également qu'à la nullité, mais comporte des remarques importantes dans le jeu virtuel (exposé dans les parenthèses) et notamment en indiquant les dangers à éviter par le camp inférieur.

La tentative 1. Ta3—f3+, échoue sur 1. ..., Rf8—g7! (et non pas 1. ..., Rf8—é8? 2. Tf3—b3! gagnant le fou ou faisant mat).

1. Ta3—b3 **Fb2—d4**
(non 1. ..., Fb2—g7? 2. Tb3—b8 mat)
2. Tb3—b7 **Fd4—ç3**
3. Tb7—f7+ **Rf8—g8!**
(non 3. ..., Rf8—é8? 4. Tf7—ç7!, Fç3—a5 5. Tç7—ç8+, Fa5—d8 6. Tç8—b8, Ré8—f8 7. Tb8×d8+ et gagne)

4. **Ré6—é7** **Fç3—d4**
(non 4. ..., Fç3—b4+? 5. Ré7—f6!, Fb4—ç3+ 6. Rf6—g6! et les Blancs gagnent par la méthode de la **double menace)**
5. **Ré7—é8** **Fd4—ç3**
6. **Tf7—f3** **Fç3—b2**
7. **Tf3—g3+** **Rg8—h7!**
(non 7. ..., Fb2—g7 8. Tg3—g1, Rg8—h7 9. Ré8—f7! et gagne)
8. **Ré8—f7** **Rh7—h6!**

et tout est à recommencer. Partie nulle.

211

Les Blancs jouent et gagnent

Cette position entre dans le cadre de la **méthode générale de gain.** Le fou occupe une case favorisée par le fait qu'il se trouve **abrité par le roi blanc** contre des attaques verticales de la tour. L'idée de le déloger s'impose, mais comment procéder ?

Pour réussir, **le roi blanc doit occuper une case noire** (de couleur **différente** de celle du fou) de façon **à ne pas recevoir un échec diagonal** au cours des opérations.

A cet effet, la meilleure tactique est :

1. **Ta7—é7+**

laissant au roi noir le choix entre deux cases : d8 et f8, ce qui donne deux variantes **A** et **B** presque symétriques.

Variante **A.**

1. **...** **Ré8—d8**
2. **Ré6—d6** (attaquant le fou)

Nous verrons que, malgré sa grande liberté de mouvement, le fou sera pris. A ce propos précisons que cette pièce doit chercher à s'abriter **derrière** le roi blanc ou bien sur une case se trouvant dans une colonne voisine de la colonne-dame : les cases ç4, ç2, d3, é4 et é2 jouent un rôle essentiel dans le développement de la solution. Plus le fou s'éloignera de ces cases et plus facile sera sa capture. La suite complète de l'intéressant duel entre la tour et le fou part de cette position :

212

Les Noirs jouent,
les Blancs gagnent

a) **2.** **...** **Fé4—h1**
3. **Té7—h7!** gagne par la **double menace**

b) **2.** **...** **Fé4—g2**
3. **Té7—g7!** gagne par la **double menace**

c) **2.** **...** **Fé4—f3**
3. **Té7—f7!** (la **double menace)**
3. **...** **Ff3—h5**
4. **Tf7—f8+** **Fh5—é8**
5. **Tf8—h8!** gagne le fou

d) **2. ... Fé4—a8**
3. Té7—a7 Fa8—é4!

Sur tout autre coup du fou, voir les sous-variantes a, b, c

4. Ta7—a4 Fé4—b7
5. Ta4—h4!! Rd8—é8

Sinon c'est le mat

6. Th4—h8+ Ré8—f7
7. Th8—h7+ gagne le fou **par enfilade**

e) **2. ... Fé4—b1**
3. Té7—b7 (double menace)
3. ... Fb1—f5
4. Tb7—b8+ Ff5—ç8
5. Tb8—a8! gagne le fou

f) **2. ... Fé4—f5**
3. Té7—f7 (double menace)
3. ... Ff5—g6
4. Tf7—f8+ Fg6—é8
5. Tf8—h8 gagne le fou

g) **2. ... Fé4—g6**
3. Té7—g7 Fg6—é8
4. Tg7—g8 gagne le fou

h) **2. ... Fé4—d3!**
3. Té7—é3 Fd3—ç4!
4. Té3—ç3 Fç4—é2!

(si 4. ..., Fç4—f7 5. Tç3—h3!! fait mat ou gagne le fou **par enfilade** ; si 4. ..., Fç4—g8 5. Tç3—g3, Fg8—ç4 6. Tg3—g4!, Fç4—f7 7. Tg4—h4!! gagne le fou **par enfilade** ou fait mat)

5. Tç3—ç2 Fé2—d3!
6. Tç2—d2!!

Moment crucial du duel : le fou est **chassé** de la zone favorable (en effet, si 6. ..., Fd3—ç4 7. Rd6—ç5+d.! gagnant le fou ; si 6. ..., Fd3—é4 7. Rd6—é5+d.! gagnant le fou). Obligé de s'en éloigner, il succombera sous le poids de la **double menace,** comme dans les sous-variantes déjà étudiées (si 6. ..., Fd3—b5 7. Td2—b2! ; si 6. ..., Fd3—a6 7. Td2—a2!, Fa6—b7 8. Ta2—h2!! avec **enfilade ;** si 6. ..., Fd3—g6 7. Td2—g2, Fg7—f7 8. Tg2—h2!! avec **enfilade,** etc.).

Variante **B.**

1. ... **Ré8—f8**
2. **Ré6—f6** (attaquant le fou)

213

Les Noirs jouent,
les Blancs gagnent

Sur tous les coups faibles du fou, la **double menace** agit immédiatement (par exemple : si 2. ..., Fé4—a8 ou Fé4—ç6 ou Fé4—ç2 3. Té7—ç7! gagne ; si 2. ..., Fé4—b1 3. Té7—b7! gagne ; si 2. ..., Fé4—d3 ou Fé4—d5 3. Té7—d7! gagne ; si enfin 2. ..., Fé4—h1 3. Té7—h7! gagne). On ne retient donc que les meilleures défenses :

a) **2.** ... **Fé4—f3!**
3. Té7—é3 **Ff3—g4!**
4. Té3—g3 **Fg4—é2!**
5. Tg3—g2 **Fé2—f3!**
6. Tg2—f2!! chassant le fou de la zone favorable

(si 6. ..., Ff3—é4 7. Rf6—é5+d.! gagne le fou ; si 6. ..., Ff3—g4 7. Rf6—g5+d.! gagne le fou) et appliquant ensuite la **double menace** ou l'attaque **par enfilade**

6. ... Ff3—ç6!

(si 6. ..., Ff3—h5 7. Tf2—h2, Fh5—f7 8. Th2—h8+, Ff7—g8 9. Rf6—g6 gagne le fou)

7. Tf2—ç2 Fç6—d7

8. Tç2—b2!! Rf8—g8

(ou 8. ..., Rf8—é8 9. Tb2—b8+, Fd7—ç8 10. Tb8×ç8+ et gagne ; ou 8. ..., Fd7—é8 9. Tb2—b8, etc. gagnant le fou)

9. Tb2—b8+ Rg8—h7

10. Tb8—b7 et gagne.

b) **2. ... Fé4—g2!**

3. Té7—é2 Fg2—f3!

4. Té2—f2!! et les Blancs gagnent comme ci-dessus.

214

Les Blancs jouent et gagnent

La finale comportant une tour contre un cavalier est presque toujours nulle, quand roi et cavalier, même se trouvant sur la bande, se **protègent mutuellement** ; elle est gagnée dès que le cavalier **s'éloigne** trop de son roi. La position du diagramme ci-contre permet de passer en revue toutes ces possibilités.

La tentative 1. Td8—d7+? ne mène qu'à la nullité. Les Noirs peuvent répondre aussi bien 1. ..., Rb7—a6 que 1. ...,

Rb7—ç8. Voyons les conséquences de cette dernière défense :

1.	...	**Rb7—ç8**
Si 2.	**Rç5—d6**	**Ca5—b7+**
3.	**Rd6—ç6**	**Cb7—d8+**
4.	**Rç6—d6**	**Cd8—b7+**

Nulle, par échec perpétuel. Si 5. Rd6—é7, Rç8—b8 et le roi noir peut renforcer sa position en allant à b6, via a7. Donc : nulle.

Si 2.	**Td7—a7**	**Ca5—b7+**
3.	**Rç5—ç6**	**Cb7—d8+**
4.	**Rç6—b6**	**Cd8—é6**
5.	**Ta7—é7**	**Cé6—d8**
6.	**Té7—ç7+**	**Rç8—b8**
7.	**Tç7—ç1**	**Cd8—é6**
8.	**Tç1—é1**	**Cé6—d8**
9.	**Té1—é8**	**Rb8—ç8**
10.	**Té8—é7**	**Rç8—b8**
11.	**Té7—ç7**	**Cd8—é6**
12.	**Tç7—é7**	**Cé6—d8**

Et ainsi de suite, la tour ne pouvant pas avoir raison du cavalier. C'est là l'essentiel de la ressource défensive du couple R et C.

Le gain s'obtient par une tactique consistant à éloigner le cavalier.

1. **Rç5—b5!** **Ca5—b3**
(si 1. ..., Ca5—ç6? 2. Td8—d7+, Rb7—ç8 3. Rb5×ç6 et gagne)

2. **Td8—d7+** **Rb7—ç8**
(ou 2. ..., Rb7—b8 3. Rb5—b6!, Rb8—ç8)

3. **Td7—d3** **Cb3—a1**
(si 3. ..., Cb3—ç1 4. Td3—ç3+ gagnant le cavalier)

4. **Td3—a3** **Ca1—ç2**

5. **Ta3—ç3+** gagnant le cavalier

215

Les Blancs jouent et gagnent

On peut également capturer le cavalier **par le roi** blanc comme dans la position du diagramme 215.

1. **Th8—d8** (coupant la retraite du cavalier)
1. ... **Cb3—ç1**
2. **Td8—d2** **Cç1—b3**
3. **Td2—d3** **Cb3—ç1**
(si 3. ..., Cb3—a1 4. Td3—a3+ gagne le cavalier)
4. **Td3—é3!**
(réduisant complètement l'action du cavalier)
4. ... **Ra7—b7**
5. **Rb5—a4** **Rb7—b6**
6. **Ra4—a3** **Rb6—b5**
7. **Ra3—b2** et le cavalier tombe.

Tour et pion contre tour. — Cette finale est de loin la plus fréquente dans la pratique et présente parfois des difficultés telles que des études spéciales, très développées, lui ont été consacrées.

Les travaux les plus complets sur ce vaste sujet ont été fournis par le maître français André Chéron, dont le traité sur les fins de partie fait mondialement autorité.

A l'usage du débutant il n'est pas nécessaire d'aller plus loin que les principes fondamentaux. Quelques exemples classiques mettront en évidence la méthode à suivre par les deux camps.

On y distingue trois cas généraux :

1° La tour du camp fort se trouve **devant** le pion en **septième** case et le roi du camp faible est loin du pion.

2° Le roi du camp fort se trouve **devant** le pion en **septième** case et le roi ennemi est **coupé** de la colonne du pion.

3° Le roi du camp faible **occupe** la case de promotion, le pion se trouvant sur la **cinquième** case de sa colonne.

216

Position type de nullité

Pour gagner, la tour blanche ne doit pas être devant son pion. D'une façon générale la tour amie (pour gagner) ou la tour ennemie (pour se défendre) doit se trouver **derrière** le pion et aussi loin de lui que possible.

On voit que la tour blanche ne peut quitter sa case b8 qu'en protégeant au préalable le pion par son roi. Or, sur 1. Rç5—ç6, Tb1—ç1+ suivi d'échecs perpétuels. Si le roi blanc veut les éviter, il doit s'éloigner du pion et la situation reste la même, par exemple : 2. Rç6—d5, Tç1—d1+ 3. Rd5—ç4, Td1—b1, etc.

● Pour faire nulle le roi noir doit pouvoir se mouvoir sur les cases g7 ou h7 **exclusivement.** Le moindre écart serait fatal, par exemple : si 1. ..., Rg7—f7? 2. Tb8—h8! gagne, car sur 2. ..., Tb1×b7 3. Th8—h7+, suivi de 4. Th7×b7 (enfilade). De même si 1. ..., Rg7—h6? 2. Tb8—h8+!, suivi de 3. b7—b8=D.

En conclusion, quel que soit le trait, la partie est nulle.

217

Les Noirs jouent,
les Blancs gagnent

Trois tentatives s'imposent au camp de la défense : a) **couper** le roi blanc (par 1. ..., Tg1—é1); b) **surveiller** le pion (par 1. ..., Tg1—d1) ; c) **donner des échecs** (par 1. ..., Tg1—g8+).

a) **1. ...** **Tg1—é1**

2. Tç2—b2+! **Rb7—a7**

(si 2. ..., Rb7—ç6 3. Rd8—ç8! gagne)

3. Tb2—f2! **Ra7—b7**

4. Tf2—f8 **Té1—é2**

(si 4. ..., Rb7—ç6 5. Rd8—ç8, Té1—a1 6. Tf8—f6+ gagne)

5. **Tf8—é8!** (but de la manœuvre : chasser la tour noire de la colonne-roi afin de libérer le roi blanc)
5. **...** **Té2—d2**
6. **Rd8—é7** **Td2—é2+**
7. **Ré7—f6** **Té2—f2+**
8. **Rf6—g5** **Tf2—g2+**
9. **Rg5—h4** **Tg2—h2+**
10. **Rh4—g3! et gagne.**

b) 1. **...** **Tg1—d1**
2. **Tç2—b2+!** **Rb7—a7!**
(Si 2. ..., Rb7—ç6 3. Rd8—ç8!, Td1×d7 4. Tb2—ç2+, Rç6—d6 5. Tç2—d2+ gagnant la tour par enfilade)
3. **Tb2—b4!!** (et non 3. Rd8—é7?, Td1—é1+ 4. Ré7—f6, Té1—d1 5. Rf6—é6, Td1—é1+ et les Blancs doivent subir l'échec perpétuel)
3. **...** **Td1—d2**
4. **Rd8—é7** **Td2—é2+**
5. **Ré7—f6** **Té2—d2**
6. **Rf6—é6** **Td2—é2+**
(si 6. ..., Ra7—a6 7. Tb4—b8 gagne ; si 6. ..., Td2—d1 7. Tb4—b5! suivi de 8. Tb5—d5 et gagne)
7. **Ré6—d5!!** **Té2—d2+**
8. **Tb4—d4 et gagne.**

c) 1. **...** **Tg1—g8+**
2. **Rd8—é7** **Tg8—g7+**
3. **Ré7—é8** **Tg7—g8+**
4. **Ré8—f7!!** **Tg8—h8!**
(si 4. ..., Tg8—d8 5. Rf7—é7 gagne)
5. **Tç2—h2!!** **Th8—d8**
(si 5. ..., Th8×h2 6. d7—d8=D et gagne)
6. **Rf7—é7** **Rb7—ç7**

7. Th2—ç2+ et gagne.

• Si la tour noire se trouvait en h1 (au lieu de g1) la partie serait nulle :

1.	**...**	**Th1—h8+!**
2.	**Rd8—é7**	**Th8—h7+**
3.	**Ré7—é8**	**Th7—h8+**
4.	**Ré8—f7**	**Th8—h7+**
5.	**Rf7—é6**	**Th7—h6+**

et les Blancs doivent subir l'échec perpétuel, ou bien, sur 6. Ré6—f5, Th6—d6! ; sur 6. Ré6—é5, Th6—h5+ 7. Ré5—é4, Th5—h4+ 8. Ré4—é3, Th4—h8 9. Tç2—d2, Th8—d8 10. Ré3—é4, Rg7—ç7 et le pion tombe.

L'intérêt de la tour noire est donc d'être **le plus loin possible** du roi blanc.

218

Les Blancs jouent
et gagnent

Il s'agit d'abord de déloger le roi noir.

1. Tç7—h7! (allant **le plus loin possible** et **limitant,** par anticipation, **l'espace vital de la tour noire).** Les Blancs menacent de gagner immédiatement au moyen de 2. Th7—h8+, Té1—é8 3. Th8×é8+, Rd8×é8 4. Rd6—ç7 et gagne.

a) **1. ... Rd8—ç8**
2. Th7—h8+ Rç8—b7
3. Rd6—d7 Té1—g1
(pour pouvoir donner des échecs)
4. d5—d6 Tg1—g7+
5. Rd7—é6 Tg7—g6+
(si 5. ..., Rb7—ç6 6. Th8—ç8+ et gagne)
6. Ré6—é7 Tg6—g7+
7. Ré7—f6!! Tg7—d7
8. Rf6—é6 Td7—g7
9. d6—d7 et gagne.

b) **1. ... Rd8—é8**
2. Th7—h8+ Ré8—f7
3. Rd6—ç6! Té1—a1
(ou 3. ..., Té1—ç1+ 4. Rç6—d7, Tç1—a1 5. d5—d6 etc., comme dans la solution. A noter que sur 3. ..., Rf7—é7? 4. d5—d6+, permet au pion d'aller droit à dame, car si 4. ..., Ré7—é6? 5. Th8—é8+ gagne la tour par enfilade)
4. d5—d6 Ta1—a6+
5. Rç6—ç7 Ta6—a7+
6. Rç7—b6! Ta7—d7
7. Rb6—ç6 et gagne.

c) **1. ... Té1—é8**
2. Th7—a7! (menace de mat à a8)
2. ... Rd8—ç8
3. Ta7—a8+ gagne la tour par enfilade.

Remarque importante. Dans la position du diagramme 218, sur **1. Tç7—g7?** (au lieu de 1. Tç7—h7!) la partie est **nulle :** 1. ..., Rd8—ç8! 2. Tg7—g8+, Rç8—b7 3. Rd6—d7, Té1—h1!! 4. d5—d6, Th1—h7+ 5. Rd7—é6 (si 5. Rd7—d8?, Rb7—ç6! nulle), Th7—h6+ 6. Ré6—é7, Th6—h7+ 7. Ré7—f6, Th7—h6+ et les Blancs doivent subir l'échec perpétuel ou bien, sur 8. Tg8—g6, Th6×g6+ 9. Rf6×g6, Rb7—ç6 et la partie est nulle.

219

Les Blancs jouent
et gagnent

Pour clore ce domaine passionnant, un dernier exemple exhibe un roi blanc enfermé dans un angle, devant son pion.

1. **Tç2—ç8!** (menaçant de chasser la tour noire de la colonne —CD au moyen de 2. Tç8—b8)

a) 1. **...** **Ré7—d7**
2. **Tç8—b8!** **Tb1—h1**
3. **Ra8—b7** **Th1—b1+**
4. **Rb7—a6** **Tb1—a1+**
5. **Ra6—b6** **Ta1—b1+**
6. **Rb6—ç5!! et les Blancs gagnent.**

Sur 6. ..., Tb1—ç1+ 7. Rç5—d4, Tç1—d1+ 8. Rd4—é3, Td1—é1+ 9. Ré3—f2! et le pion fait dame ou bien la tour noire est perdue.

b) 1. **...** **Ré7—d6**
2. **Tç8—b8** **Tb1—h1**
3. **Ra8—b7** **Th1—b1+**
(si 3. ..., Th1—h7+? 4. Rb7—b6! gagne)
4. **Rb7—ç8!!** **Tb1—ç1+**
5. **Rç8—d8** **Tç1—h1!**
(menaçant de faire mat à h8 ou bien, sur 6. Rd8—é8?, Th1—h8+ 7. Ré8—f7, Th8—h7+ gagnant le pion par enfilade)
6. **Tb8—b6+** **Rd6—ç5**

7. Tb6—ç6+!! et les Blancs gagnent

car sur 7. ..., Rç5×ç6 8. a7—a8=D+! ; ou bien, sur 7. ..., Rç5—b5 8. Tç5—ç8! ; sur 7. ..., Rç5—d5 8. Tç6—a6!, Th1—h8+ 9. Rd8—ç7, Th8—a8 (ou 9. ..., Th8—h7+ 10. Rç7—b6, Th7—h6+ 11. Rb6—b5!) 10. Rç7—b7 et la tour noire est perdue.

220

Les Blancs jouent
et font nulle

Pièces mineures et pions. Dans bien des finales, un cavalier contre un pion ennemi avancé a du mal à annuler. Voici une position type de nullité, due à Philidor.

Sans le secours de son roi (qui est trop loin), le cavalier se défend seul grâce à deux ressources : l'échec perpétuel ou la fourchette.

1. Ca2—ç1+	**Rb3—b2**
2. Cç1—d3+	**Rb2—ç2**

(si 2. ..., Rb2—ç3 3. Cd3—ç1, etc.)

3. Cd3—b4+	**Rç2—b3!**

(si 3. ..., Rç2—ç3 4. Cb4—a2+, Rç3—b3 et l'on recommence, donc partie nulle).

Le dernier coup du roi noir chasse le cavalier, qui ne peut plus donner échec.

4. Cb4—d3!

Néanmoins, le pion ne peut pas avancer car, si 4. ...,

a3—a2 5. Cd3—ç1+ (la fourchette) suivi de 6. Cç1×a2. Partie nulle.

Les mouvements du cavalier passent exclusivement par les cases a2, ç1, d3, b4 (elles forment un carré, ce qui est facile à retenir).

221

Les Blancs jouent et font nulle

La tentative 1. Cd5—é3? échoue sur 1. ..., a4—a3! et le cavalier ne peut plus empêcher la promotion (par exemple : 2. Cé3—f1, a3—a2 3. Cf1—d2+, Rb3—ç2 et les Noirs gagnent). De même 1. Cd5—b6? perd. La solution n'est cependant pas difficile si l'on applique le principe de Philidor :

	1. Cd5—f4!	**a4—a3**
	2. Cf4—d3	**Rb3—ç3**
	3. Cd3—ç1, etc.	**Nulle.**
Si	**1. ...**	**Rb3—ç4**
	(pour empêcher le cavalier d'aller à d3)	
	2. Cf4—é2!	**a4—a3**
	3. Cé2—ç1	**Rç4—ç3**
	4. Cç1—a2+, etc.	**Nulle.**

Si	**1. ...**	**Rb3—ç3**
	2. Cf4—d5+!	**Rç3—b3**

(si 2. ..., Rç3—ç4 3. Cd5—b6+! (la fourchette) suivi de 4. Cb6×a4)

3. Cd5—f4!	**Nulle.**

Le fou, plus facile à manier, fait nulle contre un pion et même contre plusieurs pions, mais tout dépend évidemment de la position.

222

Les Blancs jouent et font nulle

Voici un cas particulier où huit (!) pions ne peuvent rien contre un fou.

1.	**Fh3—d7+**	**Ra4—a3**
2.	**Fd7—ç6!**	**Ra3—a2**
3.	**Rç3—ç2**	**a7—a6**
4.	**Fç6—h1**	**ç7—ç5**
5.	**Fh1—a8**	**ç5—ç4**
6.	**Fa8—b7**	**a5—a4**

(si 6. ..., Ra2—a3 7. Rç2—ç3, etc.)

7.	**Fb7—h1**	**ç4—ç3**
8.	**Fh1—a8**	**a4—a3**
9.	**Fa8—h1**	**a6—a5**
10.	**Fh1—a8**	**a5—a4**

11. Fa8—h1	**Ra2—a1**
12. Fh1—d5	**a3—a2**
13. Fd5—h1	**a4—a3**
14. Fh1—d5 partie nulle	

car après la chute imminente des cinq pions de la chaîne, les Noirs seront pat.

223

H. Otten (1898)

Les Blancs jouent et gagnent

En revanche, deux pions séparés et éloignés gagnent contre le fou dans la position ci-contre.

1. a4—a5 **Fg7—f8**
(coup forcé, le fou essayant d'arrêter le pion via ç5)

2. Ré4—d5! (empêchant le fou d'aller à ç5)

2. ... **Ff8—h6**
(encore un coup forcé, le fou essayant d'arrêter le pion via é3)

3. g4—g5+!! (élégant sacrifice de pion qui assure le gain)

3. ... **Fh6×g5**
(si 3. ..., Rf6×g5 4. a5—a6 et le pion fait dame en deux coups)

4. Rd5—é4! **Fg5—h4**

(le fou essaye d'arrêter le pion via f2)

5. **Ré4—f3!!** et la promotion ne peut plus être empêchée.

L'exemple nº 158 (page 141) précise que le couple R et PT ne gagne pas contre un roi pouvant accéder à la case de promotion.

Cette règle demeure valable lorsque le camp fort possède encore un **fou qui n'agit pas sur des cases de la même couleur que celle de l'angle de promotion.**

224

Les Blancs (ou les Noirs) jouent, partie nulle

Le rôle défensif du roi noir consiste uniquement à ne pas s'éloigner de l'angle de promotion : h8. Donc si les Noirs jouent, le coup 1. ..., Rf8—g8 assure la nullité, car après 2. ..., Rg8—h8 le pion ne pourra jamais aller à dame.

Si les Blancs jouent, on constate que toute tentative d'empêcher le roi noir d'aller à h8 aboutit au pat. En effet : si 1. Fh5—f7? le roi noir est pat. Si 1. h6—h7?, le roi noir est encore pat. Si enfin 1. Rf6—g6, Rf8—g8 et la partie est nulle.

225

Les Blancs jouent,
partie nulle

Dans cette position, on peut tenter un effort pour empêcher le roi noir d'aller à h8. La défense exige une grande précision.

Première tentative :

1. **h5—h6** **Ré8—f7!**
(1. ..., Ré8—f8? perd, à cause de 2. Fh3—é6! permettant au pion de faire dame)

Si 2. **Fh3—f5** **Rf7—g8!**

Si 2. **Fh3—é6+** **Rf7—g6!**

Si 2. **h6—h7** **Rf7—g7!**

3. **Fh3—f5** **Rg7—h8**

Partie nulle.

Deuxième tentative :

1. **Fh3—é6** **Ré8—é7!**
(non 1. ..., Ré8—f8? 2. h5—h6! et le pion fera dame)

2. **h5—h6** **Ré7—f6!**

3. **Fé6—f5!** (non 3. h6—h7?, Rf6—g7 nulle)
3. ... **Rf6—f7**
4. **Ff5—h7!** (sinon le roi noir va à h8, via g8)
4. ... **Rf7—f6**
(menaçant de prendre le pion après 5. ..., Rf6—g5!)
5. **Fh7—f5** (ou 5. Fh7—g8, Rf6—g6 6. h6—h7, Rg6—g7 et la partie est nulle)
5. ... **Rf6—f7!**
6. **Ff5—h7** **Rf7—f6**
et la partie est nulle par répétition des coups.

• Même avec un ou deux pions de plus sur la colonne —TR, la partie est nulle.

Toutefois, une seule exception à cette règle peut se présenter, lorsque le roi blanc peut intervenir (voir l'exercice n° 40, page 307).

Des applications pratiques de cette règle sont données dans les exercices 41 et 42 (page 308).

Roi et PT plus C ne gagnent pas non plus si le pion se trouve déjà à la septième case et le roi noir dans l'angle de promotion.

226

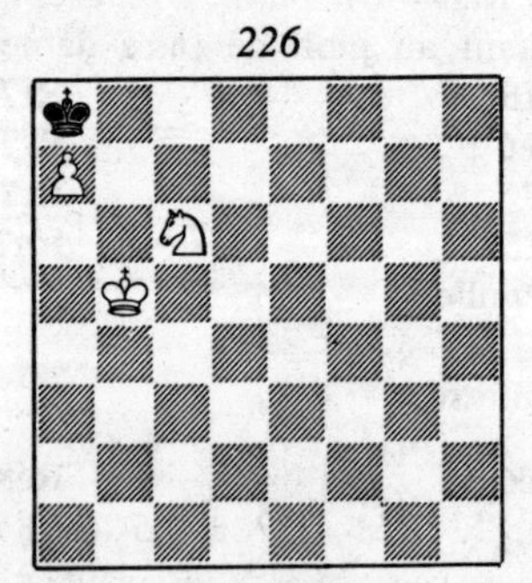

Partie nulle, trait indifférent

Le roi noir jouera de a8 à b7 et vice versa sans pouvoir être délogé ; ou bien, si on veut l'en empêcher par exemple au moyen de 1. Rb5—b6? il sera pat !

Avec le PT sur une case moins avancée le résultat est différent.

227

Les Blancs jouent
et gagnent

1. **Rç5—b5** (et non 1. a5—a6?, pat !)
1. **...** **Ra8—b7**
2. **a5—a6+** **Rb7—a8**
(si 2. ..., Rb7—ç8? 3. Rb5—b6, Rç8—d7 4. a6—a7 et le pion fait dame)
3. **Cç6—d4** **Ra8—a7**
4. **Cd4—é6** **Ra7—a8**
5. **Rb5—b6** **Ra8—b8**
6. **a6—a7+** **Rb8—a8**
(ou 6. ..., Rb8—ç8 7. a7—a8=D+ et gagne)
7. **Cé6—ç7 mat.**

228

Les Blancs jouent,
partie nulle

La position du diagramme 228 présente un autre cas de nullité, où le cavalier est incapable d'empêcher ce résultat.

Pour gagner il faut écarter le roi noir des cases ç7 et ç8. Le cavalier étant la seule pièce qui ne peut jamais perdre un temps, son intervention est sans utilité. Si 1. Cd5—é7+, Rç8—ç7 2. Cé7—f5, Rç7—ç8 3. Cf5—d6+, Rç8—ç7 et ainsi de suite. La partie est donc nulle.

Si le cavalier se trouvait en ç5 les Blancs gagneraient aussitôt par le simple coup 1. Cç5—é6 ; le roi noir, obligé de jouer à d7, libère le roi blanc et par voie de conséquence le pion qui fera dame.

On constate qu'**en donnant échec** le cavalier fait **nulle ;** en **ne donnant pas échec** il chasse le roi ennemi et **assure le gain.**

On peut donc généraliser cette finale (qui date de Salvio, 1604) en résumant les faits par la règle suivante : si le cavalier se trouve sur une case **de même couleur** que celle occupée par le roi ennemi, la partie est **nulle si le**

cavalier joue, gagnée si le roi joue ; ou bien si le cavalier se trouve sur une case de couleur **différente** de celle occupée par le roi ennemi, la partie est **gagnée si le cavalier joue, nulle si le roi joue.**

On trouvera des applications pratiques des dernières règles dans les exercices 43 et 44 (page 309).

Les finales de fou contre fou et pion (ou pions) se divisent en deux parties distinctes, selon que les fous contrôlent des cases de couleur **différente** ou de **même** couleur.

Dans le premier cas **(fous sur case de couleur différente),** la nullité est la règle, lorsqu'il y a un seul pion (le fou du camp faible pouvant être troqué contre le pion) et souvent le résultat, lorsqu'il y a deux ou plusieurs pions. Mais tout dépend de la position.

229

Ercole del Rio (1750)

Les Blancs jouent
et font nulle

1.	**Fg2—a8**	**Rd4—é3**
2.	**Fa8—g2**	**f6—f5**

3. Fg2—a8	**f5—f4**
4. Fa8—g2	**f4—f3**
5. Fg2×f3!	**Ré3×f3**

Les Blancs sont pat.

230

Salvioli (1887)

Les Blancs jouent,
partie nulle

1. Rd5—é6	**Fé7—a3**
2. Fh5—f3 (il faut d'abord protéger le Pç6)	
2. ...	**Rç7—d8**
3. Ré6—f7	**Fa3—b4**
4. é5—é6	**Fb4—a3**

Partie nulle, les cases ç7 et é7 étant suffisamment contrôlées par les Noirs. Si 5. ç6—ç7+, Rd8×ç7 6. é6—é7, Fa3×é7 7. Rf7×é7, nulle.

La plupart du temps, une telle position, où les pions sont séparés d'une case seulement, se solde par la nullité.

Il suffit parfois d'éloigner le Pé5 d'au moins deux cases du Pç6 pour que le résultat change (voir à cet effet l'exercice n° 45, page 310).

Dans le second cas **(fous sur case de même couleur),** le camp fort gagne neuf fois sur dix avec un seul pion, a fortiori avec deux pions.

Le gain est plus ou moins facile selon la colonne où se trouve le pion.

Avant d'étudier la méthode générale de gain, voici deux exemples de nullité. Précisons toutefois auparavant que **si la case de promotion est occupée par le roi du camp faible, le gain est impossible** au cas où cette case serait **de couleur différente de celle des fous.**

231

Les Blancs jouent, partie nulle

La tentative de chasser immédiatement le fou ennemi de la grande diagonale est insuffisante : 1. Fa4—ç6, Fg2×ç6 2. Rd6×ç6, Rd8—ç8 partie nulle, le roi noir ayant pris l'opposition. Egalement sur 1. Fa4—d7, Fg2—a8 2. Fd7—é6, Fa8—b7 3. Fé6—d5, Rd8—ç8! (non pas 3. ..., Fb7×d5? 4. Rd6×d5, Rd8—ç8 5. Rd5—ç6! et le roi blanc ayant pris l'opposition gagne ; ou 4. ..., Rd8—d7 5. Rd5—ç5!, Rd7—d8 6. Rç5—d6!, Rd8—ç8 7. Rd6—ç6! et gagne) 4. Fd5×b7+, Rç8×b7 5. Rd6—ç5, Rb7—b8! nulle.

232

Les Blancs jouent, partie nulle

Ici le roi blanc est devant le pion, mais le gain est impossible, car le fou blanc ne peut chasser le fou noir de la grande diagonale, faute d'une marge suffisante de manœuvre (conséquence du cas d'un pion-tour).

233

Centurini (1856)

Les Blancs jouent et gagnent

Ici le fou noir manque d'espace vital et le roi noir serait mieux placé pour la défense en f6 qu'en d6. La solution entre dans le cadre de la méthode générale de gain.

1.	**Fç6—é8**	**Fh5—g4**
2.	**Fé8—b5** (non 2. Fé8—f7, Fg4—d7!)	
2.	...	**Fg4—h5**
3.	**Fb5—ç4**	**Fh5—g6**
4.	**Fç4—f7!** et les Blancs gagnent, la promotion du pion étant assurée.	

Quelques finales de pions. — Pour simplifiées qu'elles soient, ces finales comportent beaucoup de finesses et présentent parfois des difficultés. On arrive toujours à les mener à bien en songeant qu'elles se réduisent en fin de compte à l'application de quelques éléments de base comme le pat, l'opposition, la règle du carré, le principe de la perte d'un temps ou du sacrifice intermédiaire, l'obstruction ou la libération d'une case.

Partout, on cherche à faire triompher le pion passé, quand il existe, le créer quand il ne l'est pas encore.

Avec un peu de discernement le lecteur saura trouver la solution juste, mais attention : le gain ou la nulle peuvent être compromis par une poussée prématurée de pion. L'emploi judicieux du roi décide.

234

Les Blancs jouent et gagnent

Egalité matérielle absolue : trois pions liés contre trois pions liés se trouvent face à face comme les rois. L'élément qui décide en faveur des Blancs est la position **plus avancée** de leurs pions. Egalement importante est la position du roi noir sur la bande, où il peut recevoir un échec par la dame.

Il s'agit donc de créer un pion passé, mais comment ? La solution comporte un élément nouveau : **la percée.**

1. **b4—b5!!** (avec la menace de s'emparer au coup prochain de l'un des pions a6 ou ç6 ; les Noirs sont donc obligés de prendre le Pb5)

a) 1. ... **a6×b5**
2. **ç4—ç5!!** (avec la menace de prendre le Pb6)
2. ... **b6×ç5**
Forcé, le roi noir étant trop éloigné de la case de promotion.
3. **a4—a5** **b5—b4**
4. **a5—a6** **b4—b3**
5. **a6—a7** **b3—b2**
6. **a7—a8=D+ et gagne,** la dame n'ayant aucune difficulté à ramasser les trois pions.

b) 1. ... **ç6×b5**
2. **a4—a5!!** **b6×a5**
3. **ç4—ç5** et la promotion en dame ne peut plus être empêchée.

Le sacrifice de deux pions a donc été nécessaire pour opérer la percée.

235

Les Blancs jouent et gagnent

Dans cette position, un pion est déjà passé. Peut-il gagner à lui seul ? Essayons :

1. g6—g7 **Rg8—h7**

Les premiers coups blanc et noir sont forcés. Mais à présent que faire ? Sur 2. Rf6—f7? le roi noir est pat (à cause de l'existence du pion g5). Sur 2. g5—g6+?, Rh7—g8 3. Rf6—é6, Rg8×g7 4. Ré6—f5, Rg7—g8! 5. Rf5—f6, Rg8—f8! la partie est nulle, le roi noir étant à même de prendre l'opposition.

La suite gagnante comporte le sacrifice du pion avancé.

2. g7—g8=D+!! **Rh7×g8**

3. **Rf6—g6!** et cette fois c'est le roi blanc qui prend l'opposition. Les Blancs gagnent.

236

Duras (1905)

Les Blancs jouent et gagnent

Egalité matérielle, les Noirs ayant la possibilité d'avancer immédiatement leur pion, tandis que l'avance du pion blanc est bloquée par le roi. En revanche, le roi blanc est plus près du pion noir que ne l'est le roi noir du pion blanc. Il est donc clair que le roi blanc effectuera le premier coup. Mais il a le choix. Si 1. Rb4—ç3? Rh6—g6 2. b2—b4, Rg6—f6 3. b4—b5, Rf6—é6 la partie est nulle car chaque roi est dans le carré de promotion du pion ennemi. Si 1. Rb4—a5?, g7—g5! 2. b2—b4, g5—g4 3. b4—b5, g4—g3 4. b5—b6, g3—g2 5. b6—b7, g2—g1=D 6. b7—b8=D et la partie est nulle.

La logique veut donc que le roi joue sur une case d'où il peut à la fois surveiller le pion noir et l'approche du roi noir. La solution est trouvée. Elle a deux variantes :

1. **Rb4—ç5!!** **g7—g5**

2. **b2—b4** **g5—g4**

3. **Rç5—d4!** entrant dans le carré du pion noir

3. ... **Rh6—g5!**
(ou 3. ..., g4—g3 4. Rd4—é3, Rh6—g5 5. b4—b5!, etc.)

4. **b4—b5!** (non 4. Rd4—é3?, Rg5—f6 5. b4—b5, Rf6—é6! et le roi noir entre dans le carré du pion blanc)

4. ... **g4—g3**

Ici deux sous-variantes intéressantes : si **4. ..., Rg5—f4** 5. b5—b6, g4—g3 6. b6—b7, g3—g2 7. b7—b8=D+ et gagne ; si **4. ..., Rg5—h4** 5. b5—b6, g4—g3 6. Rd4—é3, Rh4—h3 7. b6—b7, g3—g2 8. Ré3—f2, Rh3—h2 9. b7—b8=D+ et mat au coup suivant.

5. **Rd4—é3** **Rg5—g4**

6. **b5—b6** **Rg4—h3**

7. **b6—b7** **g3—g2**

8. **Ré3—f2** **Rh3—h2**

9. **b7—b8=D+** suivi de 10. Db8—h8 mat ou 10. Db8—g3 mat (selon que les Noirs répondent 9. ..., Rh2—h1 ou 9. ..., Rh2—h3)

237

Les Blancs jouent
et gagnent

Les Blancs ne gagnent qu'**en passant le trait** aux Noirs dans la position du diagramme 237.

1. Rç5—d5 **Rç7—ç8!**

Si 1. ..., Rç7—b8? ou 1. ..., Rç7—d8? 2. Rd5—d6!, Rb8—ç8 3. ç6—ç7! (arrivée du pion en septième case **sans donner échec**), Rç8—b7 4. Rd6—d7 et gagne.

2. Rd5—d4! **Rç8—d8!**

3. Rd4—ç4!
(si 3. Rd4—ç5? Rd8—ç7!)

3. ... **Rd8—ç8**

4. Rç4—d5!! C'est la manœuvre en forme de **triangle,** qui a permis au roi blanc de **perdre** un temps.

4. ... **Rç8—ç7**
(ou 4. ..., Rç8—d8 5. Rd5—d6! gagne)

5. Rd5—ç5 et la même position est rétablie, trait aux Noirs

5. ... **Rç7—ç8**

6. Rç5—b6 et les Blancs gagnent, car après la prise du Pa6 l'un de leurs pions fera dame.

238

Les Blancs jouent
et font nulle

La position des Blancs est désespérée. Ils peuvent parvenir à prendre un des pions noirs, mais en perdant le leur. Voici deux tentatives :

Si 1. **Rg1—f2?** **Rd1—d2**
2. **Rf2—g2** **Rd2—é2!**
3. **Rg2—g3** **Ré2—f1**
4. **Rg3—g4** **Rf1—f2**
5. **Rg4×g5** **Rf2×f3**

et les Noirs gagnent, leur pion allant sans obstacle à dame.

Si 1. **Rg1—f1?** **Rd1—d2**
2. **Rf1—f2** **Rd2—d3**
3. **Rf2—f1** **Rd3—é3**
4. **Rf1—g2** **Ré3—é2**
5. **Rg2—g3** **Ré2—f1!**

et les Noirs gagnent comme ci-dessus.

La solution très fine est basée sur l'opposition.

1. **Rg1—h1!!** **Rd1—d2**
(si 1. ..., Rd1—é2 2. Rh1—g2!, Ré2—é1 3. Rg2—g1! ; ou 2. ..., Ré2—é3 3. Rg2—g3! et la nullité est assurée par répétition des coups)
2. **Rh1—h2!** **Rd2—d3**
3. **Rh2—h3!** **Rd3—d4**
4. **Rh3—g4** **Rd4—é3**
5. **Rg4—g3!** **Ré3—é2**
6. **Rg3—g2!** etc. **Partie nulle.**

N° 23.

239

Les Blancs jouent
et gagnent

N° 24.

240

Les Blancs jouent
et gagnent

N° 25.

241

Les Blancs jouent
et gagnent

N° 26.

242

Les Blancs jouent
et gagnent

N° 27.

243

Les Blancs jouent et gagnent

N° 28.

244

Les Blancs jouent et gagnent

Nº 29.

245

Les Blancs jouent
et gagnent

Nº 30.

246

Les Noirs jouent
et gagnent

Nº 31.

247

Les Blancs jouent
et font nulle

Nº 32.

248

Les Blancs jouent
et font nulle

Nº 33.

249

Les Blancs jouent
et gagnent

Nº 34.

250

Les Blancs jouent
et gagnent

Nº 35.

251

Les Blancs jouent
et gagnent

Nº 36.

252

Dr S. Tarrasch (1906)

Les Noirs jouent,
les Blancs gagnent

Nº 37.

253

A. Chéron (1923)

Les Noirs jouent et font nulle

Nº 38.

254

Prokop (1925)

Les Blancs jouent et font nulle

Nº 39.

255

H. Weenink (1918)

Les Blancs jouent
et font nulle

Nº 40.

256

Les Blancs jouent
et gagnent

N° 41.

257

D'après Greco (1612)

Les Noirs jouent
et font nulle

N° 42.

258

Les Blancs jouent
et font nulle

N° 43.

259

Holm (1911)

Les Blancs jouent
et font nulle

N° 44.

260

Loyd (1872)

Les Blancs jouent
et font nulle

N° 45.

261

J. Berger (d'après Salvioli)

Les Blancs jouent
et gagnent

N° 46.

262

Centurini (1856)

Les Blancs jouent
et gagnent

N° 47.

263

Les Blancs jouent et gagnent

N° 48.

264

F. Dedrle (1910)

Les Blancs jouent et gagnent

Nº 49.

265

Gorguiev (1928)

Les Blancs jouent
et font nulle

Nº 50.

266

A. Troitzky
Deutsche Schachzeitung
(1913)

Les Blancs jouent
et gagnent

CHAPITRE V

Thèmes fondamentaux

L'ÉTUDE de la « Théorie des ouvertures » est indispensable au maître, utile au joueur de compétition, mais néfaste au débutant. Il ne saurait assimiler avec profit des milliers de variantes et sous-variantes, d'ailleurs en constante mutation, dont l'application et même la simple compréhension réclament une technique parfaite.

Aussi avons-nous délibérément renoncé à la présenter dans ce manuel élémentaire.

Cependant, si les Débuts de partie sont nombreux et très différents d'aspect, leur esprit est toujours le même. Il s'agit :

1° de pratiquer un bon développement en sortant successivement les pièces et en les plaçant de façon à éviter qu'elles ne se gênent mutuellement ;

2° de créer un centre bien soutenu, ou du moins d'être à même de le contrôler avec efficacité ;

3° d'obtenir un espace suffisant pour assurer aux diverses forces d'attaque une grande liberté de manœuvre.

Les parties qui suivent ont été sélectionnées et commentées dans le dessein de faciliter la compréhension des **principes fondamentaux du combat échiquéen.** Pour la commodité de leur présentation, elles sont accompagnées de l'indication des ouvertures et des thèmes qui les caractérisent.

Le lecteur y trouvera matière à réfléchir et retiendra l'essentiel de la stratégie et de la tactique employées. Il saura également dégager la leçon pratique de ces combats parfois sévères, où l'enchaînement logique des idées détermine une **unité** constante, quelle que soit la longueur des affrontements. Enfin, s'il éprouve — ce qui n'est guère exclu — une émotion esthétique en communiant avec la beauté des combinaisons ou l'éclat de certaines manœuvres, le lecteur attentif trouvera ces parties aussi agréables qu'instructives.

PARTIE N° 46

(Tournoi de Beverwijk, 1952)

Blancs	Noirs
FUDERER	DONNER

Partie du PR. Défense Caro-Kann

THEME : L'ATTAQUE D'UN ROQUE SOLIDE

1. é2—é4 **ç7—ç6**

Coup réservé, préparant la poussée d7—d5 et prévoyant la possibilité de garder un pion au centre en cas d'échange é4×d5, ç6×d5. C'est la « défense Caro-Kann » d'après les noms de deux forts joueurs, l'un viennois, l'autre berlinois, qui l'ont étudiée et lancée dans la pratique moderne vers la fin du XIXe siècle.

2. d2—d4 **d7—d5**

attaquant le Pé4.

3. Cb1—ç3 **d5×é4**

4. Cç3×é4 **Cg8—f6**

Ce coup a un avantage et un inconvénient : il développe une pièce tout en attaquant celle de l'ennemi, mais permet, en revanche, la formation d'un pion doublé après l'échange à f6. Pour cette dernière raison, il est plus prudent de faire anticiper le relais du Cf6 par la manœuvre 4. ..., Cb8—d7 (comme dans la partie n° 35). Une autre possibilité est 4. ..., g7—g6 (partie n° 32). Cependant, la réponse usuelle et caractéristique est 4. ..., Fç8—f5.

5. Cé4×f6+ é7×f6

La réponse courante : 5. ..., g7×f6 semble plus naturelle parce qu'elle renforce les pions du centre ; toutefois, elle procure à l'éventuel petit-roque un bouclier disloqué.

En reprenant du Pé7, les Noirs favorisent la sortie immédiate du FR, tout en gardant l'espoir d'abriter plus tard leur roi derrière une armature solide.

6. Ff1—ç4 Ff8—d6

7. Cg1—é2

Sur 7. Cg1—f3, les Noirs obtiennent un jeu satisfaisant au moyen de 7. ..., Fç8—g4! D'où le développement rampant du CR blanc dont le second objectif est de gagner l'aile-roi, via g3.

7. ... o—o

8. o—o Dd8—ç7

menace le Ph2.

9. Cé2—g3

Des coups défensifs comme 9. g2—g3 ou 9. h2—h3 sont évités parce qu'ils affaiblissent la position du roque. Quant à l'avance 9. f2—f4, elle obstruerait l'action du Fç1 sur la diagonale ç1/h6. D'où cette manœuvre du cavalier, déjà prévue deux coups plus tôt.

9. ... Cb8—d7

L'échange 9. ..., Fd6×g3 10. f2×g3, priverait sans raison les Noirs d'un bon fou, tout en laissant aux Blancs l'avantage d'activer leur développement au moyen de 11. Fç1—f4!

La réponse du texte prépare à bref délai un regroupement plus rationnel des forces noires au moyen de 10. ..., Tf8—é8 suivi de 11. ..., Cd7—f8.

267

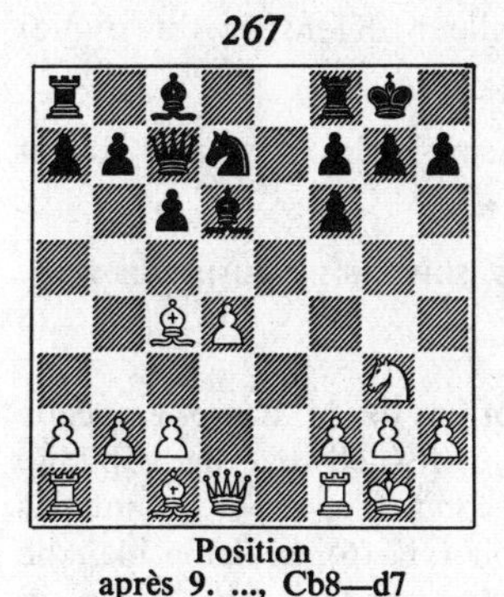

Position
après 9. ..., Cb8—d7

Examinez bien cette position. Peut-on imaginer un roque mieux gardé que celui des Noirs ? Non seulement les pions d'origine sont intacts, mais une unité supplémentaire, le Pf6, leur prête main forte pour décourager toute tentative d'agression qui serait, dans le cas présent, pure folie...

Et pourtant, c'est précisément le moment choisi par les Blancs pour frapper l'ennemi là où il paraît être le plus fort.

S'il s'agissait d'un joueur quelconque on ne prendrait pas au sérieux une telle idée, que l'on taxerait volontiers d'aberrante. Mais les deux adversaires font partie de l'élite échiquéenne contemporaine et sont célèbres à plus d'un titre.

Comment expliquer une telle décision ?

La réponse est facile à donner lorsqu'on analyse objectivement la position, caractérisée par trois considérations importantes :

1° les pièces noires sont éloignées du petit-roque et leur éventuelle intervention ne pourrait se faire que laborieusement ;

2° l'existence même du Pf6, loin d'être un avantage, constitue en réalité le défaut de la cuirasse, puisque cette unité prive le cavalier (le meilleur défenseur du roque) de sa case naturelle : f6 ;

3° les pièces blanches sont bien placées pour agir vite et avec vigueur dans ce secteur.

Dans ces conditions, le coup suivant ne surprend plus.

10. Dd1—h5!

En premier lieu, cette irruption de la dame empêche la manœuvre projetée 10. ..., Tf8—é8 par la réplique gagnante 11. Dh5×f7+. En second lieu, ne craignant pas d'être chassée par le cavalier noir (via f6), la dame blanche pourra en toute quiétude **créer des menaces** dans le dessein de **provoquer des faiblesses** dans la structure du roque.

10. ... ç6—ç5

A défaut d'une attitude énergique à l'Est, les Noirs cherchent une compensation à l'Ouest, où ils menacent de gagner un pion par 11. ..., ç5×d4 tout en attaquant le Fç4.

11. Fç4—d3!

Le FR se dérobe à l'action verticale de la dame noire en gagnant du temps par la menace qu'il vient de créer : 12. Dh5×h7 mat.

11. ... g7—g6

A moins de céder un pion (par 11. ..., f6—f5) pour libérer leur cavalier, les Noirs sont obligés d'affaiblir leur roque sous peine de perdre rapidement (par exemple : sur 11. ..., Tf8—é8 12. Dh5×h7+, Rg8—f8 13. Cg3—f5!! et le mat est imparable).

A noter que 11. ..., h7—h6 (qui pare également la menace) serait énergiquement réfuté par le sacrifice 12. Fç1×h6!!, g7×h6 suivi de 13. Dh5×h6 laissant le roque noir dans une situation sans issue.

La réponse du texte est donc un moindre mal ; son seul inconvénient est de laisser un « trou » à h6.

12. Dh5—h6!

Le roque est à présent sérieusement menacé. La tentative d'amener le cavalier à f6 au moyen de 12. ..., f6—f5 n'est plus possible à cause de 13. Cg3×f5!!, g6×f5 (sinon la dame fait mat à g7) 14. Fd3×f5, Cd7—f6 (si 14. ..., Tf8—d8 15. Ff5×h7+, Rg8—h8 16. Fh7—g6+d., Rh8—g8 17. Dh6—h7+, Rg8—f8 18. Dh7×f7 mat) 15. Dh6—g5+, Rg8—h8 16. Dg5×f6+, Rh8—g8 17. Fç1—h6 forçant l'abandon.

12. ... Tf8—é8

La case f8 étant réservée au fou ou au cavalier pour la protection du roque, la menace 13. ..., ç5×d4 devient réalisable.

13. d4×ç5 Cd7×ç5

Cette réponse trop optimiste est une faute lourde de conséquences. Il fallait jouer d'abord 13. ..., Fd6—f8. Les Noirs sous-estiment la force latente des deux fous blancs.

Position
après 13. ..., Cd7×ç5

14. Cg3—h5!!

Après ce coup (qui institue la menace 15. Dh6—g7 mat) les Noirs sont irrémédiablement perdus. La suite est forcée.

14. ... g6×h5

Si 14. ..., Fd6—f8 15. Ch5×f6+, Rg8—h8 16. Dh6×h7 mat.

15. Fd3×h7+ Rg8—h8
16. Fh7—g6+d. Rh8—g8
17. Dh6—h7+ les Noirs abandonnent.

Car ils ne peuvent pas se soustraire à l'inexorable suite : 17. ..., Rg8—f8 18. Fç1—h6+, Rf8—é7 19. Dh7×f7+, Ré7—d8 20. Df7×é8 mat.

Si le roque constitue généralement l'objectif principal des opérations, il arrive souvent que le motif des engagements soit le centre où, à l'issue des échanges plus ou moins forcés, la bataille décisive commence en finale, en opposant les pions différemment disposés sur l'échiquier. C'est le fond des trois parties suivantes.

PARTIE N° 47

(Match France-Tchécoslovaquie, Paris, 22 juin 1947)

Blancs	Noirs
FICHTL	CAMIL SENECA
(Tchécoslovaquie)	(France)

Partie du PR. Défense sicilienne

THEME : PIONS DU CENTRE CONTRE PIONS DE L'AILE

1. é2—é4 ç7—ç5

Coup constitutif de la « défense sicilienne » d'origine ancienne, mais très populaire aujourd'hui. Elle est préférée par les joueurs qui aiment les Echecs de combat.

2. Cg1—f3 Cb8—ç6
3. d2—d4 ç5×d4
4. Cf3×d4 Cg8—f6
5. Cb1—ç3 g7—g6

Il s'agit d'installer le FR en g7. Cette idée stratégique — que la Théorie appelle du nom suggestif de « variante du Dragon » — est très répandue dans la pratique moderne, mais comporte la mesure prophylactique 5. ..., d7—d6 (qui précède toujours le coup du texte). En poussant immédiatement le PCR, les Noirs prennent à bon escient la responsabilité de permettre une énergique réaction des Blancs, fondée précisément sur l'**absence d'un pion noir au centre.**

Pourquoi une telle décision ?

L'équipe tchèque — une des plus fortes d'Europe à l'époque — étant composée de maîtres chevronnés, grands spécialistes de ce Début, il fallait éviter à tout prix un développement « normal » qui eût sans doute avantagé mon adversaire, très au courant des dernières investigations théoriques dans ce domaine. En adoptant le coup insolite du texte, les Noirs n'eurent donc d'autre but que d'engager le combat sur un terrain mouvant, peu connu et laissant à l'imagination la liberté de s'épanouir, au détriment de la mémoire livresque.

6. Cd4×ç6 b7×ç6

7. é4—é5!

C'est la conséquence stratégique du cinquième coup des Noirs. Le cavalier est chassé du centre.

7. ... Cf6—h5

Dans les rares parties ayant traité le début de la même façon, la réponse courante est 7. ..., Cf6—g8.

La manœuvre marginale de ce cavalier est effectuée dans le même esprit que les coups précédents, c'est-à-dire avec la volonté de créer des schémas inédits.

8. Ff1—ç4 d7—d5

Forçant le recul du fou ou l'échange du seul pion blanc du centre.

9. é5×d6 e.p. Dd8×d6

Encore une réponse déconcertante. On s'attendait plutôt à 9. ..., é7×d6 donnant un frère au pion ç6. La reprise du texte vise un autre objectif : pratiquer à outrance un jeu figural susceptible de provoquer des échanges, afin d'alléger le problème du développement des Noirs.

10. Dd1—f3

Bien entendu, les Blancs évitent l'échange des dames. Leur dernier coup menace le Pf7.

10. ... Fç8—é6

11. Fç4—b5

Ce coup évite l'échange des fous et crée une forte menace sur le pion isolé ç6. A noter que sur 11. Fç4×é6, Dd6×é6+ 12. Fç1—é3, Ff8—h6! 13. o—o, Fh6×é3,

14. f2×é3, o—o la partie serait parfaitement équilibrée, la faiblesse du Pé3 compensant celle du Pç6.

11. ... Ta8—ç8

Sur 11. ..., ç6×b5? 12. Df3×a8+ procure le gain aux Blancs. Après la réponse du texte, le Pç6 étant décloué, les Noirs menacent bel et bien de prendre le Fb5.

12. Fb5—a6

attaquant la tour.

12. ... Tç8—b8!

Les Noirs ont fini par opposer quatre pièces actives aux trois pièces blanches et n'ont plus rien à craindre de l'offensive ennemie.

13. g2—g4

Sans perdre un seul temps les Blancs ont constamment soutenu leur agression depuis le sixième coup et pensent enfin récolter les fruits de leur effort, grâce à la nouvelle — et en apparence grave — menace qu'ils viennent d'instituer.

Le cavalier est en prise et son départ coûterait la tour. En effet : sur 13. ..., Ch5—f6 14. Fç1—f4! gagnant la Tb8 par enfilade.

13. ... Tb8—b6!

269

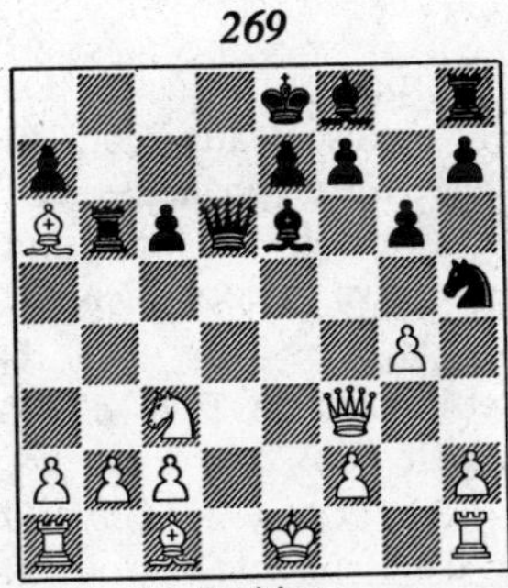

Position
après 13. ..., Tb8—b6!

Cependant le système de défense active que les Noirs ont élaboré avec sang-froid se révèle efficace. Les objectifs visés par l'ennemi n'existent plus, les forces noires alignées en nombre sont à même de parer à toute éventualité.

La position des Noirs est assez solide, alors que celle des Blancs est très affaiblie sur la diagonale a8/h1 ce qui rend leur petit-roque inopérant. Dans ces conditions, les Blancs, qui semblaient dicter les événements ne peuvent que subir désormais l'enchaînement logique des faits et accepter les échanges forcés qui mèneront à une finale où la sortie-éclair du début ne sera qu'un souvenir.

14.	**g4×h5**	**Tb6×a6**
15.	**Fç1—f4**	**Fé6—d5!**
16.	**Df3—é2**	

Il n'y a pas mieux. Sur 16. Cç3×d5, Dd6×d5! ; sur 16. Ff4×d6?, Fd5×f3 gagnant une pièce. Le coup du texte sauve la Th1 (par l'attaque de la Ta6). En effet, si 16. ..., Dd6×f4? 17. Dé2×a6, Fd5×h1, Da6—ç8 mat.

16.	**...**	**Dd6—é6!**

La pointe du jeu des Noirs : elle met un terme aux velléités agressives de l'ennemi.

17.	**Cç3×d5**	**Dé6×é2+**
18.	**Ré1×é2**	**ç6×d5**

Il n'y a plus de pion isolé à ç6. Dans la finale qui s'engage, les Noirs opposent aux pions blancs majoritaires de l'aile-dame une forte phalange de pions centraux. Après un début original, la vraie lutte ne fait que commencer ; elle réserve encore bien des embûches.

19.	**Th1—d1**	**Ta6—a4!**

attaque le fou et interdit 20. Ff4—é5? (à cause de 20. ..., Ta4—é4+ gagnant le fou).

20.	**Ff4—é3**	**é7—é6**
21.	**Fé3—d4**	**Th8—g8**
22.	**b2—b3**	**Ta4—a5**

Une erreur serait 22. ..., Ta4×d4 à cause de 23. Td1×d4, Ff8—g7 24. Td4—b4!, Fg7×a1 25. Tb4—b8+, Ré8—é7 26. Tb8×g8 gagnant la qualité.

23. h5×g6 Tg8×g6!

L'entrée en lice de cette tour est de la plus grande importance pour la suite des opérations : elle permettra de mettre en valeur les pions noirs du centre.

24. Td1—d3 Tg6—h6!

Provoque l'avance du Ph2 afin d'empêcher la tour blanche de prendre possession de la colonne —TR.

25. h2—h3 é6—é5!!

270

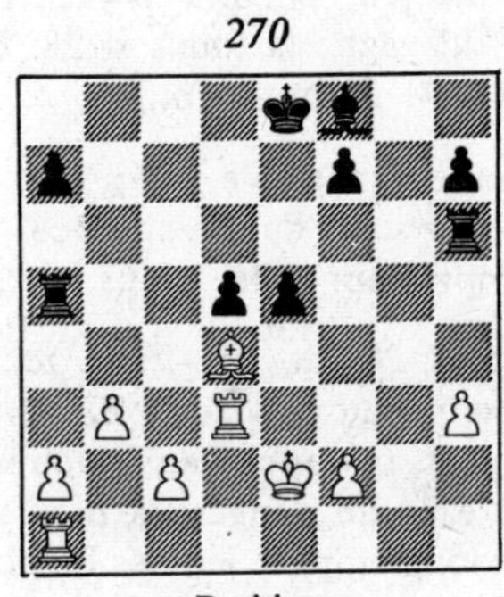

Position
après 25. ..., é6—é5!!

Les rôles sont renversés. Par ce coup de problème, qui a nécessité un long calcul, les Noirs prennent définitivement la direction des opérations. La force des pions centraux immédiatement actifs devient nettement supérieure à celle des pions blancs de l'aile-dame pour l'instant sans portée.

26. Fd4—ç3

A leur tour les Blancs, après mûre réflexion, choisissent la seule continuation valable, en soustrayant à la menace instituée par le pion é5 leur fou, qui attaque la Ta5.

Pour ceux qui ont la patience d'approfondir cette intéressante position du diagramme, voici une brève analyse des deux variantes proposées par le dernier coup des Noirs (25. ..., é6—é5!!).

Première continuation plausible : 26. Fd4×é5 ; elle ne marche pas à cause de la suite : 26. ..., Th6—é6 27. Td3—é3 (si 27. f2—f4?, f7—f6 gagne le fou), Ff8—ç5! gagnant au moins la qualité (car si 28. Fé5—ç3, Fç5×é3 29. Fç3 ×a5, Fé3—d4+d.! gagne la tour ; si 28. b3—b4, Fç5×é3 29. b4×a5, Fé3—f4! gagne le fou).

Autre continuation plausible : 26. Td3—é3 ; elle mène, après 26. ..., f7—f6 suivi de 27. ..., Ré8—f7! à une sorte de « rouleau compresseur » des pions noirs du centre.

A noter qu'après 26. ..., f7—f6 la tentative de ruiner la chaîne de ces pions au moyen de 27. f2—f4, entraînerait une suite également favorable aux Noirs par la réponse 27. ..., é5—é4! créant un dangereux pion passé susceptible de gêner pendant longtemps le jeu des Blancs ; si 28. ç2—ç4, f6—f5 après quoi les pions blancs f4 et h3 resteraient très vulnérables.

26.	**...**	**Ta5—ç5**
27.	**Fç3—d2!**	**é5—é4!**
28.	**Td3—g3**	

Non pas 28. Fd2×h6?, é4×d3+ 29. Ré2×d3, Ff8×h6 gagnant une pièce.

Le coup du texte pose un piège raffiné : si 28. ..., Tç5×ç2? 29. Ré2—d1! (attaquant la Tç2 par le roi et la Th6 par le fou décloué), Th6—ç6 30. Tg3—g8!! avec la terrible menace 31. Fd2—b4! gagnant le fou ou bien forçant la réponse 30. ..., Tç2×d2+ 31. Rd1×d2 et les Blancs restent avec le substantiel avantage de la qualité.

28. ... Th6—g6!

29. Tg3×g6 h7×g6

30. ç2—ç3 Ff8—g7!

Lorsque les Noirs ont joué au début de la partie 5. ..., g7—g6, c'était dans l'intention de suivre par 6. ..., Ff8—g7. Or ce n'est qu'à présent (au trentième coup) que le FR noir peut enfin entrer en jeu. Mais, pour tardive qu'elle soit, son action n'arrive pas moins à point nommé, en attaquant le Pç3, ce qui met la tour blanche dans une position de défense.

31. Ta1—ç1 Ré8—d7!

Le roi noir vient apporter sa précieuse contribution à la pression du centre.

32. f2—f3 f7—f5!

Laissant volontiers le Pg6 à la merci de l'ennemi, afin de garder intacte la chaîne des pions centraux.

33. Tç1—g1

Les Blancs profitent de l'occasion pour donner du jeu à leur tour.

33. ... Fg7×ç3

34. f3×é4	**f5×é4**
35. Tg1×g6	**Fç3—é5!**

Créant la menace 36. ..., Tç5—ç2! qui gagne le Pa2 ou le fou.

36. Tg6—a6	**Fé5—b8**
37. Fd2—é3	

Ce coup vise le gain du Pa7.

37. ...	**Tç5—ç2+!**

Refoulant le roi blanc à la bande.

38. Ré2—d1

Non 38. Fé3—d2?, Fb8—f4 gagnant le fou.

38. ...	**Tç2—h2!**

Les Noirs cèdent volontiers leur Pa7, mais obtiennent, en revanche, deux avantages décisifs :

1° le maintien de leur tour sur la deuxième rangée ;

2° l'approche de leur roi pour soutenir les pions du centre.

39. Fé3×a7	**Fb8×a7**
40. Ta6×a7+	**Rd7—d6!**
41. b3—b4	

La prise du Pa7 a libéré la voie au pion blanc, dont l'avance constitue la dernière chance.

41. ...	**d5—d4**
42. Ta7—a8	

La tour s'éloigne, afin de pouvoir agir sur les colonnes du centre.

42.	**...**	**Rd6—d5**
43.	**b4—b5**	**d4—d3!**
44.	**Ta8—é8**	

Empêche le coup mortel 44. ..., é4—é3.

44.	**...**	**Rd5—d4**
45.	**b5—b6**	**Th2—h1+**
46.	**Rd1—d2**	**é4—é3+!**
47.	**Té8×é3**	**Th1—h2+**

48. Les Blancs abandonnent.

271

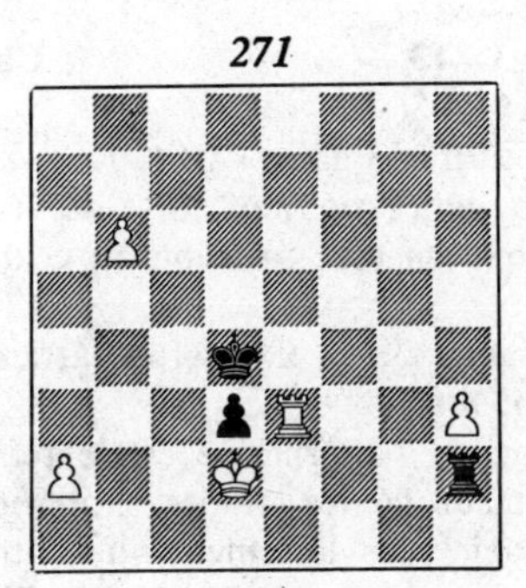

Position
après 47. ..., Th1—h2+

Sur 48. Rd2—ç1 (le moindre mal), d3—d2+ 49. Rç1—ç2, Rd4×é3 50. b6—b7, Th2—h1 51. b7—b8=D, d2—d1=D+ et les Blancs perdent leur dame et sont mat après.

PARTIE N° 48

(Match pour le titre de champion du monde,
Dusseldorf, août 1908)

Blancs	Noirs
Dr Em. LASKER	Dr S. TARRASCH

Partie Ruy Lopez

THEME : TRIOMPHE D'UNE MAJORITE DE PIONS SUR L'AILE-ROI

1. é2—é4 **é7—é5**
2. Cg1—f3 **Cb8—ç6**
3. Ff1—b5

Coup constitutif de la « Partie Ruy Lopez » une des plus anciennes lignes de jeu qui reste toujours actuelle. L'idée stratégique en est : pression au centre.

3. ... **a7—a6**

Jouable est aussi 3. ..., Cg8—f6 (parties 16 et 40).

4. Fb5×ç6

L'autre terme de l'alternative est le retrait 4. Fb5—a4. En échangeant sur ç6 les Blancs simplifient les données, mais peuvent agir plus librement au centre.

4. ... **d7×ç6**

L'intérêt des Noirs est de faire jouer aussitôt toutes leurs pièces. D'où la reprise du texte, d'ailleurs usuelle, ouvrant une diagonale au Fç8.

5. d2—d4

Ce coup, en attaquant le Pé5, provoque encore des échanges.

5.	**...**	**é5×d4**
6.	**Dd1×d4**	**Dd8×d4**
7.	**Cf3×d4**	

272

Position
après 7. Cf3×d4

Les Blancs ont une majorité de pions sur l'aile-roi contre une majorité de pions noirs sur l'aile-dame. Mais celle-ci, en raison du pion doublé, est moins efficace que celle-là. La suite de la partie se chargera d'en faire la démonstration. Il s'agit toutefois d'une longue et patiente entreprise.

7.	**...**	**ç6—ç5**
8.	**Cd4—é2!**	**Fç8—d7**
9.	**b2—b3**	**Fd7—ç6**

L'avantage des Noirs réside dans l'activité de leurs fous ; celui de la dame a pris position sur la grande diagonale et attaque le Pé4.

10.	**f2—f3**	**Ff8—é7**
11.	**Fç1—b2**	**Fé7—f6**

Ce coup neutralise l'action du Fb2 sur la grande diagonale et propose en même temps un nouvel échange. Toutefois 11. ..., Cg8—f6 entrait en ligne de compte.

12.	**Fb2×f6**	**Cg8×f6**
13.	**Cb1—d2**	**o—o—o**
14.	**o—o—o**	**Td8—d7**
15.	**Cé2—f4**	**Th8—é8**
16.	**Cd2—ç4**	**b7—b6**
17.	**a2—a4**	**a6—a5**
18.	**Td1×d7**	**Cf6×d7**
19.	**Th1—d1**	**Cd7—é5**
20.	**Cç4×é5**	**Té8×é5**
21.	**ç2—ç4!**	

273

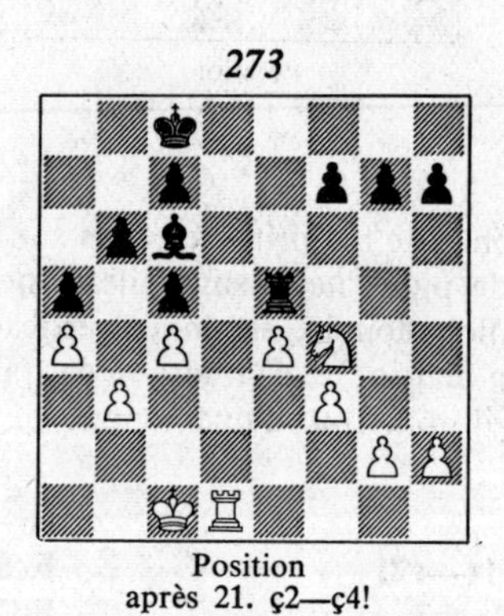

Position
après 21. ç2—ç4!

Les échanges qui ont précédé cette position ont contribué à la clarifier. Alors que le front de l'Ouest est stabilisé, les trois pions blancs étant à même de contenir les quatre pions ennemis, c'est désormais sur le front de l'Est, où les Blancs ont conservé intacte leur majorité, que l'ultime bataille va se dérouler.

21.	**...**	**Té5—é8**
22.	**Cf4—h5!**	**Té8—g8**

Cette façon de protéger le pion g7 attaqué est positionnellement préférable à la chasse 22. ..., g7—g6 qui laisserait un « trou » gênant à f6 que le cavalier occuperait aussitôt.

23.	**Td1—d3**	**f7—f6**
24.	**Rç1—d2**	**Fç6—é8**
25.	**Ch5—g3**	**Fé8—d7**
26.	**Rd2—é3!**	

L'appui du roi est indispensable aux opérations qui doivent créer et soutenir un pion passé.

26.	**...**	**Tg8—é8**
27.	**Cg3—h5**	**Té8—é7**

Ainsi, tout en protégeant le Pg7, la tour noire est plus active en é7 qu'en g8.

28.	**g2—g4**	**ç7—ç6**
29.	**h2—h4**	

La marche en avant des pions blancs ne pourra pas être arrêtée.

29.	**...**	**Rç8—ç7**
30.	**g4—g5**	**f6—f5**
31.	**Ch5—g3!**	**f5×é4**
32.	**Cg3×é4**	**Fd7—f5**
33.	**h4—h5**	**Té7—d7**

L'échange 33. ..., Ff5×é4 34. f3×é4 laisserait immédiatement aux Blancs un pion passé. Le coup du texte est meilleur, car il donne à la tour un peu plus d'activité ou bien, en cas d'échange 34. Td3×d7+, Rç7×d7, il permet au roi noir de s'approcher du secteur menacé.

34.	**Td3—ç3**	**Td7—d1**
35.	**Ré3—f4**	**Ff5—d7**

36. Tç3—é3 Td1—h1

37. Cé4—g3!

Protège le Ph5, attaque la Th1 et ouvre en même temps à la tour blanche le chemin vers la septième rangée (Té3—é7).

37. ... Th1—h4+

38. Rf4—é5 Th4—h3

39. f3—f4 Rç7—d8

40. f4—f5 Th3—h4

41. f5—f6 g7×f6

42. Ré5×f6!

Ainsi le roi noir est coupé du vrai front, alors que le roi blanc pourra efficacement soutenir le pion passé, dont la création est imminente.

42. ... Fd7—é8

Menace de prendre le Ph5 ou bien de provoquer son avance, qui serait bien entendu une faute dans cette position (si 43. h5—h6?, Fé8—g6!) avec d'excellentes possibilités de défense.

43. Cg3—f5!!

Une réplique inattendue. Le cavalier attaque la tour tout en protégeant indirectement le Ph5. Si 43. ..., Th4×h5? 44. Té3×é8+!!, Rd8×é8 45. Cf5—g7+ gagnant la tour et restant avec une pièce de plus.

43. ... Th4—f4

44. g5—g6 h7×g6

45. h5×g6

Enfin le pion passé est là et décide très rapidement de l'issue du combat.

45. ... Tf4—g4

Attaque le Pg6 et prépare, sur 46. g6—g7, Tg4—g6+ permettant de résister. Mais...

46. Té3×é8+!!

Cet élégant sacrifice assure la victoire à bref délai.

46. ... Rd8×é8

47. g6—g7 Ré8—d7!

Un ultime effort pour tenter de sauver la partie : le roi noir va chercher les pions blancs, via é6.

48. Cf5—h4!

Toujours élégant et précis. La menace 49. Ch4—g6! force la tour à prendre le pion.

48. ... Tg4×g7

49. Rf6×g7 Rd7—é6

50. Ch4—f3! Ré6—f5

51. Rg7—f7 Rf5—é4

52. Rf7—é6! Ré4—d3

53. Ré6—d6 Rd3—ç3

54. Rd6×ç6 Rç3×b3

55. Rç6—b5, les Noirs abandonnent

car ils ne peuvent plus empêcher la chute de tous leurs pions par la manœuvre Cf3—é5—d7×b6, etc.

PARTIE N° 49

(Tournoi de Sverdlovsk, U.R.S.S., 1943)

Blancs	Noirs
BOTVINNIK	KONSTANTINOPOLSKY

Partie du PR. Défense Caro-Kann

THEME : TRIOMPHE D'UNE MAJORITE DE PIONS SUR L'AILE-DAME

1. é2—é4 **ç7—ç6**
2. d2—d4 **d7—d5**
3. é4×d5

Une autre possibilité est 3. Cb1—ç3 (partie n° 46). L'échange du texte mène à un jeu plus ouvert.

3. ... **ç6×d5**
4. ç2—ç4

Le but des Blancs est de transformer la « guerre des tranchées » caractéristique de la « défense Caro-Kann » en une lutte plus animée, en créant une constante pression au centre.

4. ... **Cg8—f6**
5. Cb1—ç3 **é7—é6**

Coup prudent, nécessaire pour renforcer le maintien du Pd5 et aussi pour accélérer le petit-roque. L'échange 5. ..., d5×ç4 6. Ff1×ç4 permet aux Blancs de développer rapidement leurs forces et d'obtenir une position dynamique dans laquelle le Pd4, isolé mais libre, devient un important facteur d'agression.

6. Cg1—f3 **Ff8—é7**
7. Fç1—g5 **o—o**

8. Ta1—ç1!	**Cb8—ç6**
9. ç4—ç5!	

274

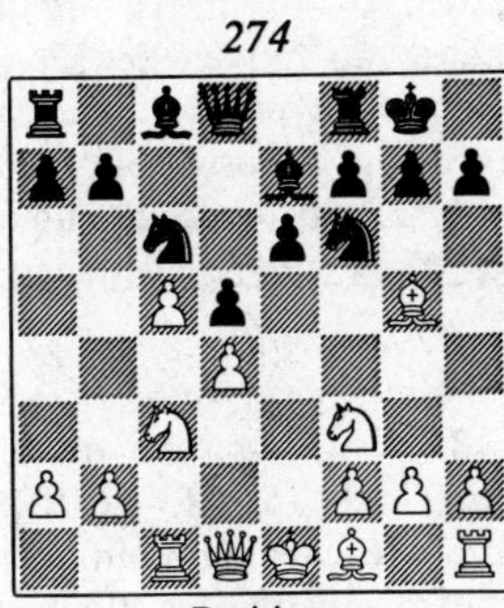

Position
après 9. ç4—ç5!

Les Blancs viennent d'établir une nette majorité de pions sur l'aile-dame. Leur rôle désormais sera de la maintenir et de la rendre efficace.

9. ...	**Cf6—é4**

La tentative d'attaquer le Pç5 par 9. ..., b7—b6 étant inopérante à cause de la forte réplique 10. Ff1—b5!, les Noirs doivent rechercher une compensation au centre où, grâce à la disposition de leurs pièces, ils ont plus de chance d'engager le combat.

10. Fg5×é7	**Dd8×é7**
11. Ff1—é2	**Fç8—d7!**

En protégeant le Cç6 les Noirs envisagent de jouer au prochain coup 12. ..., b7—b6! démolissant la chaîne des pions blancs.

12. a2—a3!

Prépare, sur 12. ..., b7—b6 13. b2—b4! avec un net avantage.

12. ... f7—f5

Impuissants donc à l'Ouest, les Noirs envisagent, après le coup plausible 13. o—o, une énergique attaque à la pointe des baïonnettes au moyen de 13. ..., g7—g5! assez dangereuse pour le roque ennemi. Cependant les Blancs vont démontrer avec une robuste simplicité l'inopportunité de ce plan. A l'analyse, plus efficace eût été 12. ..., f7—f6 de façon à pouvoir faire suivre l'échange Cé4×ç3 par la poussée é6—é5.

13. Fé2—b5!! Cé4—g5

Naturellement 13. ..., g7—g5 ne marche plus à cause de 14. Fb5×ç6, Fd7×ç6 15. Cf3—é5!! s'emparant de la case centrale é5 d'où le cavalier domine l'échiquier. C'est d'ailleurs pour cette raison que les Noirs doivent échanger sans tarder le Cf3, d'où la manœuvre du texte.

14. Fb5×ç6 Cg5×f3+
15. Dd1×f3 b7×ç6

Sur 15. ..., Fd7×ç6 l'attaque au moyen de 16. b2—b4, a7—a6 17. a2—a4 serait décisive.

16. Df3—f4! Ta8—é8
17. o—o é6—é5

Cette contre-action évite l'asphyxie du camp noir (par Tf1—é1).

18. Df4×é5 Dé7×é5
19. d4×é5 Té8×é5
20. f2—f4!!

Le passage en finale n'a pas ôté aux Noirs tous les soucis. Le coup du texte est positionnellement très fort, car il fixe le Pf5 et, par voie de conséquence, enterre vivant le FD noir. En outre, la conquête de la case é5 est également très importante pour la suite des opérations.

275

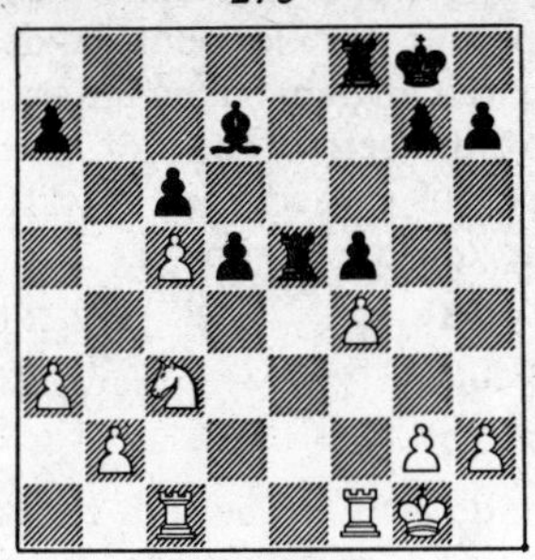

Position
après 20. f2—f4!!

20. ... Té5—é7
21. Tf1—é1 Tf8—é8

Un petit duel s'engage pour la possession ou la neutralisation de la colonne-roi.

22. Té1×é7 Té8×é7
23. Rg1—f2 Rg8—f7
24. Tç1—d1!

La tentante proposition d'échange 24. Tç1—é1? eût mené, après 24. ..., Té7×é1! 25. Rf2×é1, d5—d4! 26. Cç3—é2, Rf7—é6! 27. Cé2×d4+, Ré6—d5 28. Cd4—b3, Rd5—ç4 29. Cb3—d2+, Rç4×ç5 etc., à une nullité certaine. La manœuvre du texte, autrement précise, vise également l'échange de la tour noire, mais dans des circonstances favorables aux Blancs.

24. ... Té7—é8
25. Td1—d2 h7—h6
26. Td2—é2! Té8—b8

Bien entendu, les Noirs évitent à présent l'échange 26. ..., Té8×é2+ à cause de 27. Cç3×é2!, suivi de

28. Cé2—d4!!, qui mènerait inéluctablement à l'écroulement rapide du camp noir par la poussée des pions a et b. Mais d'autre part, en abandonnant le contrôle de la colonne-roi, la tour permet au roi blanc d'accéder au centre, via d4, ce qui va accroître les difficultés qu'éprouvent déjà depuis quelque temps les Noirs.

27. Rf2—é3	**Tb8—b3**
28. Ré3—d4	**Rf7—f6**
29. Cç3—a2	

L'ultime phase de cette partie sera consacrée à la formation d'un pion passé par l'avance inévitable des pions blancs de l'aile-dame. A cet effet, le coup du texte menace de chasser la tour par 30. Ca2—ç1, afin de débloquer le Pb2.

29. ...	**Tb3—b8**

La tour noire préfère se retirer aussitôt. D'ailleurs, même sur 29. ..., a7—a5 la suite serait 30. Ca2—ç1, Tb3—b8 31. b2—b3, suivi de 32. Té2—b2! assurant l'avance b3—b4.

30. b2—b4

276

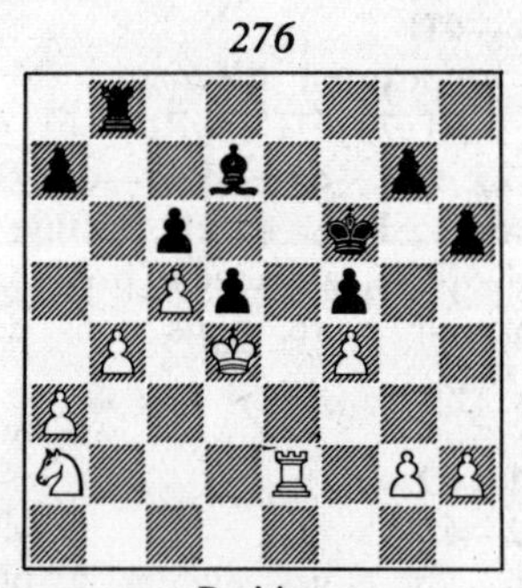

Position
après 30. b2—b4

30. ... g7—g5
31. g2—g3 g5×f4
32. g3×f4 a7—a6
33. Ca2—ç3 Tb8—g8

Les derniers coups des Noirs ont ouvert la colonne —CR à la tour qui espère obtenir quelque contre-jeu à l'Est.

34. a3—a4! Tg8—g4
35. Té2—f2 Fd7—é6

Le fou anticipe la protection du Pd5. Sur 35. ..., Fd7—é8 36. b4—b5!, a6×b5 37. a4×b5, ç6×b5 38. Cç3×d5+ les Blancs gagnent sans effort. Dans toutes les phases de cette partie, le cavalier s'est révélé plus fort que le fou réduit à sa plus simple expression par ses propres pions.

36. b4—b5! a6×b5
37. a4×b5 ç6×b5
38. Cç3×b5

La majorité de l'aile-dame a triomphé. Les Blancs possèdent un pion passé bien soutenu qui assure la victoire.

38. ... Tg4—g1
39. Cb5—ç3 Rf6—f7

Evitant l'échec du cavalier en prenant le Pd5.

40. Tf2—b2

Une faute serait 40. Cç3×d5? à cause de 40. ..., Tg1—d1+! gagnant le cavalier et la partie. La manœuvre du texte cède au cavalier la case é2.

40. ... Tg1—f1
41. Cç3—é2!

Enlevant à la tour noire la case ç1 en vue de pousser le Pç5 à dame.

41. ... Tf1—é1
42. Rd4—é5!

Prépare 43. ç5—ç6, Rf7—é7 44. Tb2—b7+, Ré7—d8

45. Ré5—d6!!, Té1×é2 46. Tb7—b8+, Fé6—ç8 47. ç6—ç7+, Rd8—é8 48. Tb8×ç8+, Ré8—f7 49. Tç8—f8+, Rf7×f8 50. ç7—ç8=D+ et gagne.

42. ... d5—d4

Retardant l'échéance fatale.

43. Ré5×d4 Rf7—g6

44. Cé2—ç3 Rg6—h5

45. Tb2—é2!

Forçant l'échange des tours sous peine de gagner le fou.

45. ... Té1×é2

46. Cç3×é2 Rh5—g4

47. Rd4—é5 Fé6—ç8

48. Cé2—d4 h6—h5

49. Cd4×f5!

La position des Noirs s'écroule comme un château de cartes.

49. ... Fç8—d7

Si 49. ..., Fç8×f5 50. h2—h3+!, Rg4×h3 51. Ré5×f5 gagne.

50. Cf5—g7 Fd7—a4

51. f4—f5!

Un second pion passé.

51. ... Rg4—g5

52. Cg7—é6+ les Noirs abandonnent

La promotion de l'un des pions passés étant inévitable.

PARTIE N° 50

(Tournoi « Open » Las Vegas, U.S.A., 1965)

Blancs	Noirs
RESHEVSKY	LARRY EVANS

Partie du PD. Défense indienne Gruenfeld

THEME : STRATEGIE D'ETOUFFEMENT FONDEE SUR UN CLOUAGE PERMANENT

1. d2—d4	**Cg8—f6**
2. ç2—ç4	**g7—g6**
3. Cb1—ç3	**d7—d5**

Ce coup, qui rétablit l'équilibre au centre, caractérise la « défense Gruenfeld — indienne ». La menace exercée sur le Pç4 n'est qu'apparente, les Blancs étant à même de récupérer de plusieurs façons le pion après 4. ..., d5×ç4).

4. Cg1—f3	**Ff8—g7**
5. Dd1—b3	

Une variante courante, dont l'objectif est de procurer aux Blancs un centre puissant. En revanche, la dame risque d'être harcelée par les pièces mineures ennemies. La menace est 6. ç4×d5.

5. ...	**d5×ç4**

Cette réponse usuelle expose la dame blanche aux futures attaques des forces noires, mais cède le centre. Une autre possibilité est 5. ..., ç7—ç6.

6.	**Db3×ç4**	**o—o**
7.	**é2—é4!**	

Conséquence du cinquième coup des Noirs : les Blancs occupent généreusement le centre.

7.	**...**	**Cf6—d7**

Le transfert du CR noir à l'aile-dame, via d7, est une idée stratégique moderne inspirée par la position avancée de la dame blanche.

8.	**Fç1—é3**	**Cb8—ç6**
9.	**Ff1—é2**	**Cd7—b6**
10.	**Dç4—ç5**	

La dame se met à l'abri des harcèlements et prend en même temps une place dominante.

10.	**...**	**Fç8—g4**
11.	**o—o—o!**	**Dd8—d6**
12.	**h2—h3**	**Fg4×f3**
13.	**g2×f3**	

Sur 13. Fé2×f3, Dd6×ç5 14. d4×ç5, Cb6—ç4! les Noirs obtiennent du jeu.

13.	**...**	**Tf8—d8**
14.	**é4—é5!**	

Le centre agit. Les Noirs vont tenter de le rendre moins virulent en échangeant les dames.

14.	**...**	**Dd6×ç5**
15.	**d4×ç5**	**Cb6—d7**
16.	**f3—f4**	**é7—é6**
17.	**Fé2—f3!**	**Fg7—f8**

Menace de gagner le Pç5.

18.	**Cç3—a4**	**Ff8—é7**

En plaçant le FR en é7 les Noirs envisagent un nouveau regroupement de leurs forces, comportant la manœuvre royale de g8 à é8.

19.	**Td1—d3**	**Rg8—f8**
20.	**Th1—d1!**	

Le **doublement** des tours sur une colonne ouverte (où il n'y a plus de pions) constitue toujours une arme redoutable à cause de la pression verticale d'un tel tandem. Dans cette position, la menace exercée sur le Cd7 pose un problème qui n'admet pratiquement qu'une seule solution. En effet : sur 20. ..., Cd7—b8 21. Td3×d8+, Fé7×d8 le développement des Noirs est totalement compromis (si 21. ..., Cç6×d8 22. Td1×d8+!, Fé7×d8 23. Ff3×b7, suivi de 24. Fb7×a8 et les Blancs restent les maîtres de la situation avec un pion de plus) ; sur 20. ..., Cç6—b8 21. Ff3×b7 gagne une pièce.

20.	**...**	**Rf8—é8**

C'est donc au roi qu'incombe la mission de protéger le Cd7 sans céder de matériel. Mais à partir de cette position les Blancs conçoivent un plan grandiose : il s'agit de créer un clouage permanent du Cd7 afin d'étouffer le camp noir dont l'espace vital est déjà très restreint.

Suivez pas à pas la réalisation inexorable de ce plan.

277

Position
après 20. ..., Rf8—é8

21. Td3—b3!

Menace le Pb7 et provoque la réponse du texte.

21. ... Ta8—b8

Forcé, car 21. ..., b7—b6 laisserait le Cç6 en prise (par le Ff3).

22. Tb3×b7!!

Splendide sacrifice de la qualité permettant le clouage du Cd7.

22. ... Tb8×b7

23. Ff3×ç6

Attaquant la Tb7 qui ne pourra désormais se mouvoir que dans un espace fort restreint.

23. ... Tb7—b8

24. Ca4—ç3!

Menace de gagner du matériel au moyen de 25. Cç3—b5! A noter cependant que cette menace n'est qu'une étape intermédiaire, permettant au cavalier blanc d'aller à f6, via é4, sans perte de temps.

24. ... a7—a6

25. Cç3—é4 Fé7—h4

26. Cé4—f6+!!

La triple attaque instituée sur le Cd7 force l'échange qui suit. Mais pourquoi les Blancs troquent-ils un cavalier actif contre un fou sans portée, tout en permettant la création d'un pion triplé sur la colonne —FR ?

26.	**...**	**Fh4×f6**
27.	**é5×f6**	

278

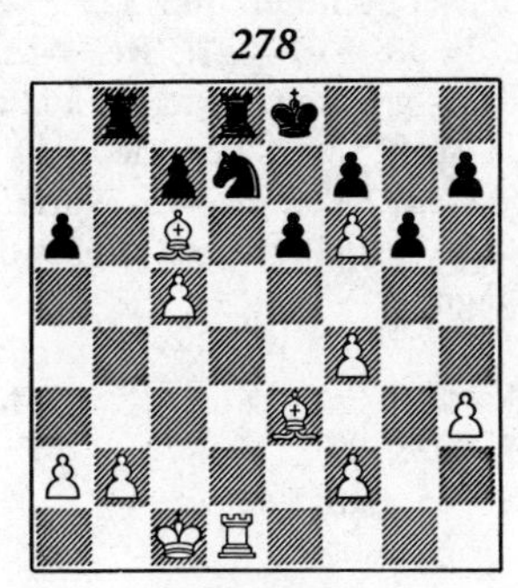

Position
après 27. é5×f6

La réponse à la question précédente se trouve dans la position du diagramme. On remarque que le roi noir et la Td8 sont liés à la protection du cavalier d7 cloué. L'autre tour peut se mouvoir, mais ses mouvements sont de pure forme et strictement limités à quelques cases. Dans ces conditions, l'assaut final se fera sans encombre. Tout est réglé avec la plus grande précision.

27. ... Tb8—b4

Une sortie timide qui sera aussitôt sanctionnée.

28. a2—a3! Tb4—b8

La tour est obligée de rebrousser chemin. Sur 28. ..., Tb4—ç4+ 29. Rç1—b1, suivi de 30. Td1—d3 et 31. b2—b3 ; ou encore sur 29. ..., a6—a5 30. f2—f3!, a5—a4 31. Fç6—b5! et la tour est perdue.

29. b2—b4 Tb8—ç8

Il ne reste plus à cette tour que les cases b8 et ç8 pour son activité. Les Noirs sont étouffés.

30. Rç1—ç2 h7—h5
31. Rç2—ç3 Tç8—b8
32. f4—f5!!

Percée victorieuse. A noter que 32. ..., g6×f5 n'est pas possible à cause de 33. Td1—g1!, Ré8—f8 34. Fé3—h6+, Rf8—é8 35. Tg1—g8 mat. Quant à l'autre pion, sur 32. ..., é6×f5 la suite serait comme dans le texte. Enfin, sur 32. ..., Tb8—ç8 33. Fé3—g5, suivi de 34. f5×é6, f7×é6 35. f6—f7+, Ré8×f7 36. Fg5×d8, Tb8×d8 37. Td1×d7+ et gagne.

32. ... é6—é5
33. Fé3—h6!! Tb8—ç8
34. Td1—d5!! Tç8—b8
35. Td5×é5 mat.

On ne gagne pas toujours par mat. Il est des cas où la simple faiblesse d'une case (ou de plusieurs cases) constitue le fond stratégique d'une politique victorieuse. Celle-ci n'est réalisable que par un jeu essentiellement **positionnel.**

Dans la partie qui suit, et qui est un modèle du genre, c'est la bataille des cases qui décide d'une conclusion heureuse, inexorable.

PARTIE N° 51

(Tournoi de Cobourg, août 1904)

Blancs	Noirs
O.S. BERNSTEIN	MIESES

Partie du PR. Défense sicilienne

THEME : DOMINATION DES CASES

1.	**é2—é4**	**ç7—ç5**
2.	**Cb1—ç3**	**é7—é6**
3.	**Cg1—f3**	**Cb8—ç6**
4.	**d2—d4**	**ç5×d4**
5.	**Cf3×d4**	**Cg8—f6**

A l'époque où l'on disputait cette partie le système choisi par les Noirs était à la mode. Aujourd'hui, on adopterait plutôt 5. ..., d7—d6 établissant deux pions au centre avec la mission de contrôler les quatre cases : ç5, d5, é5 et f5.

6. Cd4×ç6

L'absence d'un pion noir à d6 suggère cet échange dont le but est de gagner la case é5.

6. ... b7×ç6

7. é4—é5

Complément logique de l'échange qui précède.

7. ... Cf6—d5

8. Cç3—é4

Le cavalier prend ainsi une position dominante au centre où il renforce le contrôle de la case d6.

8. ... f7—f5

Aussi les Noirs cherchent-ils à chasser le cavalier, ou bien à faire disparaître le gênant avant-poste : le Pé5.

9. é5×f6 e.p.

Sur 9. Cé4—d6+, Ff8×d6 10. é5×d6, o—o les Noirs n'auraient plus aucun problème de développement.

9.	**...**	**Cd5×f6**
10.	**Cé4—d6+**	**Ff8×d6**
11.	**Dd1×d6**	

La dame en d6 empêche le petit-roque et bloque le Pd7.

11.	**...**	**Cf6—é4**

Réaction normale chassant la dame afin de débloquer le Pd7.

12.	**Dd6—b4**	**d7—d5**
13.	**Ff1—d3**	

Ce coup menace de gagner un bon pion par 14. Fd3× é4, d5×é4 15. Db4×é4.

13.	**...**	**Dd8—d6**

La case d6 étant récupérée, les Noirs provoquent l'échange de dames afin de simplifier le schéma de combat.

14.	**Db4×d6**	**Cé4×d6**

279

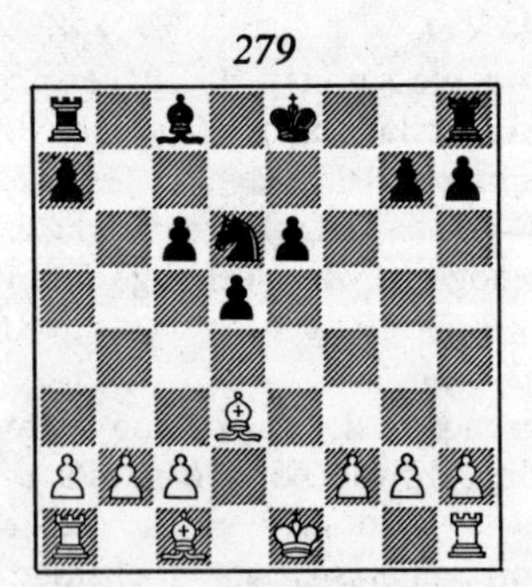

Position après 14. ..., Cé4×d6

Un jugement hâtif pourrait accorder la supériorité aux Noirs à cause de leurs trois pions du centre contre aucun des Blancs. En réalité, en approfondissant la question on découvre la faiblesse de tout un complexe de cases (ç5, d4, d6, é5) qui apparaît d'autant plus que le FR n'est plus sur l'échiquier. Quant à l'autre fou (le FD) il ne jouit pas d'une grande liberté de manœuvre.

Au lieu de chercher des complications — qui d'ailleurs seraient bien difficiles à créer dans un schéma aussi clair — les Blancs vont appliquer une méthode de domination concernant les cases noires du centre.

Le lecteur suivra avec attention le déroulement de l'ensemble des coups, qui accuse — en dépit de la longueur de la partie — une **unité** fondamentale dans la poursuite du but final.

15. f2—f4! **a7—a5**

Les Noirs préparent la sortie de leur FD, via a6.

16. Fç1—é3!

Les deux derniers coups des Blancs ont fixé définitivement les pions ç6, d5 et é6 sur leur case blanche, ce qui veut dire que leur avance serait en même temps leur perdition.

16. ... **Fç8—a6**

17. Ré1—d2!

C'est le début d'une manœuvre royale, dont le chemin tracé d'avance comporte uniquement des cases noires. Le petit ou le grand-roque ne sont, dans de telles positions, que des coups automatiques. La coopération rationnelle du roi blanc aux opérations prochaines est, au contraire, déterminante.

17. ... **Cd6—ç4+**

L'échange 19. ..., Fa6×d3 20. Rd2×d3 mènerait à peu près au même résultat. L'échec du texte provoque un autre échange qui laisse sur l'échiquier un seul fou dans chaque camp agissant sur des cases de couleur différente. De cette façon, les Noirs espèrent écarter toute velléité agressive de l'ennemi.

18. Fd3×ç4 **Fa6×ç4**

19. a2—a4!

Encore un excellent coup positionnel qui **fixe** le PT ennemi sur une case **noire,** tout en enlevant au F la possibilité d'aller à b5.

19. ... **Ré8—d7**

Avec l'intention d'amener le roi à d6 afin de pouvoir dégager la position par la poussée ç6—ç5.

20. b2—b3 **Fç4—a6**

21. Fé3—b6!

Forçant le FD noir à rebrousser chemin à cause de la menace 22. Fb6×a5.

21. ... **Fa6—ç8**

22. Rd2—é3!

Rendant la manœuvre projetée : 22. ..., Rd7—d6 sans objet, à cause de la réplique 23. Ré3—d4! suivi de 24. Fb6—ç5+.

Il est curieux de constater que la position du camp noir n'a pas beaucoup changé depuis celle du précédent diagramme : le fou est toujours en ç8 ; les pions ç6, d5, é6 toujours à leur place. En revanche, les Blancs ont une pièce importante en jeu : le roi, qui se déplacera sur les cases noires sans jamais être inquiété.

22. ... **Ta8—a6**

Le désir de chasser le fou est légitime, mais il aurait dû être précédé de la manœuvre 22. ..., Th8—f8.

23. Fb6—ç5!

On parle souvent du **bon** et du **mauvais fou.** La situation qui s'étale devant nos yeux réalise concrètement ces définitions. Le FD noir est un mauvais fou, car il est paralysé dans ses mouvements par ses propres pions ; le FD blanc est une magnifique pièce, qui domine les cases noires en rendant toute manœuvre ennemie sans portée.

280

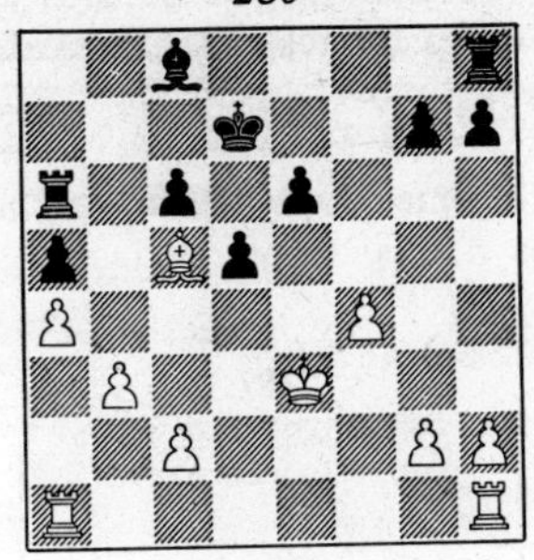

Position
après 23. Fb6—ç5!

23. ... Rd7—ç7

Essayant de faire jouer le fou via d7.

24. Ré3—d4! Fç8—d7

25. Ta1—é1!

Cette tour entre en action tout en empêchant le départ du fou à é8 (qui coûterait le Pé6).

25. ... h7—h5

Autre tentative de sortie : les Noirs envisagent Th8—h6—g6.

26. Té1—é5!

Cette tour se dirige vers la case g5 d'où elle attaquerait le Pg7. Cela empêche la manœuvre Th8—h6 prévue par l'ennemi.

26. ... g7—g6

Faute de mieux, les Noirs placent leurs pions sur des cases blanches, afin de pouvoir les protéger par leur fou.

27. Té5—g5 Th8—g8

27. ..., Fd7—é8 était également jouable, sans rien changer au résultat final.

28. Rd4—é5!

Le périple du roi blanc se réalise sans encombre. Grâce à sa participation, les Blancs ont dans l'affrontement final une bonne pièce de plus.

28. ... Fd7—é8!

Un petit stratagème dont le but est de « donner de l'air » aux pièces noires, trop inactives.

281

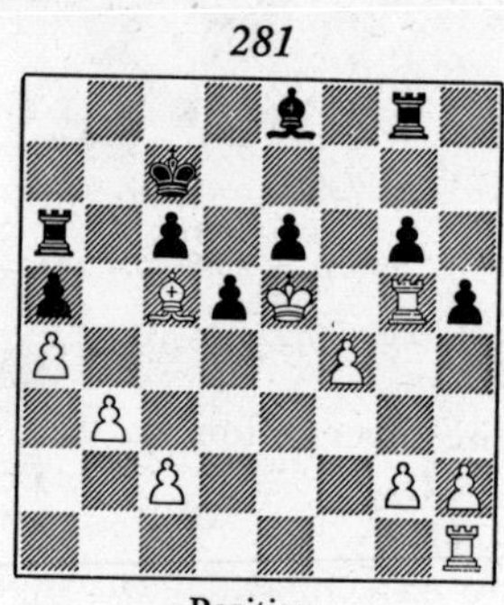

Position
après 28. ...Fd7—é8!

Si 29. Ré5×é6, Fé8—d7+ 30. Ré6—f7 (ou 30. Ré6—f6, Fd7—f5!), Tg8—é8! libérant, au prix d'un ou deux pions, la tour et le fou, suivi de la pénétration 31. ..., Té8—é2! avec un certain contre-jeu.

29. Th1—é1!

En mobilisant la dernière réserve, les Blancs mettent au point lentement, mais sûrement, le plan de l'assaut décisif.

29. ... Ta6—a8

30. Ré5—f6!

Menace 31. Té1×é6!

30. ... Fé8—d7

31. g2—g3!

Très précis. Cette exceptionnelle partie, pleine d'enseignements, met également l'accent sur la prudence des manœuvres.

Le lecteur comprendra une fois de plus qu'il est inutile de précipiter les choses. En effet, si (au lieu du coup prophylactique du texte) les Blancs avaient joué 31. Tg5×g6?, la suite : 31. ..., Tg8×g6+ 32. Rf6×g6, Ta8—g8+! 33. Rg6×h5, Tg8×g2! aurait permis aux Noirs de résister.

31.	**...**	**Ta8—é8**
32.	**Té1—é5!**	

282

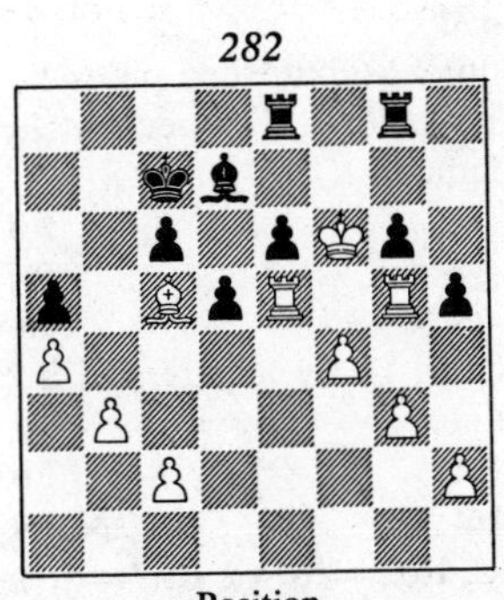

Position
après 32. Té1—é5!

La paralysie des Noirs est totale. Leurs pions faibles doivent tomber sans la moindre compensation. Le Fç5 tient à lui seul en respect les deux tours noires et le roi. La fin est proche.

32.	**...**	**Tg8—h8**
33.	**Tg5×g6**	**Th8—h7**
34.	**Tg6—g7**	**Té8—h8**
35.	**Tg7×h7**	**Th8×h7**

36.	**Rf6—g6**	**Th7—h8**
37.	**Rg6—g7**	**Th8—d8**
38.	**Té5×h5**	

Le commencement de la fin.

38.	**...**	**Fd7—é8**
39.	**Th5—h7**	**Td8—d7+**
40.	**Rg7—h6**	**Td7×h7+**
41.	**Rh6×h7**	**Fé8—h5**

La libération du fou noir est trop tardive pour pouvoir influencer le résultat. Toutefois les Blancs doivent demeurer vigilants.

42.	**h2—h4**	**Fh5—d1!**
43.	**ç2—ç3!**	

Ultime précision. La chute des pions b3 et a4 n'est pas gênante car le Fç5 et le Pç3 empêchent les pions noirs a5 et d5 d'aller à dame.

43.	**...**	**Fd1×b3**
44.	**g3—g4**	**Rç7—d7**
45.	**g4—g5**	**é6—é5**

Coup de désespoir. Il n'y a plus rien à faire pour éviter la défaite prochaine.

46.	**f4—f5!**	**Fb3×a4**
47.	**f5—f6!**	**les Noirs abandonnent**

Car après 47. ..., Rd7—é6 48. Rh7—g7 le pion FR passe à dame.

Dans la partie qui suit le principe capital de l'« équilibre des forces » est violé par la paralysie d'une unité de combat. Un exemple de haute valeur, qui peut souvent se rencontrer dans la pratique de tout joueur d'Echecs, quel que soit son niveau.

PARTIE N° 52

(Tournoi de Hastings,
décembre 1919-janvier 1920)

Blancs	Noirs
W. WINTER	CAPABLANCA

Partie du PR. Variante des quatre cavaliers

THEME : SEQUESTRATION D'UNE PIECE

1. é2—é4	**é7—é5**
2. Cg1—f3	**Cb8—ç6**
3. Cb1—ç3	**Cg8—f6**
4. Ff1—b5	**Ff8—b4**
5. o—o	**o—o**

Dans ce Début, la symétrie est fréquente, mais elle ne saurait évidemment se prolonger indéfiniment.

6. Fb5×ç6

Cet échange rompt la monotonie. Son but : exercer un contrôle actif au centre (é5).

6. ...	**d7×ç6**

La reprise par le Pb7 est également valable, mais celle du texte est préférable, parce qu'elle donne plus de liberté aux pièces noires et en particulier au Fç8.

7. d2—d3

Sur 7. Cf3×é5, Fb4×ç3 8. d2×ç3, Dd8×d1 9. Tf1×d1, Cf6×é4 et les jeux sont égaux. En protégeant d'abord le Pé4, les Blancs menacent effectivement le Pé5.

7. ... Fb4—d6

8. Fç1—g5 h7—h6

Ce coup de chasse n'est pas souvent recommandable une fois le petit-roque exécuté ; mais dans cette position, il ne crée aucun risque et prépare même un piège psychologique extrêmement caché.

9. Fg5—h4

L'échange 9. Fg5×f6, Dd8×f6 laisserait aux Noirs la paire de fous sans aucune compensation pour le camp des Blancs.

9. ... ç6—ç5

Ce coup s'oppose à la poussée d3—d4 afin de maintenir le blocage du centre, mais abandonne, en revanche, le contrôle de la case d5 accessible désormais au Cç3. Cette dernière considération, loin d'être un oubli de la part des Noirs, constitue, au contraire, une incitation lucide à une ligne de jeu plausible, dont le fond stratégique dissimule une idée diabolique.

10. Cç3—d5

Et le maître anglais, sans chercher plus loin, « donne dans le panneau ».

Profitons de cette occasion pour rappeler qu'il convient d'examiner en détail les conséquences d'un coup même et surtout s'il paraît « normal » ou plausible, logique ou évident.

La menace de disloquer le bouclier du roque noir au

moyen de 11. Cd5×f6+ sera facilement parée grâce justement au petit coup précédent : 8. ..., h7—h6.

10. ... g7—g5!

11. Cd5×f6+

A noter que la réplique habituellement pratiquée dans une telle position est 11. Cf3×g5. Cependant, ce sacrifice est inopérant ici à cause de la réponse prévue 11. ..., Cf6×d5! et les Noirs gagnent purement et simplement une pièce (si 12. Cg5—f3, Cd5—f6! ; si 12. é4×d5, h6×g5!).

11. ... Dd8×f6

12. Fh4—g3

283

Position
après 12. ..., Fh4—g3

Au douzième coup de la partie les Blancs sont déjà considérés comme irrémédiablement perdus. C'est du moins l'avis de Capablanca, qui d'ailleurs le prouve de la façon la plus catégorique.

Comment se fait-il qu'une telle affirmation soit possible ? Parce qu'elle est étayée d'un argument convaincant : la séquestration du FD blanc sur la case g3 où il restera jusqu'à la fin des hostilités sans jamais pouvoir se libérer pour intervenir dans la bataille.

Il ne s'agit donc pas d'une grande combinaison à sacrifices et menant au mat, mais d'une **application positionnelle** du principe de la **liberté de mouvement** violé par la mise à l'écart d'une **pièce vouée** désormais **à une passivité permanente.**

Pour aussi simple qu'elle paraisse, cette idée n'en révèle pas moins le génie et celui de Capablanca s'est toujours manifesté dans l'art de gagner par des moyens économiques et de la façon la plus claire.

12. ... Fç8—g4!

Le motif principal de la victoire certaine étant connu, le lecteur suivra avec profit la réalisation technique du plan des Noirs.

13. h2—h3 Fg4×f3

14. Dd1×f3 Df6×f3

15. g2×f3 f7—f6!

16. Rg1—g2 a7—a5!

La situation de l'aile-roi étant réglée, c'est tout naturellement à l'aile opposée — où les Noirs vont opérer avec pratiquement une pièce de plus — que le sort des armes se décidera.

17. a2—a4 Rg8—f7

18. Tf1—h1 Rf7—é6!

Le meilleur abri pour le roi noir.

19. h3—h4 **Tf8—b8!**

Considérant, avec juste raison, que l'effort des Blancs pour dégager leur malheureux fou est sans lendemain, les Noirs concentrent leurs forces dans l'esprit de leur plan d'attaque. Ce coup prépare la future percée à b5.

284

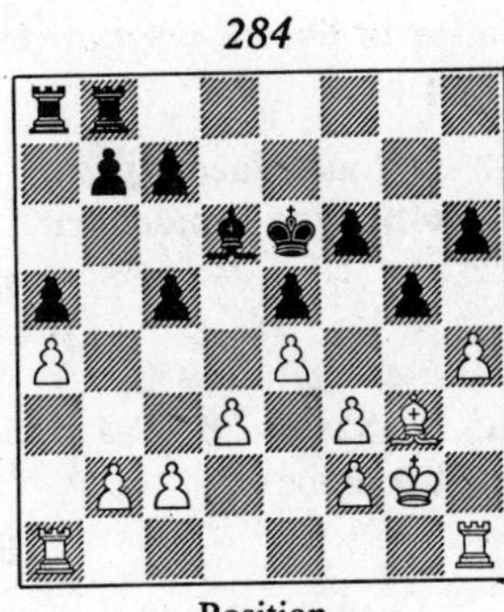

Position
après 19. ..., Tf8—b8!

20. h4×g5 **h6×g5**

21. b2—b3

La tentative 21. f3—f4? serait réfutée par 21. ..., é5×f4! gagnant le fou.

21. ... **ç7—ç6**

22. Ta1—a2 **b7—b5!**

23. Th1—a1 **ç5—ç4!**

Ce coup libère le Fd6 et fraye le chemin aux tours noires, tout en affaiblissant les pions blancs.

24. a4×b5

Ou 24. b3×ç4, b5×ç4 25. d3×ç4, Tb8—b4 suivi de 26. ..., Tb4×ç4.

24. ... ç4×b3!

25. ç2×b3

Non pas 25. Ta2×a5?, Ta8×a5 26. Ta1×a5, b3—b2!! et le pion fait dame.

25. ... Tb8×b5

26. Ta2—a4

Le pion b3 est de toute façon perdu. Si 26. Ta2—b2 (ou Ta1—b1), a5—a4! gagne rapidement.

26. ... Tb5×b3

27. d3—d4

Ou 27. Ta4×a5, Ta8×a5 28. Ta1×a5, Tb3×d3 et le Pç6 passe facilement à dame.

27. ... Tb3—b5

Non pas 27. ..., é5×d4? 28. Fg3×d6!, Ré6×d6 29. Ta4×d4+ reculant le terme de la défaite.

28. Ta4—ç4

Bien entendu, sur 28. d4×é5 les Noirs répondent 28. ..., f6×é5!

28. ... Tb5—b4!

29. Tç4×ç6

Sur 29. Tç4×b4, Fd6×b4!

29. ... Tb4×d4

30. Les Blancs abandonnent

Leurs deux tours étant impuissantes contre la coalition noire écrasante : deux tours, un fou et le pion passé.

Une partie instructive.

PARTIE N° 53

(Tournoi de Moscou, 1925)

Blancs	Noirs
CARLOS TORRE	Dr EM. LASKER

Partie du PD. Système Torre

THEME : LE MOULINET

1.	**d2—d4**	**Cg8—f6**
2.	**Cg1—f3**	**é7—é6**
3.	**Fç1—g5**	**ç7—ç5**
4.	**é2—é3**	

Ce système, où la sortie du FD a précédé le coup de consolidation du texte, a pris le nom de Torre, le jeune maître mexicain l'ayant pratiqué avec succès.

4.	**...**	**ç5×d4**
5.	**é3×d4**	**Ff8—é7**
6.	**Cb1—d2**	**d7—d6**
7.	**ç2—ç3**	**Cb8—d7**
8.	**Ff1—d3**	**b7—b6**

Pour développer le FD, via b7.

9.	**Cd2—ç4**	**Fç8—b7**

10.	**Dd1—é2**	**Dd8—ç7**
11.	**o—o**	**o—o**
12.	**Tf1—é1**	**Tf8—é8**
13.	**Ta1—d1**	**Cd7—f8**
14.	**Fg5—ç1**	

Le développement étant achevé dans les deux camps, la deuxième phase commence. Le retrait du texte cède la case g5 au Cf3.

14.	**...**	**Cf6—d5**
15.	**Cf3—g5**	**b6—b5**

A l'attaque que les Blancs viennent d'amorcer à l'Est, les Noirs opposent une contre-action à l'Ouest.

16.	**Cç4—a3**	**b5—b4**
17.	**ç3×b4**	**Cd5×b4**
18.	**Dé2—h5**	

Instituant la menace 19. Fd3×h7+, Cf8×h7 20. Dh5×h7+, Rg8—f8 21. Dh7—h8 mat.

18.	**...**	**Fé7×g5**
19.	**Fç1×g5**	**Cb4×d3**
20.	**Td1×d3**	**Dç7—a5!**

Après avoir échangé les deux pièces d'attaque visant leur roque (le Cg5 et le Fd3), les Noirs mettent leur dame en circulation en créant la double menace (qui paraît très grave) : 21. ..., Da5×é1 mat ou 21. ..., h7—h6 gagnant le Fg5 (cloué par rapport à la Dh5).

21. b2—b4!

L'unique solution évitant la perte d'une pièce. La suite plausible est : 21. ..., Da5×b4 22. Té1—b1, Db4—a5 23. Ca3—ç4, Da5—a6 24. Tb1×b7, Da6×b7 25. Cç4×d6, suivi de 26. Cd6×é8 égalisant le matériel (si 25. ..., Db7—a6 26. Dh5×f7+, Rg8—h8 27. Cd6×é8 et gagne).

21. ... Da5—f5

Mais les Noirs, péchant par excès d'optimisme (Lasker, qui fut champion du monde durant vingt-sept ans ne pouvait évidemment pas se résigner à accepter la nullité contre son jeune rival qui n'avait que vingt ans), espèrent en obtenir plus. Cette fois la double menace vise la Td3 et le Fg5.

22. Td3—g3! h7—h6

Le but visé est atteint : le Fg5 semble perdu. Mais...

23. Ca3—ç4!

Voici que le cavalier, trop éloigné du front, vient jouer le rôle de trouble-fête. Son intervention sauve la pièce attaquée, car sur 23. ..., h6×g5 24. Cç4×d6!, Df5—g6 (le moindre mal ; si 24. ..., Df5—d5 25. Dh5×f7+, Rg8—h8 26. Cd6×é8! et les Blancs gagnent) 25. Dh5×g6, Cf8 ×g6 26. Cd6×b7, Ta8—b8 27. Cb7—d6, Té8—d8 28. Cd6 —é4, Tb8×b4 29. Cé4×g5, Tb4×d4 et la partie est encore nulle.

23. ... Df5—d5

Poussés par le même sentiment de supériorité, les Noirs persistent dans leur erreur : ils veulent gagner le fou. Ils seront punis d'une façon inattendue.

24. Cç4—é3! Dd5—b5

25. Fg5—f6!!

La grosse surprise ! Ce n'est pas le fou, mais la dame que les Blancs sacrifient et les Noirs doivent l'accepter sous peine d'être mat.

285

Position
après 25. Fg5—f6!!

25.	**...**	**Db5×h5**
26.	**Tg3×g7+**	**Rg8—h8**
27.	**Tg7×f7+d.**	

Un exemple typique de ce qu'on appelle « le moulinet », arme redoutable d'un grand effet meurtrier, basé sur une série d'échecs à la découverte impossibles à parer autrement que par la fuite du roi.

27. ...	**Rh8—g8**
28. Tf7—g7+	**Rg8—h8**
29. Tg7×b7+d.	**Rh8—g8**
30. Tb7—g7+	**Rg8—h8**
31. Tg7—g5+d.	**Rh8—h7**
32. Tg5×h5	

Le moulinet a fait son œuvre : les Blancs ont récupéré leur dame et vont finir par rester en fin de compte avec l'énorme avantage de trois pions de plus.

32. ...	**Rh7—g6**
33. Th5—h3	**Rg6×f6**
34. Th3×h6+	

Les Noirs auraient dû abandonner. Les quelques coups qui suivent ne traduisent qu'une résistance de prestige qui va d'ailleurs leur coûter encore deux pions.

34. ...	**Rf6—g5**
35. Th6—h3	**Té8—b8**
36. Th3—g3+	**Rg5—f6**
37. Tg3—f3+	**Rf6—g6**
38. a2—a3	**a7—a5**
39. b4×a5	**Ta8×a5**
40. Cé3—ç4	**Ta5—d5**
41. Tf3—f4	**Cf8—d7**
42. Té1×é6+	**Rg6—g5**
43. g2—g3	**les Noirs abandonnent**

PARTIE N° 54

(Tournoi de Vienne, 1922)

Blancs	Noirs
Dr TARRASCH	RETI

Partie du PR. Défense Caro-Kann

THEME : TOUR SUR LA SEPTIEME LIGNE ET SA MAJESTE LE ROI

1.	**é2—é4**	**ç7—ç6**
2.	**Cb1—ç3**	**d7—d5**
3.	**Cg1—f3**	

Une conception stratégique plus moderne : un jeu figural remplace celui des pions au centre.

3.	**...**	**Cg8—f6**
4.	**é4×d5**	**ç6×d5**
5.	**d2—d4**	

En définitive, les Blancs occupent quand même le centre, où ils contrôlent vigoureusement la case é5.

5.	**...**	**Fç8—g4**
6.	**h2—h3**	**Fg4×f3**
7.	**Dd1×f3**	**é7—é6**

Les Noirs ont réussi à renforcer leur Pd5 sans enfermer leur FD.

8.	**Ff1—d3**	**Cb8—ç6**
9.	**Fç1—é3**	**Ff8—é7**
10.	**o—o**	**o—o**

11. a2—a3	**a7—a6**
12. Cç3—é2	

La phase de développement achevée, Blancs et Noirs vont amorcer des opérations plus importantes, les premiers à l'Est, les seconds à l'Ouest. La manœuvre du texte débloque le Pç2 et oriente le cavalier vers la case f5, via g3.

12. ...	**b7—b5**
13. Fé3—f4	**Dd8—b6**
14. ç2—ç3	**Cç6—a5**
15. Ta1—d1!	

Prépare le retrait 16. Ff4—ç1 sans séquestrer la TD.

15. ...	**Ca5—ç4**

Menace le Pb2.

16. Ff4—ç1	**Db6—ç6**
17. Cé2—g3	**a6—a5**
18. Tf1—é1!	**b5—b4**
19. a3×b4	**a5×b4**
20. Cg3—f5!	

286

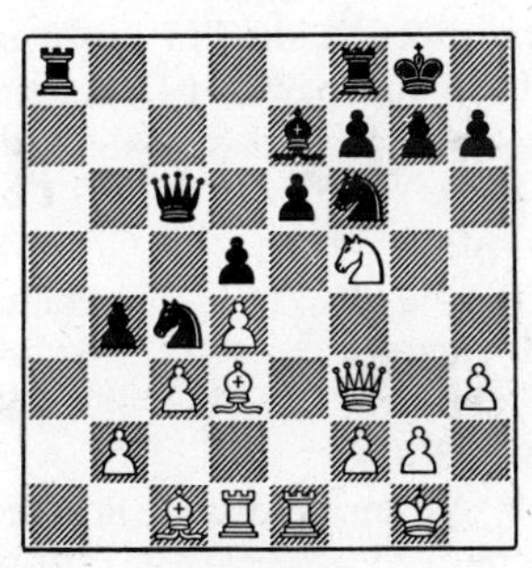

Position après 20. Cg3—f5!

Moment crucial de la stratégie pratiquée jusqu'ici par les Blancs et dont le but du dernier coup est de faire pénétrer leur TR sur la septième rangée.

20. ... é6×f5

Le choix de cette réponse, qui fait le jeu des Blancs, s'explique par la petite analyse suivante :

Si 20. ..., Tf8—é8 21. Cf5×é7+, Té8×é7 22. Fç1—g5!, Cç4×b2 23. Fg5×f6, g7×f6 24. Fd3×h7+!!, Rg8—g7 (si 24. ..., Rg8×h7 25. Df3×f6, Cb2×d1 26. Té1—é5 et mat en deux coups) 25. Df3—g4+!, Rg7—h8 (si 25. ..., Rg7×h7 26. Té1—é3, Cb2×d1 27. Té3—g3! et mat au coup prochain) 26. Té1—é3!, Cb2×d1 27. Té3—g3 avec mat imparable.

Si 20. ..., Fé7—d8 21. Fd3×ç4, Dç6×ç4 (forcé) 22. Cf5—é3, suivi, après le retrait de la dame noire, par la poussée 23. ç3—ç4! qui procure aux Blancs un jeu nettement supérieur.

Si 20. ..., Fé7—d6? (la réponse la plus mauvaise) alors 21. Cf5×g7!! (gagne également 21. Fd3×ç4), Rg8×g7 22. Fç1—h6+!!, Rg7×h6 23. Df3×f6+, Rh6—h5 24. Fd3—é2 mat.

21. Té1×é7 b4×ç3
22. b2×ç3 g7—g6

La nécessaire protection du Pf5 laisse un « trou » à h6 qui sera aussitôt occupé par le FD ennemi.

23. Fç1—h6 Cç4—b2
24. Td1—b1 Cb2×d3
25. Df3×d3! Tf8—b8

Sur 25. ..., Tf8—é8 26. Té7—b7! maintient l'avantage positionnel des Blancs.

26. Tb1×b8+ Ta8×b8
27. Dd3—g3

Menace la Tb8 tout en favorisant la pénétration décisive de la dame blanche à é5.

27. ... Ta8—d8

Sur 27. ..., Ta8—é8 28. Dg3—é5!! (avec la jolie menace : 29. Dé5×f6!!, Dç6×f6 30. Té7×é8 mat) est encore plus fort que dans le texte.

28. Dg3—é5! Td8—a8

Les Blancs dominent toutes les cases et lignes vitales du camp ennemi. Leur supériorité est manifeste. Mais comment forcer la décision ?

287

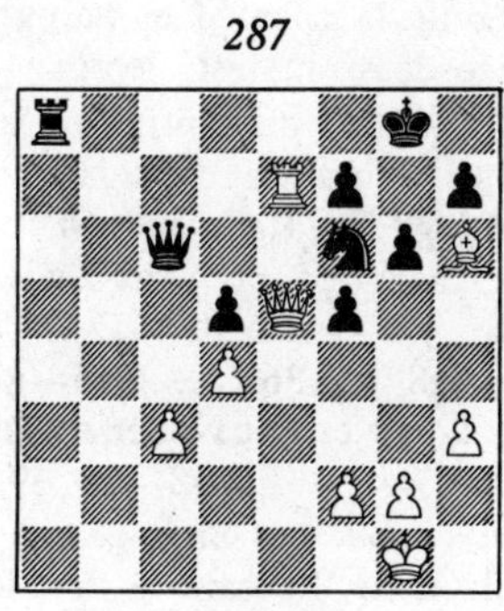

Position
après 28. ..., Td8—a8

29. Té7—ç7!!

Sans chercher des complications inutiles les Blancs, extrêmement clairvoyants, forcent l'échange de dames à cause de la menace gagnante 30. Dé5—é7!!.

29. ... Dç6—é6

30. Dé5×é6 f7×é6

Le but de l'échange de dames apparaît nettement : la tour blanche dicte désormais les événements grâce à son maintien sur la septième rangée et au concours du Fh6.

31. Tç7—g7+ Rg8—h8

Non 31. ..., Rg8—f8? à cause de 32. Tg7—a7+d. gagnant la tour.

32. Tg7—é7 Rh8—g8

Et non 32. ..., Cf6—g8?? 33. Fh6—g7 mat !

33. f2—f3!!

Une faute impardonnable serait 33. Té7×é6? à cause de 33. ..., Rg8—f7! enlevant tout l'avantage positionnel des Blancs. Le coup du texte, autrement raffiné, enlève au cavalier l'accès de la case é4 et prépare l'action finale par l'entrée en lice de sa majesté le roi.

A noter que la tentative de neutraliser la Té7 par 33. ..., Ta8—é8 trouve sa réfutation dans la suite pratiquement forcée : 34. Té7—g7+, Rg8—h8 (si 34. ..., Rg8—f8 35. Tg7×h7+d., Rf8—g8 36. Th7—g7+, Rg8—h8 37. Tg7×g6 avec un jeu gagnant) 35. Tg7—f7, Cf6—h5 36. g2—g4, Rh8—g8 (si 36. ..., Ch5—g3 37. Rg1—f2, Cg3—h1+ 38. Rf2—g2 et le cavalier est perdu) 37. Tf7—a7, Ch5—f6 38. Ta7—g7+, Rg8—h8 39. Tg7—f7 et le cavalier est perdu (si 39. ..., Cf6—g8 40. Fh6—g7 mat). D'où la réponse du texte, libérant le cavalier.

33. ... Cf6—é8
34. Rg1—h2! Cé8—d6
35. Té7—g7+ Rg8—h8

Le roi noir doit subir l'action néfaste du moulinet indirect, qui l'oblige à garder l'angle.

36. Tg7—d7! Cd6—b5
37. Rh2—g3!

La chute du Pç3 importe peu dans cette position, où la marche royale décide en quelques coups.

37. ... Cb5×ç3
38. Rg3—f4 Cç3—b5
39. Rf4—é5 Ta8—é8
40. Ré5—f6!! Rh8—g8

Si 40. ..., Cb5×d4? 41. Rf6—f7!!, Té8—g8 42. Td7—d8!! et mat au coup suivant.

41.	**Td7—g7+!**	**Rg8—h8**
42.	**Tg7—b7!**	**Cb5—d6**
43.	**Tb7—d7!**	

Chassant le cavalier avec gain de temps.

43.	**...**	**Cd6—b5**
44.	**Rf6—f7!!**	

But du périple royal. L'attaque de la T et la menace de mat à g7 ne laissant pas le choix.

44.	**...**	**Té8—g8**
45.	**Td7—d8!!**	

Instituant deux menaces de mat.

45.	**...**	**Cb5—d6+**

Prolonge légèrement l'agonie.

46.	**Td8×d6**	**g6—g5**
47.	**Td6—d8!!**	**Tg8×d8**
48.	**Fh6—g7 mat**	

288

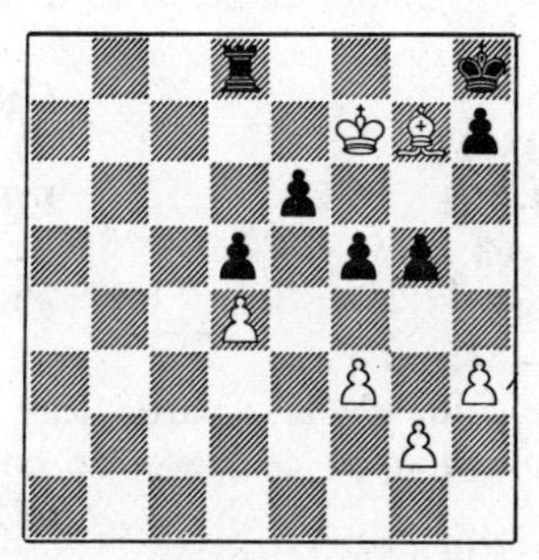

Position finale

L'exécution du plan conçu dès le vingt-neuvième coup et sa conclusion concrétisée par ce charmant mat angulaire forment l'ensemble d'une véritable étude artistique.

PARTIE N° 55

(Championnat de Grande-Bretagne,
Harrogate, 1947)

Blancs	Noirs
Sir G. THOMAS	G. WOOD

Partie Ruy Lopez

THEME : LES PIONS SONT L'AME DES ECHECS (PHILIDOR)

1.	**é2—é4**	**é7—é5**
2.	**Cg1—f3**	**Cb8—ç6**
3.	**Ff1—b5**	**a7—a6**
4.	**Fb5—a4**	

L'autre terme de l'alternative est 4. Fb5×ç6 (partie n° 48).

4.	**...**	**Cg8—f6**
5.	**Dd1—é2**	**b7—b5**
6.	**Fa4—b3**	**Ff8—é7**
7.	**ç2—ç3**	**o—o**
8.	**o—o**	**d7—d6**
9.	**d2—d4!**	

Le fond stratégique de la « partie Ruy Lopez » est de maintenir une pression au centre et ce coup y contribue.

9.	**...**	**é5×d4**
10.	**Cf3×d4**	

Le Pf2 est débloqué et d'autre part, le Cç6 est attaqué. Si 10. ..., Cç6×d4 11. ç3×d4 reforme le centre avec avantage. Si 10. ..., Cç6—é5 11. f2—f4! amorce l'initiative.

10.	**...**	**Cç6—a5**

D'où cette manœuvre, qui débloque le Pç7 afin de chasser le Cd4, tout en envisageant l'échange du Fb3.

11.	**Fb3—ç2**	**ç7—ç5**
12.	**Cd4—f5!**	**Fç8×f5**
13.	**é4×f5**	**d6—d5**

A la majorité des Blancs sur l'aile-roi, les Noirs opposent la leur sur l'aile-dame. Les vraies hostilités commencent sur un ton majeur.

14.	**g2—g4!**	**h7—h6**
15.	**f2—f4**	**Tf8—é8**
16.	**Dé2—g2!**	**Dd8—b6**
17.	**Cb1—d2!**	

L'appui de ce cavalier est indispensable pour assurer le succès des prochaines opérations.

17.	**...**	**Ta8—d8**
18.	**g4—g5!**	**Cf6—h7**
19.	**Cd2—f3!**	

Et non pas 19. g5×h6?, Db6×h6! ; ni 19. f5—f6, Fé7—f8! amenant une défense favorable.

19.	**...**	**d5—d4**

Devant l'imminence du choc, cette poussée est la seule ressource valable. Il s'agit d'intercepter l'action du Fç2 sur la diagonale b1/h7, par l'avance d4—d3.

20.	**f5—f6!**	**Fé7—f8**

Forcé. Si 20. ..., g7×f6 21. g5×h6+d.! suivi du mat à g7. Si 20. ..., Fé7—d6 21. g5×h6, g7—g6 22. Fç2×g6 avec gain immédiat.

21.	**Cf3—é5!**	

Moment critique ! Ce coup capital comporte un sacrifice de pion, dans le dessein d'ouvrir la colonne —FR. Devant la multiplicité des menaces (dont la plus forte est 22. g5—g6), les Noirs doivent non seulement retarder l'avance de leur PD, mais aussi accepter le sacrifice, sous peine de perdre du gros matériel ou d'être mat.

21.	**...**	**Ch7×g5**

22. f4×g5 **Té8×é5**

23. g5—g6!!

Pointe, élégante et décisive, de la violente attaque à la baïonnette déclenchée depuis le quatorzième coup.

Les deux pions avancés, véritables éclaireurs en mission de destruction, sont imprenables. Si 23. ..., f7×g6 24. Dg2 ×g6 (avec la terrible menace 25. f6—f7+, suivi de 26. Dg6—h7 mat) force le mat ou gagne la dame noire. Si 23. ..., g7×f6 24. g6×f7++, Rg8×f7 25. Dg2—g6+, Rf7—é7 26. Dg6—h7+, Ré7—é6 (si 26. ..., Ré7—é8 27. Fç2—g6 mat) 27. Tf1×f6+!, Ré6×f6 28. Dh7—g6+, Rf6—é7 29. Dg6×b6 et gagne sans difficulté. D'autre part, la menace 24. g6×f7+, Rg8×f7 25. Dg2—g6+ doit être parée.

23. ... **d4—d3**

Le Fd3 est intercepté et attaqué. Malgré cette nécessaire réponse, l'attaque des Blancs perce.

24. g6×f7+ **Rg8—h7**

Si 24. ..., Rg8×f7 25. f6×g7+d. gagne. Si 24. ..., Rg8—h8 25. Fç1×h6! gagne. La réponse du texte est donc forcée.

25. Fç2×d3+!!

Magnifique sacrifice, dont le but est d'amoindrir les moyens de défense de la huitième rangée.

25. ... **Td8×d3**

26. f6×g7

Menaçant entre autres : 27. g7—g8=D mat.

26. ... **ç5—ç4+d.**

27.	**Rg1—h1**	**Ff8×g7**
28.	**Dg2×g7+!!**	

289

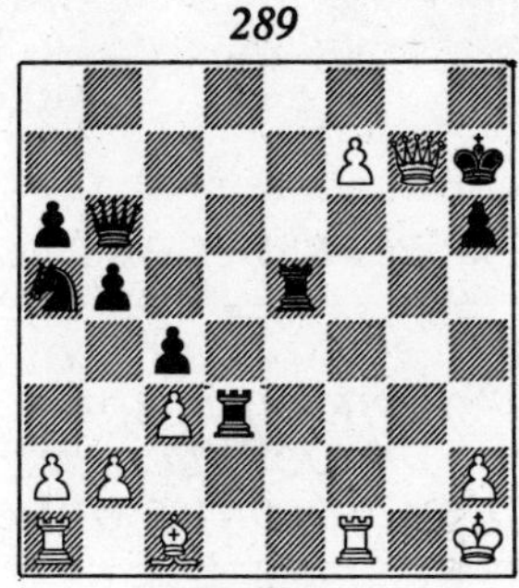

Position
après 28. Dg2×g7+!!

La suite est un mat forcé en six coups :

28.	**...**	**Rh7×g7**
29.	**f7—f8=D+**	

Triomphale promotion d'un pion courageux.

29.	**...**	**Rg7—h7**

Si 29. ..., Rg7—g6 30. Df8—f7 mat.

30.	**Tf1—f7+**	**Rh7—g6**
31.	**Tf7—g7+**	**Rg6—h5**
32.	**Df8—f7+**	**Rh5—h4**
33.	**Df7—f4+**	**Rh4—h5**
34.	**Df4—g4 mat**	

Cette splendide attaque nous rappelle la fameuse devise de notre grand Philidor : « Les pions sont l'âme des Echecs ».

PARTIE N° 56

(La Nouvelle Orléans, U.S.A., 1920)

Blancs	Noirs
ADAMS	CARLOS TORRE

Partie du PR. Défense Philidor

THEME : LE MAT DU COULOIR,
MOTIF D'ATTAQUE
EN FONCTION DU DOUBLEMENT DES TOURS
SUR UNE COLONNE OUVERTE

1. é2—é4 **é7—é5**

2. Cg1—f3 **d7—d6**

Une défense prudente, mais quelque peu passive, car elle limite l'action du Ff8. La réponse 2. ..., Cb8—ç6 garde l'équilibre.

3. d2—d4

Les Blancs ouvrent aussitôt le jeu en attaquant le Pé5.

3. ... **é5×d4**

L'abandon prématuré du centre rend souvent un avantage à l'ennemi. Plus sûr est 3. ..., Cb8—d7.

4. Dd1×d4

Cette reprise par la dame est justifiée par les coups suivants qui aboutissent à l'échange du CD noir.

4. ... **Cb8—ç6**

5. Ff1—b5 **Fç8—d7**

6. Fb5×ç6 **Fd7×ç6**

7. Cb1—ç3

Les Blancs possèdent un jeu plus souple et un meilleur développement. Leur avantage positionnel se concrétise par la domination de la case d5.

7. ... **Cg8—f6**

8. o—o **Ff8—é7**

9. Cç3—d5!

Créant un influent avant-poste en d5.

9. ... **Fç6×d5**

10. é4×d5 **o—o**

11. Fç1—g5 **ç7—ç6**

Les Noirs ont une position resserrée et leurs tours sont inactives, d'où ce coup, dont le but est d'ouvrir une colonne.

12. ç2—ç4 **ç6×d5**

13. ç4×d5 **Tf8—é8**

14. Tf1—é1 **a7—a5**

Ce coup intermédiaire prépare la manœuvre Ta8—ç8 sans laisser le Pa7 en prise. Le temps ainsi perdu sera mis à profit par les Blancs qui vont **doubler** leur tour sur la colonne-roi.

15. Té1—é2! **Ta8—ç8**

16. Ta1—é1

La terrible pression exercée par les tours blanches sur la huitième rangée apparaît déjà dans la menace 17. Fg5

×f6!, Fé7×f6 (si 17. ..., g7×f6 le roque disloqué deviendrait rapidement vulnérable) 18. Té2×é8+ gagnant la dame.

16. ... Dd8—d7

Cette réponse pare la menace tout en assurant la communication des tours noires. Cependant, comme on le verra sans tarder, cela n'empêchera pas l'échange sur f6, car la nouvelle situation qui vient d'être créée inspire aux Blancs un jeu aussi efficace qu'étonnant.

17. Fg5×f6!! Fé7×f6

L'échange qui vient d'être opéré semble favoriser les Noirs dont le fou, enfin libéré, attaque la dame blanche.

290

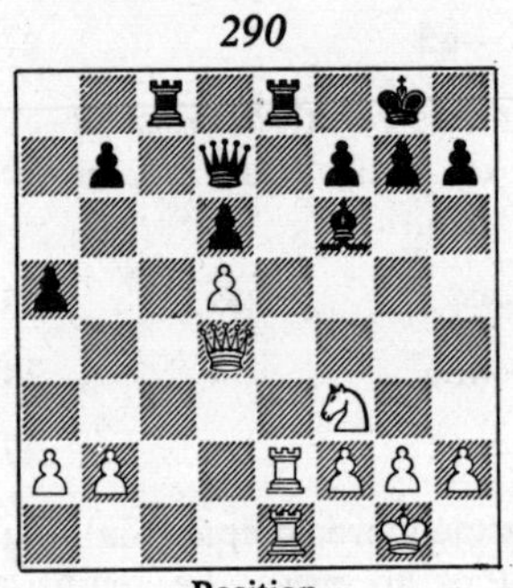

Position
après 17. ..., Fé7×f6

En outre, les Noirs ne craignent plus la menace 18. Té2×é8+, qui ne saurait leur causer le moindre dommage, car ils peuvent répondre 18. ..., Tç8×é8.

Cependant les Blancs, qui ont vu plus loin, leur réservent une énorme surprise.

18. Dd4—g4!!

Ce beau coup amorce un plan grandiose, dont l'objectif est de dévier la dame noire de la diagonale a4/é8, en d'autres termes de supprimer son contrôle de la case é8, afin de réaliser la menace de mat sur la huitième rangée (le mat du couloir).

Dans l'immédiat, les Blancs menacent la dame noire, qui ne peut pas répondre 18. ..., Dd7×g4?? à cause précisément de la suite 19. Té2×é8+, Tç8×é8 20. Té1×é8 mat.

Le problème étant posé, suivons avec attention son déroulement.

18. ... Dd7—b5

Seul coup permis. Sur 18. ..., Dd7—d8 19. Té2×é8+ gagne la dame. Sur 18. ..., Té8—d8 19 Dg4×d7, Td8×d7 20. Té2—é8+ et mat au coup suivant.

19. Dg4—ç4!!

Nouvelle confrontation féminine, dont les frais sont supportés par le roi noir. Ni 19. ..., Db5×ç4?? ; ni 19. ..., Tç8×ç4?? (à cause de 20. Té2×é8+, suivi du mat) ; ni 19. ..., Té8×é2?? (à cause de 20. Dç4×ç8+ et m.a.c.s.) ne peuvent être pratiqués par les Noirs. D'autre part, leur dame étant en prise, une seule réponse est possible : le retour au bercail. Donc :

19. ... Db5—d7

20. Dç4—ç7!!

Une poursuite effrénée. La dame blanche demeure toujours imprenable (si 20. ..., Tç8×ç7 ou Dd7×ç7 21. Té2×é8+ et mat au coup suivant) ; en revanche, la dame noire est de nouveau attaquée et ne peut être protégée ni par 20. ..., Tç8—d8 (à cause de 21. Dç7×d7, Td8×d7 22. Té2×é8 mat), ni par 20. ..., Dd7—d8 (à cause de 21. Té2×é8+). D'autre part, sur 20. ..., Té8×é2 21. Dç7×d7 gagne une dame pour une tour ce qui est considérable.

20. ... Dd7—b5

Encore la seule réponse valable. Sur 20. ..., Dd7—a4 21. b2—b3, Da4—b5 22. a2—a4 gagne la dame.

291

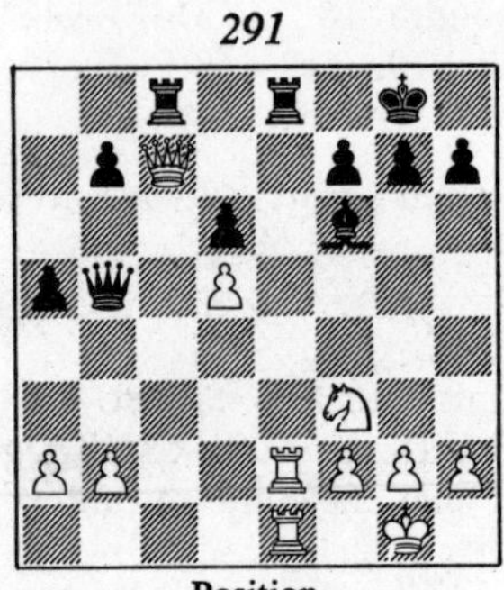

Position
après 20. ..., Dd7—b5

Examinez bien cette position vraiment passionnante. Les Blancs semblent pouvoir forcer sur-le-champ la décision en jouant 21. Dç7×b7, dans le même esprit du duel D/D engagé depuis le dix-huitième coup. Effectivement, ni 21. ..., Db5×b7 (22. Té2×é8+!) ; ni 21. ..., Db5—a4 (à cause de 22. b2—b3!) ne peuvent être envisagés. Cependant (sur 21. Dç7×b7?) la diabolique réponse 21. ..., Db5×é2!! renverse la situation et ce ne sont plus les Blancs, mais les Noirs qui gagnent (car si 22. Té1×é2, Tç8—ç1+ 23. Cf3—é1, Tç1×é1+! 24. Té2×é1, Té8×é1 mat — également un mat du couloir — ou bien, si 22. Db7×ç8, Dé2×é1+! 23. Cf3×é1, Té8×ç8 et les Noirs sortent de l'aventure avec une tour de plus).

Les Blancs vont éviter cet écueil en jouant très élégamment.

21. a2—a4!!

« On a souvent besoin d'un plus petit que soi ! » Sans ce sacrifice intermédiaire d'un pion toute la combinaison échafaudée depuis quelques coups échouerait lamentablement. Il convient de remarquer à cette occasion l'importance de l'autre pion d5, qui empêche la dame noire d'aller à ç6.

Mais quel est au juste le but caché de ce subtil coup ? Il s'agit d'arriver **sans perte de temps** à la position du diagramme ci-dessus, mais **avec la tour blanche en é4,** au lieu de é2. Une idée vraiment ingénieuse, digne de la prestigieuse offensive déclenchée avec tant de géniale clairvoyance.

21. ... Db5×a4

Encore forcé. Ne marchait évidemment plus 21. ..., Db5×é2 à cause tout simplement de la réplique 22. Té1×é2 gagnant la dame contre une tour.

22. Té2—é4!!

Ce beau coup intermédiaire crée une nouvelle situation, la dame noire étant à présent attaquée par la tour. Or, celle-ci ne peut être prise ni par la tour (si 22. ..., Té8×é4 23. Dç7×ç8+ et mat en deux coups), ni par la dame (si 22. ..., Da4×é4 23. Té1×é4 et de nouveau le spectre du mat du couloir empêche la récupération de la dame). Une fois de plus, une seule réponse est possible.

22. ... Da4—b5

Et maintenant enfin, le coup de grâce :

23. Dç7×b7!!

met un terme au combat, car la dame noire, de nouveau attaquée, ne peut plus se réfugier quelque part sans abandonner le contrôle de la case é8, ce qui permet la réalisation du mat du couloir tant de fois différé.

23. ... les Noirs abandonnent

292

Position finale

Une jolie anecdote circule au sujet de cette extraordinaire partie.

Le jeune mexicain Carlos Torre, enfant prodige des Echecs, avait à peine seize ans lorsqu'il la joua. Quelques années plus tard il devint un maître international des plus en vue.

Un jour, à la suite d'une série de succès, il fut interviewé par des journalistes qui lui posèrent, entre autres, la question suivante :

« Quelle est la plus belle partie de votre carrière ? »

Sans hésitation, Torre répondit : « Celle que j'ai perdue contre Adams », c'est-à-dire la partie que nous venons de voir.

Un bel exemple de modestie et de sincère amour des Echecs.

En appliquant les principales idées de ce manuel, dont

l'ensemble constitue un guide pour les débutants inexpérimentés, vous êtes désormais en mesure de jouer aux Echecs.

Au seuil de votre apprentissage, quelques derniers conseils ne sont pas inutiles.

1. Efforcez-vous de trouver une personne ayant à peu près le même niveau de connaissances et qui veuille bien engager le combat loyal avec vous.

2. Etablissez tout d'abord un ou deux pions au centre de l'échiquier, ce centre dont l'importance dans l'évolution normale de la partie peut parfois être décisive.

3. Sortez vos pièces le plus rapidement possible : plus vous en développez et plus vous aurez de chances d'attaquer avec succès ou de vous défendre avec fermeté.

4. Assurez à vos pièces une grande liberté d'action et veillez à ce qu'elles occupent des positions favorables, en garantissant autant que possible des diagonales aux fous, des colonnes aux tours, des cases centrales aux cavaliers.

5. N'affaiblissez pas, sans y être contraints, vos pions par le simple désir de les avancer. N'oubliez jamais que ces unités, qui ne peuvent pas reculer, forment l'armature la plus solide de votre camp.

6. Ne créez pas dans vos lignes des cases faibles, dont l'adversaire pourrait s'emparer et y installer ses forces.

7. Retirez à temps votre pièce attaquée, sinon vous risquez de la perdre. L'équilibre des forces reste la base du jeu jusqu'à la fin du combat.

8. Créez des pions passés, bien soutenus, et empressez-vous d'arrêter l'avance de ceux de l'adversaire.

9. Ne perdez aucun temps inutilement, en effectuant des manœuvres sans portée, par exemple : en donnant un échec uniquement pour le plaisir de le faire ; il existe peut-être un meilleur coup à votre disposition.

10. Ne jouez pas trop vite. Maîtrisez votre impulsivité et évitez de faire des coups d'une façon automatique, sans réfléchir. Pesez le pour et le contre de chaque décision.

11. Créez des menaces et découvrez celles instituées par l'adversaire.

12. Faites attention aux coups même les plus anodins de votre adversaire : ils peuvent constituer des menaces graves ou des pièges cachés.

13. Regardez deux fois plutôt qu'une avant d'accepter l'offre d'un pion ou d'une pièce. Cette générosité dissimule-t-elle un traquenard ? S'agit-il d'un « don grec », c'est-à-dire d'un sacrifice volontaire et justifié, ou d'un simple oubli de la part de votre adversaire ?

Analysez le cas et, si vous ne découvrez vraiment rien qui puisse nuire à votre jeu, alors seulement vous pouvez vous emparer du bien qui est à votre portée.

14. Ne livrez pas vos lignes ouvertes à l'adversaire et emparez-vous des siennes lorsque l'occasion s'en présente.

15. Assurez constamment la liaison de vos pièces et n'en laissez pas traîner sans appui. Un jeu harmonieux est souvent un gage de réussite.

16. Aussitôt le développement achevé, tâchez d'avoir un plan et de le réaliser.

17. Ne jouez pas, surtout au début, deux ou plusieurs fois la même pièce au détriment de la sortie des autres.

18. Ne faites des échanges que lorsqu'ils vous sont favorables.

19. Ayez confiance en vous, mais gardez l'esprit critique, qui modère souvent un élan par trop impétueux.

20. Faites de la pratique rationnelle du jeu d'Echecs un plaisir, mais non un esclavage.

Il y aurait évidemment beaucoup à dire. Il va de soi que ces premières notions absolument indispensables ne sauraient constituer un bagage idéal, une sorte de panacée échiquéenne offrant le moyen de gagner toujours.

Les combinaisons pratiquement infinies des Echecs exigent continuellement des connaissances nouvelles.

Vous avez cependant assez d'éléments vous autorisant à aborder le noble jeu avec intérêt et sérénité.

La pratique personnelle, les conseils éclairés d'un maître ou d'un partenaire averti, de même que la lecture attentive d'un bon traité, rendent plus sûre l'acquisition d'une force constamment en progrès et vous donnent la possibilité de marquer des points dans la voie du perfectionnement.

Un dernier conseil : jouez beaucoup, autant que vos loisirs le permettent, afin de développer l'optique du jeu et de vous familiariser avec les diverses positions qui caractérisent le début, le milieu et la finale, ces trois phases de la partie d'Echecs.

Les premiers pas sont souvent décourageants. Ne vous laissez pas abattre par vos premières défaites. Dites-vous bien que tout le monde est passé par là.

Et retenez en guise de conclusion ceci :

Une partie perdue ne doit jamais vous démoraliser.

Gardez toujours votre calme et votre bonne humeur et tâchez simplement de faire mieux à chaque nouvelle rencontre.

La première période de votre apprentissage doit être consacrée à éliminer le caractéristique défaut de laisser vos pièces en prise. Une fois ce cap franchi, changez de partenaire. Vous trouverez des joueurs de toutes catégories dans les clubs ou les cercles.

Sachez gagner avec modestie.

Enfin, profitez de vos défaites plus encore que de vos victoires pour corriger vos fautes et combler certaines lacunes.

Le reste viendra tout naturellement.

CHAPITRE VI

Solutions des exercices

I. DISCRIMINATION DES 64 CASES DE L'ECHIQUIER PAR LA NOTATION ALGEBRIQUE ET PAR LES AUTRES NOTATIONS DIVERSEMENT UTILISEES COMPARAISON D'ECRITURE DES SIX PREMIERS COUPS D'UNE PARTIE

La notation algébrique (employée en France, dans beaucoup d'autres pays et agréée par la F.I.D.E.).

293

a8	b8	ç8	d8	é8	f8	g8	h8
a7	b7	ç7	d7	é7	f7	g7	h7
a6	b6	ç6	d6	é6	f6	g6	h6
a5	b5	ç5	d5	é5	f5	g5	h5
a4	b4	ç4	d4	é4	f4	g4	h4
a3	b3	ç3	d3	é3	f3	g3	h3
a2	b2	ç2	d2	é2	f2	g2	h2
a1	b1	ç1	d1	é1	f1	g1	h1

1. é2—é4	é7—é5
2. Cg1—f3	Cb8—ç6
3. Ff1—ç4	d7—d6
4. o—o	Fç8—d7
5. Cb1—ç3	Dd8—é7
6. d2—d4	o—o—o

La notation descriptive (employée dans les pays anglo-saxons, en Espagne, en Argentine et agréée par la F.I.D.E.).

294

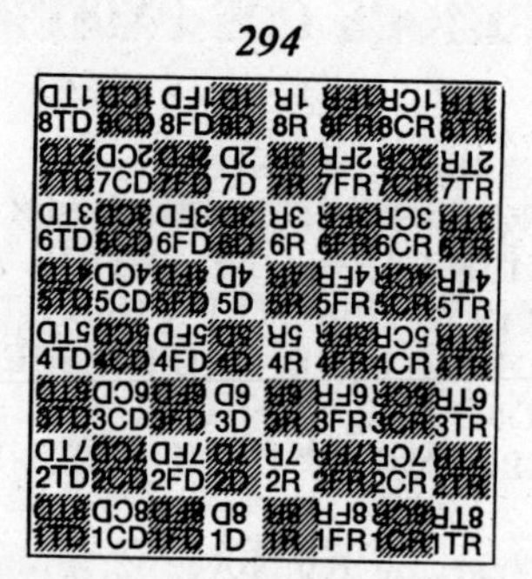

Ici chaque case a **deux** dénominations différentes selon qu'il s'agit des Blancs (dont les coups sont indiqués dans le sens Sud-Nord) ou des Noirs (dont les coups sont indiqués dans le sens Nord-Sud). Chaque camp désigne **ses** cases en nommant d'abord **sa** rangée puis la colonne (qui porte le nom de la pièce qui s'y trouve dans la position initiale).

1. P2R—4R	P2R—4R
2. C1CR—3FR	C1CD—3FD
3. F1FR—4FD	P2D—3D
4. Roque TR	F1FD—2D
5. C1CD—3FD	D1D—2R
6. P2D—4D	Roque TD

La notation postale internationale (employée surtout par les joueurs qui disputent des parties par correspondance).

295

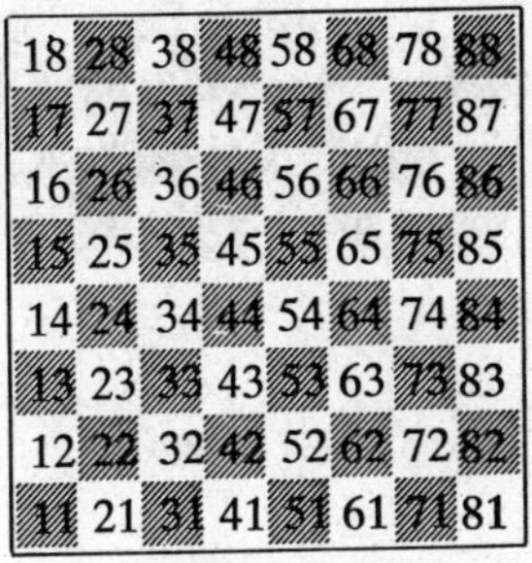

18	28	38	48	58	68	78	88
17	27	37	47	57	67	77	87
16	26	36	46	56	66	76	86
15	25	35	45	55	65	75	85
14	24	34	44	54	64	74	84
13	23	33	43	53	63	73	83
12	22	32	42	52	62	72	82
11	21	31	41	51	61	71	81

Notation simplifiée par la suppression de l'initiale de la pièce qui joue. Pour le roque on indique seulement le coup du roi.

1.	5254	5755
2.	7163	2836
3.	6134	4746
4.	5171	3847
5.	2133	4857
6.	4244	5838

La notation Udemann-Gringmuth (employée pour communiquer les coups par télégramme).

Notation simplifiée par la suppression des chiffres. Pour le roque on indique seulement le coup du roi.

296

ma	na	pa	ra	sa	ta	wa	za
me	ne	pe	re	se	te	we	ze
mi	ni	pi	ri	si	ti	wi	zi
mo	no	po	ro	so	to	wo	zo
bo	co	do	fo	go	ho	ko	lo
bi	ci	di	fi	gi	hi	ki	li
be	ce	de	fe	ge	he	ke	le
ba	ca	da	fa	ga	ha	ka	la

1.	gego	seso
2.	kahi	napi
3.	hado	reri
4.	gaka	pare
5.	cadi	rase
6.	fefo	sapa

II. — REPONSES AUX EXERCICES

N° 1. — 15 coups (au moins et dont la succession — parmi d'autres possibles — pourrait bien être : Cd4×ç2 puis Cç2—d4 ; Cd4×b3 puis Cb3—d4 ; et ainsi de suite).

N° 2. — 7 coups (au moins et dont la succession pourrait être aussi bien : Dd4×f4×ç7×ç2×g2×f1×h3×h8 ; que Dd4×h8×h3×g2×f1×f4×ç7×ç2).

N° 3. — 6 coups (au moins et dont la seule succession est : Td4×d7×ç7×ç6×g6×g5×f5).

N° 4. — 7 coups (au moins et dont la seule solution est : Fd4×a7×b8×h2—g3×h4—g5×h6).

N° 5. — 5 coups (au moins et dont la seule solution est : b7—b5×ç4—ç3×d2—d1=D).

N° 6. — 3 coups (ni plus, ni moins et dont la seule solution est : ç5×b6 e.p. puis b6—b7×a8=D).

N° 7. — 11 coups (au moins et dont la seule solution est : Ra8—b8—ç8—d8—é8×f7—é6×d5—ç4×b5×b6×b7).

Remarque. — Le roi ne peut passer ni par a7 (case contrôlée par le cavalier), ni en prenant le pion b7 (défendu par la tour). Il faut donc qu'il prenne d'abord la tour.

N° 8. — En commençant par faire le grand-roque. La solution la plus courte compte donc 6 coups (o—o—o, puis Td1×h1×h2×h3×h4×h5).

N° 9. — De 16 façons différentes : Rg1—f1 ; Rg1—h1 ; Rg1—g2 ; Rg1—h2. Da5—ç5 ; Da5—b6 ; Da5×a7. Tb2—b6 ; Tb2—f2. Ff8—ç5. Cd7—b6 ; Cd7—ç5. ç7—ç5 ; d5—d4 ; é4—é3 ; f3—f2.

N° 10. — Sans la présence du pion é4 les Noirs — ayant le trait — **doivent gagner.** Il suffit pour cela qu'ils jouent a2—a1=D après quoi, au coup des Blancs Fh8—é5, ils répondent tout simplement Da1—a8+ suivi — sur n'importe quel déplacement du roi blanc — par Da8—f3 ce qui rend le gain facile.

N° 11. — Le mat n'est plus possible, car au coup des Blancs b2—b4+, les Noirs répondent a4×b3 e.p.

N° 12. — Oui, en jouant a7—a8=C. En effet, sur n'importe quel coup des Noirs, les Blancs sont pat.

N° 13. — Dans la position A (avec le roi blanc en h1) la solution la plus courte est en 5 coups : 1. ..., f7—f5! 2. Rh1—g1, f5—f4 3. Rg1—h1, f4—f3 4. Rh1—g1, f3—f2+ 5. Rg1—h1, f2—f1=D ou T ≠.

Dans la position B (avec le roi blanc en g1) la solution la plus courte exige 6 coups : 1. ..., f7—f6! 2. Rg1—h1, f6—f5 3. Rh1—g1, f5—f4 4. Rg1—h1, f4—f3 5. Rh1—g1, f3—f2+ 6. Rg1—h1, f2—f1=D ou T ≠.

Remarque. — La tentative 1. ..., f7—f5? aboutit, après 2. Rg1—h1, f5—f4 3. Rh1—g1, f4—f3 4. Rg1—h1, f3—f2 au pat du roi blanc.

Ici donc la perte d'un temps s'est révélée utile.

N° 14. — La solution la plus courte exige 7 coups et notamment : 1. f2—f3!, Ré8—d7 2. f3—f4, Rd7—é8 3. f4—f5, Ré8—d7 4. f5—f6, Rd7—é8 5. f6—f7+!, Ré8—d7 6. f7—f8=F!! (si 6. f7—f8=D? le roi noir est pat !), Rd7—é8 7. Cd5—f6≠.

Remarque. — La tentative 1. f2—f4? aboutit, après 1. ..., Ré8—d7 2. f4—f5, Rd7—é8 3. f5—f6, Ré8—d7 4. f6—f7, au pat du roi noir.

La promotion en fou est nécessaire pour protéger le fou é7 afin de libérer le Cd5 de sa tutelle.

N° 15. — Solution : 1. Th7—f7, Rg8—h8 2. Tf7—f8≠.

Nº 16. — Solution : 1. Ré8—f7!, Rh8—h7 2. Dé7—h4≠.

Remarque. — La clé (1. Ré8—f7!) en interceptant la dame évite le pat du roi noir, alors que les tentatives : 1. Ré8—f8? ou 1. Dé7—f7? le provoquent.

Nº 17. — Dans la position A (avec la Dg1) la solution la plus courte exige 4 coups :

1.	**Dg1—g7!**	**Rh3—h4**
2.	**Rh1—g2**	**Rh4—h5**
3.	**Rg2—f3**	**Rh5—h4**
4.	**Dg7—g4≠** ou	
4.	**Dg7—h6≠**	

Remarque. — La tentative 1. Dg1—g8? allonge la solution (le roi noir pouvant aller jusqu'à h6) alors que la tentative 1. Dg1—g6? mène, après 1. ..., Rh3—h4 2. Rh1—g2 au pat du roi noir.

Dans la position B (avec la Tg1) la solution la plus courte exige 8 coups :

1. **Tg1—g2!** (un temps pour rien, très efficace ; sur tout autre coup de la tour la solution serait plus longue)

1.	**...**	**Rh3—h4**
2.	**Rh1—h2**	**Rh4—h5**
3.	**Rh2—h3**	**Rh5—h6**
4.	**Rh3—h4**	**Rh6—h7**
5.	**Rh4—h5**	**Rh7—h8**
6.	**Rh5—g6!** (et non 6. Rh5—h6? car le roi noir est pat !)	
6.	**...**	**Rh8—g8**
7.	**Tg2—f2!**	**Rg8—h8**
8.	**Tf2—f8≠**	

N° 18. — La solution de mat la plus courte compte 8 coups :

1. **Cf5—g7+** **Ré8—f8**
2. **Ré6—f6** **Rf8—g8**
3. **Rf6—g6** **Rg8—f8**
   (ou Rg8—h8 qui mène au même résultat)
4. **Fa5—b4+** **Rf8—g8**
5. **Cg7—f5!** (le seul bon coup qui permettra au cavalier d'atteindre la case h6 sans intercepter le fou ; si, par exemple 5. Cg7—h5?, Rg8—h8 6. Fb4—a3, Rh8—g8 7. Ch5—f6+, Rg8—h8 le mat par le fou n'est pas possible, la diagonale a1/h8 étant obstruée par le cavalier)
5. **...** **Rg8—h8**
6. **Fb4—a3!** (un coup d'attente nécessaire ; si immédiatement 6. Cf5—h6? le roi noir est pat !)
6. **...** **Rh8—g8**
7. **Cf5—h6+** **Rg8—h8**
8. **Fa3—b2≠**

N° 19. — Cette étude de Réti (1) est très connue. Elle met en relief l'application de la règle du carré.

Un examen superficiel de la position nous mène à établir les constatations suivantes :

1° le roi noir se trouve dans le carré du pion blanc ;

2° le roi blanc est trop éloigné du pion noir (lequel n'a que quatre cases à franchir pour se transformer en dame) et paraît donc se trouver dans l'impossibilité d'empêcher sa promotion. Et pourtant, la solution, très fine, nous révélera la ressource cachée de cette finale apparemment perdue.

---

(1) Richard Réti, grand maître tchèque et écrivain d'Echecs, fut également un grand compositeur d'études.

1. **Rh8—g7** (ce premier coup est normal ; le roi blanc cherche à se trouver à égale distance du pion blanc et du pion noir).

La suite présente deux variantes a et b :

a) 1. ... **h5—h4**
2. **Rg7—f6** **h4—h3**
3. **Rf6—é6!!** (ne pouvant pas rattraper le pion noir, le roi blanc vient soutenir son propre pion)
3. ... **h3—h2**
(si 3. ..., Ra6—b6 4. Ré6—d7, h3—h2 5. ç6—ç7, h2—h1=D 6. ç7—ç8=D+ partie nulle)
4. **ç6—ç7** **Ra6—b7**
5. **Ré6—d7** **h2—h1=D**
6. **ç7—ç8=D+** et la partie est nulle (chaque camp ayant une dame)

b) 1. ... **Ra6—b6**
2. **Rg7—f6** **h5—h4**
(si 2. ..., Rb6×ç6 3. Rf6—g5 suivi de la prise du pion noir, donc partie nulle)
3. **Rf6—é5!!** **Rb6×ç6**
(ou 3. ..., h4—h3 4. Ré5—d6, h3—h2 5. ç6—ç7, Rb6—b7 6. Rd6—d7 et nulle comme dans a)
6. **Ré5—f4** et le roi blanc se trouvant dans le carré du pion noir s'emparera de celui-ci en deux coups ; donc partie nulle.

N° 20. — Un autre cas curieux où la règle du carré trouve une application admirable et inattendue grâce à de subtiles manœuvres royales.

Un fait est acquis : le fou **seul** ne saurait arrêter la promotion de l'un des pions noirs. En effet : si 1. Fé6—d5?, h4—h3! 2. Fd5—é6, h3—h2 3. Fé6—d5, b4—b3! 4. Fd5—

é4 (si 4. Fd5×b3, h2—h1=D), b3—b2 et l'un des pions sera sacrifié pour faire passer l'autre à dame.

Revenons à la position du diagramme 164 et tentons un coup de roi. Si 1. Ré5—d5?, b4—b3 2. Rd5—ç4, b3—b2 3. Fé6—f5, h4—h3! 4. Rç4—ç3, h3—h2. 5. Ff5—é4, h2—h1=D 6. Fé4×h1, b2—b1=D et les Noirs gagnent.

Même vaine tentative sur 1. Ré5—f5?, h4—h3 2. Rf5—g4, h3—h2 3. Fé6—d5, b4—b3! 4. Rg4—g3, b3—b2 5. Fd5—é4, b2—b1=D 6. Fé4×b1, h2—h1=D et les Noirs gagnent.

En conclusion : ces tentatives infructueuses contredisent l'énoncé, car les Blancs jouent et les Noirs gagnent !

Il y a cependant une solution unique de nullité que voici :

1. **Ré5—d6!** (coup inattendu, car le roi blanc en s'éloignant laisse pénétrer le roi noir en d4 d'où il pourra soutenir l'avance du pion b4)
1. **...** **Ré3—d4!**
2. **Rd6—ç6** **Rd4—ç3!**
(la meilleure méthode ; si 3. Rç6—b5, b4—b3 4. Rb5—a4, b3—b2, etc. et le fou ne pourra pas lutter contre les deux pions éloignés, comme nous l'avons déjà constaté)
3. **Rç6—d5!!** (ce coup subtil est le seul efficace)
3. **...** **b4—b3**
4. **Rd5—é4!!** **b3—b2**
5. **Fd5—a2** **Rç3—ç2**
la partie est nulle, car alors que le fou s'échangera contre la dame b1, le roi blanc capturera facilement l'autre pion puisqu'il **se trouve dans le carré** de celui-ci.

L'auteur de cette bien gracieuse étude est Selesnieff (1).

Remarque. — Le coup symétrique 1. Ré5—f6? ne mène pas au résultat, car le fou ne pourra pas rattraper le pion TR noir.

N° 21. — Dans cette position les Blancs n'ont pas l'opposition et leur roi ne se trouve pas sur l'une des cases efficaces, mais par des manœuvres royales adroites ils peuvent les atteindre.

Un mauvais coup serait 1. Rf2—é3? à cause de la réponse 1. ..., Rd5—é5! prenant l'opposition et interdisant à jamais au roi blanc l'accès des cases efficaces (d4, é4 ou f4).

Solution :

1. **Rf2—f3!** **Rd5—é5** A)
2. **Rf3—é3!** (prend l'opposition)
2. **...** **Ré5—d5**
3. **Ré3—f4!** **Rd5—é6**
4. **Rf4—é4!** (prend l'opposition et la case efficace é4) et le gain s'obtient facilement comme dans la suite de l'exemple 157 (page 139).

Variante A)

1. **...** **Rd5—d4**
2. **Rf3—f4!** **Rd4—d5**
3. **Rf4—f5!** (non pas 3. Rf4—é3? Rd5—é5! et la partie est nulle)
3. **...** **Rd5—d6**
(si 3. ..., Rd5—d4? 4. é2—é4! et le pion passe)

---

(1) Alexis Selesnieff, maître russe établi en France où il est mort en 1965.

4. **Rf5—é4!** (non pas 4. Rf5—f6?, Rd6—d5! revenant à la position antérieure)
4. ... **Rd6—é6**
(prend l'opposition, en apparence, car...)
5. **é2—é3!** **Ré6—d6**
6. **Ré4—f5** **Rd6—é7**
7. **Rf5—é5** **Ré7—d7**
8. **Ré5—f6!** (non pas 8. é3—é4?, Rd7—é7! 9. Ré5—f5, Ré7—f7! et la partie est nulle)
8. ... **Rd7—é8**
(si 8. ..., Rd7—d6 9. é3—é4, Rd6—d7 10. é4—é5, Rd7—é8 11. Rf6—é6! et les Blancs gagnent)
9. **Rf6—é6** **Ré8—d8**
10. **é3—é4** **Rd8—é8**
11. **é4—é5** et le gain est désormais facile.

N° 22.

1. **Ra4—b5** **Rh7—g6**
2. **Rb5—ç6!** (le roi blanc occupe le premier une case limite du pion noir et finira par capturer celui-ci)
2. ... **Rg6—g7**
(le roi noir n'a pas de bons coups : si 2. ..., Rg6—f5? 3. Rç6—d6! le trébuchet, le pion noir est perdu ; si 2. ..., Rg6—g5 3. Rç6—d7!, Rg5—f5 4. Rd7—d6! même résultat ; si 2. ..., Rg6—f7 3. Rç6—d7! et le pion noir tombe)
3. **Rç6—d6** **Rg7—f7**
4. **Rd6—d7** **Rf7—f8**
5. **Rd7×é6** (et les Blancs gagnent car leur roi se trouve sur une case efficace)
5. ... **Rf8—é8**
(Dans cette position avancée prendre l'opposition n'est plus d'aucun secours pour le roi noir)

6. **Ré6—d6** **Ré8—d8**
7. **é5—é6!** (le seul cas où le pion peut se trouver à côté de son roi)
7. **...** **Rd8—é8**
8. **é6—é7!** (le pion arrive en septième rangée **sans donner échec)**
8. **...** **Ré8—f7**
9. **Rd6—d7** **Rf7** joue
10. **é7—é8=D** et gagne.

N° 23.

1. **Ré5—f4!** **f2—f1=D+**
2. **Rf4—g3!** et les Blancs gagnent, le mat du roi noir étant imparable.

N° 24.

1. **Rç7—b6!** (levant le pat du roi noir)
1. **...** **Ra1—b1**
2. **Rb6—a5+d.** (grâce à cet échec à la découverte le roi blanc entre dans le secteur favorable d'où il pourra gagner la case b3 en deux coups)
2. **...** **Rb1—a1**
3. **Db8—h2** **Ra1—b1**
4. **Ra5—a4** **a2—a1=D+**
5. **Ra4—b3!!** et gagne

N° 25.

1. **Db3—b6!** **f3—f2+**
2. **Rg1×g2** **f2—f1=D+**
3. **Rg2×f1** **g3—g2+**
4. **Rf1—é2** **g2—g1=D**
5. **Db6×g1+** (ce coup explique la clé)
5. **...** **Ra1—b2**

6. **Ré2—d2!** **a2—a1=D**
7. **Dg1—b6+** **Rb2—a3**
8. **Db6—a5+** **Ra3—b2**
9. **Da5—b4+** **Rb2—a2**
10. **Rd2—ç2!!** et gagne

N° 26.

1. **Da1—b2!** **Rd2—d1**
2. **Rg1—f2!** **Rd1—d2**
   (si 2. ..., ç2—ç1=D 3. Db2—é2 mat)
3. **Db2—d4+** **Rd2—ç1**
4. **Dd4—b4!** **Rç1—d1**
5. **Db4—é1≠**

N° 27.

1. **Dh5—g4+** **Rg2—h1**
2. **Dg4—h3** **Rh1—g1**
3. **Dh3—g3+** **Rg1—h1**
4. **Ra3—b4!!** (libérant le pion noir afin d'éviter le pat)
4. **...** **a4—a3**
5. **Dg3—f2!** **a3—a2**
6. **Df2—f1 mat**

N° 28.

1. **Cé6—d4+!** **Ré2—é3**
2. **Cd4×f3!!** **Ré3×f3**
3. **Ré8—f8!** **d3—d2**
4. **é7—é8=D** **Rf3—f2**
   (si 4. ..., d2—d1=D? 5. Dé8—h5+ gagne la dame par enfilade)
5. **Dé8—d7** **Rf2—é2**
6. **Dd7—é6+** **Ré2—f2**

7.	**Dé6—d5**	**Rf2—é2**
8.	**Dd5—é4+**	**Ré2—f2**
9.	**Dé4—d3**	**Rf2—é1**
10.	**Dd3—é3+**	**Ré1—d1**

11. **Rf8—é7,** etc. et les Blancs gagnent selon la méthode classique exposée au début du chapitre IV de cet ouvrage (page 254).

Remarque. — La position de l'exercice n° 28 bien que symétrique n'autorise qu'une seule solution de gain. Cette finale est instructive parce qu'elle constitue une application pratique de la règle désormais connue : le couple R et D contre R et PF à sa septième case **ne gagne pas.**

En effet : si 1. Cé6—f4+?, Ré2—é3 2. Cf4×d3, Ré3×d3 3. Ré8—d8, f3—f2 4. é7—é8=D, Rd3—d2 5. Dé8—f7, Rd2—é2 6. Df7—é6+, Ré2—f3! 7. Dé6—f5+, Rf3—g2 8. Df5—g4+, Rg2—h2 9. Dg4—f3, Rh2—g1 10. Df3—g3+, Rg1—h1!! et la partie est nulle car, d'une part le roi blanc ne peut pas s'approcher et le pion fait dame, d'autre part sur 11. Dg3×f2 le roi noir est pat.

N° 29.

1. **ç6—ç7** **Td5—d6+**
(forcé, sinon le pion fait dame et les Blancs gagnent)
2. **Rb6—b5!** (seul coup valable ; si 2. Rb6—a5?, Td6—ç6 et ce sont les Noirs qui gagnent ! ; si 2. Rb6—ç5?, Td6—d1! 3. ç7—ç8=D, Td1—ç1+ gagnant la dame par enfilade)

2.	**...**	**Td6—d5+**
3.	**Rb5—b4!**	**Td5—d4+**
4.	**Rb4—ç3**	**Td4—d1**

5. **Rç3—ç2!** (après ce coup qui attaque la tour tout

en menaçant de faire dame, la cause paraît entendue, et pourtant...)

5. ... Td1—d4!!

Une ressource inattendue : si les Blancs jouent 6. ç7—ç8=D?, les Noirs répondent 6. ..., Td4—ç4+!! et, sur 7. Dç8×ç4 (forcé) le roi noir est pat! ; si les Blancs jouent 6. Rç2—ç3, les Noirs répondent 6. ..., Td4—d1! répétant la manœuvre précédente. On se pose alors la question légitime : « Comment peut-on gagner ? »

Et voici la réponse :

6. ç7—ç8=T!! (cette sous-promotion est à la hauteur de la défense ; les Blancs menacent de faire mat au moyen de 7. Tç8—a8+, Td4—a4. 8. Ta8 ×a4 mat)

6. ... Td4—a4

7. Rç2—b3!! les Noirs abandonnent

car ils ne peuvent pas à la fois parer la menace de mat par 8. Tç8—ç1 et sauver la tour attaquée.

N° 30.

1. ... f3—f2

Les Noirs menacent de faire dame et obligent les Blancs à donner échec.

2. Tç4—ç3+ Ré3—é4!

Seul coup. Si 2. ..., Ré3—é2? 3. Tç3—ç8, f2—f1=D 4. Tç8—é8+, Ré2—f2 5. Té8—f8+, Rf2—g2 6. Tf8×f1, Rg2×f1 et la partie est nulle. De même, sur 2. ..., Ré3—f4 3. Tç3—ç8 et la menace de l'échec à f8 est imparable. Enfin, sur 2. ..., Ré3—d4? 3. Tç3—f3! et ce sont les Blancs qui gagnent !

3. Tç3—ç4+ Ré4—é5!

4. Tç4—ç5+ Ré5—é6!

5.	**Tç5—ç6+**	**Ré6—f7!**
6.	**Tç6—ç7+**	**Rf7—g6!**
7.	**Tç7—ç6+**	**Rg6—g5!**
8.	**Tç6—ç5+**	**Rg5—g4!**
9.	**Tç5—ç4+**	**Rg4—g3!**
10.	**Tç4—ç3+**	**Rg3—g2!!**

et le roi noir étant désormais à l'abri d'un échec, le pion se transformera en dame et assurera la victoire.

On remarquera l'analogie de la manœuvre royale dans ces deux derniers exercices.

N° 31.

1.	**Tf7—ç7+**	**Rç3—d4**
2.	**Tç7—d7+**	**Rd4—é4**
3.	**Td7—é7+**	**Ré4—f5!**

Le roi noir cherche à se rapprocher de la tour afin d'écarter les échecs. Effectivement, si les Blancs continuent par 4. Té7—f7+?, les Noirs répondent 4. ..., Rf5—g6! et gagnent.

En revanche, sur 3. ..., Ré4—f4 4. Té7—f7+, si les Noirs voulaient appliquer le même principe en jouant 4. ..., Rf4—g5? ils perdraient la partie après 5. Tf7—g7+, Rg5—h6 6. Tg7—g1!, suivi de 7. Tg1—d1 gagnant les pions.

4. **Té7—é1!!** l'unique voie de sauvetage

4.	**...**	**d2×é1=D+**
5.	**Rf2×é1**	**Rf5—é4**
6.	**Ré1—d2**	**Ré4—d4**

7. **Rd2—d1!** et la partie est nulle selon l'enseignement du chapitre II (pages 138 et 139).

N° 32. — Il est clair que la tour ne peut pas empêcher la promotion du pion noir et dans ce cas, seule une combinaison de pat permettrait de faire nulle. D'où la solution, bien simple :

1. **Ta7—b7+** **Rb8—ç8!**
2. **Tb7—b5!** **ç2—ç1=D**
   (sur toute autre promotion la nullité ne pose pas de problème)
3. **Tb5—ç5+!!** **Dç1×ç5**
4. **Le roi blanc est pat**
   Partie nulle.

N° 33.

1. **Tç2—ç8!** (menace de gagner le fou par **clouage** au moyen de 2. Tç8—a8+, Ra1—b2 3. Ta8—b8!)
1. **...** **Fb6—d4!**

(Seul coup, si 1. ..., Fb6—a7 ou Fb6—a5 2. Tç8—a8! gagne. Si 1. ..., Fb6—g1 2. Tç8—ç1+ gagne).

2. **Ré2—d3!** (menace le fou qui n'a pas de défense)
2. **...** **Fd4—b2**
3. **Rd3—ç2** **Fb2—a3**
4. **Tç8—a8** **Ra1—a2**
5. **Ta8—a7** **Ra2—a1**
6. **Ta7×a3 mat.**

N° 34.

1. **Td5—d2!**

Un coup d'attente très efficace. La tour doit pouvoir gagner la case b2 afin de permettre au roi blanc de s'installer sur une case **noire,** condition indispensable pour gagner contre le FD noir (qui agit sur les cases blanches). Les mouvements du fou sont limités, ceux du roi noir aussi.

a) **1. ...** **Ra7—b8**

(Si 1. ..., Ra7—a6 2. Tb2—a2 mat. Si 1. ..., Ra7—a8 2. Rç6—b6! position typique de gain.)

2. Tç2—b2+ **Rb8—a7**

(Si 2. ..., Rb8—ç8 3. Tb2—f2! gagne par la double menace.)

3. Tb2—b6! et, quelle que soit la réponse des Noirs les Blancs vont jouer 4. Rç6—ç7! réalisant le schéma typique de gain.

b) **1. ...** **Ff1—a6**

2. Tç2—a2! gagne

c) **1. ...** **Ff1—h3**

2. Tç2—b2!, suivi de 3. Tb2—b6! et 4. Rç6—ç7! (schéma de gain)

d) **1. ...** **Ff1—ç4**

2. Tç2—b2! (menace de continuer par 3. Tb2—b6)

2. ... **Ra7—a6**

3. Tb2—b4 et gagne (par la double menace)

N° 35.

1. Tf8—f7+ **Ra7—b8**

(Si 1. ..., Ra7—a8 2. Rç6—b6 et mat imparable ; si 1. ..., Ra7—a6 2. Tf7—f4, Cé4—ç3 3. Tf4—ç4! gagne le cavalier ou fait mat.)

2. Tf7—b7+ **Rb8—a8**

(Si 2. ..., Rb8—ç8 3. Tb7—é7, Cé4—f6 4. Té7—é6 gagne le cavalier ou fait mat.)

3. Tb7—é7! et le cavalier est perdu en quelques coups.

Si **3. ...** **Cé4—f6**

4. Té7—f7 **Cf6—g4**

(Si 4. ..., Cf6—é8 5. Tf7—f8! gagne le cavalier par clouage.)

5. Rç6—b6 avec mat imparable

Si **3. ...** **Cé4—g5**
(ou Cé4—g3 ou Cé4—f2)
4. Rç6—b6! avec mat imparable

Si **3. ...** **Cé4—d2**
4. Rç6—ç7! (menace 5. Té7—é2 qui gagne)
4. ... **Cd2—ç4**

(Si 4. ..., Cd2 ailleurs 5. Rç6—b6! gagne.)

5. Té7—é4 **Cç4—b2**

(Si 5. ..., Cç4—a5 6. Té4—a4 gagne.)

6. Té4—b4! gagne le cavalier ou fait mat.

N° 36. — Nous avons déjà vu cette position, mais avec le roi noir en b7. La remarque importante faite à cette occasion (page 277) nous a appris qu'avec la tour noire en h1 (au lieu de g1, diagramme 217), les Noirs font nulle. La solution qui suit montrera qu'il suffit d'un petit changement (ici le roi noir se trouve en b8) pour que le résultat soit différent.

1. ... **Th1—h8+**
2. Rd8—é7 **Th8—h7+**
3. Ré7—d6! **Th7—h6+**

(Si 3. ..., Th7—h8 4. Tç2—b2+, Rb8—a7 5. Rd6—ç7 gagne.)

4. Rd6—d5 **Th6—h5+**
5. Rd5—ç6!!

C'est le coup qui assure le gain, il est possible parce que le roi noir est en b8 et non en b7.

5.	...	**Th5—h6+**
6.	**Rç6—b5**	**Th6—h5+**
7.	**Rb5—b6!!**	

C'est le schéma gagnant.

7.	...	**Th5—h6+**
8.	**Tç2—ç6!**	**Th6—h8**
9.	**Tç6—d6** (menace de faire dame)	
9.	...	**Th8—d8**
10.	**Td6—d1**	

Un simple coup d'attente qui passe le trait aux Noirs dont n'importe quel coup perd. Cette position où la contrainte du coup est fatale à celui qui doit jouer s'appelle (d'après le mot allemand intraduisible) : **Zugzwang.**

	10.	...	**Rb8—a8**
	11.	**Rb6—ç7!** et gagne	
ou	10.	...	**Td8—h8**
	11.	**d7—d8=D+**	**Th8×d8**
	12.	**Td1×d8 mat.**	

N° 37. — Nous retrouvons la position du diagramme précédent (n° 36) où toutes les pièces ont été poussées d'une case vers la gauche. Rien que ce changement (en apparence sans portée) permet d'obtenir un résultat différent.

1.	...	**Tg1—g8+**
2.	**Rç8—d7**	**Tg8—g7+**
3.	**Rd7—ç6**	**Tg7—g6+**
4.	**Rç6—ç5**	**Tg6—g5+**
5.	**Rç5—b6**	**Tg5—g6+**
6.	**Rb6—a5**	**Tg6—g5+**
7.	**Ra5—a6**	**Tg5—g6+**
8.	**Tb2—b6**	

Les Blancs ont appliqué la même méthode que dans l'exercice n° 36, mais

8. ... **Tg6×b6+!**

C'est là que joue la différence de la position, car

9. Ra6×b6 et le roi noir est pat.

Donc partie nulle.

N° 38. — La tentative 1. Ch8—f7? est réfutée par 1. ..., a5—a4 2. Cf7—é5, Rb3—ç3!! et le pion passe à dame. La solution est une simple application des exemples 213 et 214 (pages 270 et 271).

1. Ch8—g6! **a5—a4**

2. Cg6—f4! et la partie est nulle (page 281).

N° 39. — Une finale subtile où la nullité s'obtient grâce à un coup de problème.

1. Ff4—g3! **d4—d3**

Les Noirs envisagent de jouer, sur 2. Fg3—f4, d3—d2! et, sur 3. Rf1—é2, f2—f1=D+ 4. Ré2×f1, d2—d1=D mat.

2. Fg3×f2! **d3—d2!**

Le pion menace de faire dame. Dans cette position les Blancs semblent perdus. En effet, sur 3. Rf1—é2, é3×f2 et l'un des pions fera dame. A noter que sur 2. ..., é3×f2 3. Rf1×f2 la partie est nulle.

3. Ff2—é1!! (menace de prendre le Pd2 ce qui mène à la partie nulle)

3. ... **d2—d1=T!**

(Si 3. ..., d2—d1=D? les Blancs sont pat ! Une ressource inattendue.)

4. Rf1—é2 **Td1—a1**

5. **Fé1—h4** **Ta1—a3**
6. **Fh4—g5** **Rh1—g2**
7. **Fg5×é3** et la partie est nulle, la tour ne pouvant rien contre le fou dans une telle position (page 265).

N° 40.

1. **Fh3—é6!** **Ré8—é7!**
2. **h5—h6** **Ré7—f6!**
3. **Fé6—f5!** **Rf6—f7**
4. **Ff5—h7!** **Rf7—f6!**
5. **Ré3—f4!!** (c'est grâce à ce coup, qui empêche le roi noir d'aller à g5, que l'exceptionnel gain est possible)
5. **...** **Rf6—f7**
6. **Rf4—f5** **Rf7—f8**
7. **Rf5—f6** **Rf8—é8**
8. **Rf6—g7! et le pion fera dame.**

N° 41.

1. **...** **Té6—é1+!**
   (il est indispensable d'échanger d'abord la tour blanche)
2. **Tf2—f1** **Té1×f1+**
2. **Rg1×f1** (le roi blanc se trouvant à présent sur la case blanche f1, la nullité peut être obtenue)
2. **...** **Fç8—h3!!**

Et le pion g2 étant **cloué** ne peut pas avancer à g3 (ce qui donnerait partie gagnante aux Blancs) ; il sera donc pris par le fou noir au prochain coup et la partie sera nulle (voir remarque page 286) ; ou bien, sur 3. g2×h3, Rd4—é5 4. h4—h5, Ré5—f6, etc. avec le même résultat.

N° 42. — Le camp des Blancs est dans une position désespérée. Le seul pion qui reste est menacé d'être pris ; le cavalier est pratiquement coupé par le fou. En revanche, les Noirs ont trois pions dont un menace de faire dame immédiatement. Dans ces conditions que faire ? Si 1. Rç3—d2? 1. ..., Ra6—a5 suivi de Ra5—a4 et Ra4—a3 gagne aisément. Si 1. Cf4—g2?, Fç4×a2 et les Noirs gagnent également sans difficulté grâce à leur considérable supériorité matérielle. Et pourtant un sauvetage est possible si on a bien assimilé la leçon exposée pages 285 et 286. Voici la solution :

1. **Cf4×é2!!** avec les variantes a et b

a)
1. **...** — **Fç4×é2**
2. **a2—a4!!** — **b5×a4**
(sinon 3. a4×b5+ menant au même résultat)
3. **Rç3—b2,** partie nulle.

b)
1. **...** — **Fç4×a2**
2. **Cé2—d4!** — **Ra6—a5**
3. **Cd4×b5!!** — **Ra5×b5**
4. **Rç3—b2,** partie nulle.

N° 43.

1. **Fb6—g1** (coup forcé, sinon le pion fait dame)
1. **...** — **Cé5—f3!**
2. **Fg1—h2!!** (seul ce coup de problème sauve la partie ; la tentative 2. Rd1—é2?, Cf3×g1+ 3. Ré2—f2, est réfutée par 1. ..., Cg1—é2!! qui assure la promotion du pion)
2. **...** — **Cf3×h2**
(sinon le F reste sur la diagonale b8/h2 et le roi blanc s'approche à temps de l'angle h1)
3. **Rd1—é2** — **Rg7—g6**
4. **Ré2—f2** — **Ch2—g4+**

5. **Rf2—g3!** (non pas 5. Rf2—g1, Rg6—g5 6. Rg1—h1, Rg5—h4 7. Rh1—g1, Rh4—g3 8. Rg1—h1, Cg4—f2+ 9. Rh1—g1, h3—h2+ et les Noirs gagnent ; c'est l'application de la finale 220, page 280). L'attaque du Ph3 **force l'avance** de celui-ci et permet d'obtenir la nullité.

5. ... h3—h2

6. Rg3—g2, nulle.

D'après l'exemple 228 (page 288).

Nº 44. — Le Ph3 étant à deux pas de la promotion et bien soutenu par R et C, la nullité semble impossible. Et pourtant...

Tout d'abord la tentative 1. Fa4—ç6+? est réfutée par 1. ..., Rg2—g1! qui permet le gain parce que le pion noir **se trouve en h3** (et non en h2). D'où la solution :

1. **Fa4—d7!!** (forçant l'avance du pion)

1. ... h3—h2

Ne gagne pas 1. ..., Ch4—f3+? à cause de 2. Ré1—é2, h3—h2 3. Fd7—ç6, h2—h1=D 4. Fç6×f3+, Rg2—g1 5. Fç6×h1 et la partie est nulle.

2. Fd7—ç6+ Rg2—g1!

Les Noirs menacent de jouer 3. ..., Ch4—g2+ et de faire dame ensuite.

3. **Fç6—h1!!** (le sacrifice inattendu du fou a pour but de bloquer le Ph2)

3. ... Rg1×h1

(Sur 3. ..., Ch4—g2+ 4. Ré1—é2!, Rg1×h1 5. Ré2—f1!! fait nulle, car le cavalier, qui se trouve sur une case de même couleur que celle du roi blanc, doit jouer. Application de la règle de la page 288.)

4. **Ré1—f2!!** et la partie est nulle car le cavalier et le roi blanc se trouvent sur des cases noires et

le cavalier doit jouer (application de la règle de la page 288).

N° 45.

1.	**Rd5—é6**	**Fé7—b4**
2.	**Fh5—f3**	**Rç7—d8**
3.	**f5—f6**	**Fb4—ç5**
4.	**f6—f7**	**Fç5—b4**
5.	**Ré6—f6**	**Fb4—f8**

(Ou 5. ..., Fb4—ç3+ 6. Rf6—g6, Fç3—b4 7. Rg6—g7! gagnant le fou.)

6. Rf6—g6 **Rd8—ç7**

(Ou 6. ..., Rd8—é7 7. Rg6—h7!, Ré7×f7? 8. ç6—ç7 et le pion ç fait dame.)

7. Rg6—h7 **Rç7—d8**

8. Rh7—g8! (le schéma gagnant)

8. ... **Ff8—a3**

(Ou 8. ..., Rd8—é7 9. ç6—ç7, Ré7—d7 10. Rg8×f8 et le pion f fait dame.)

9. f7—f8=D+ **Fa3×f8**

10. Rg8×f8 et les Blancs gagnent.

N° 46. — Position intéressante où la solution, plus difficile, exige la plus grande précision. Il est clair qu'il s'agit de supprimer le contrôle de la case b8 exercé par le fou noir.

1. Fd8—h4! dans le dessein d'amener le fou blanc en a7 après quoi le gain devient possible

1. ... **Rç6—b6**

Seul le roi noir peut s'opposer au projet des Blancs, d'où ce coup (ou 1. ..., Rç6—b5) pour atteindre la case a6.

2. Fh4—f2+ **Rb6—a6**

3. **Ff2—ç5!!** un vrai coup de problème dont le but est de déloger le fou noir de la case h2 (où il est invulnérable) tout en lui ôtant la possibilité de s'installer en d6 (case qui lui serait favorable pour se défendre)

3. ... **Fh2—g3**

4. **Fç5—é7!** dans le dessein d'amener ce fou en ç7, via d8, après quoi le pion fera dame

4. ... **Ra6—b6**

Le roi noir est obligé de rebrousser chemin (il peut également le faire via b5) pour empêcher la réalisation de cette menace.

5. **Fé7—d8+** **Rb6—ç6**

Nous voici donc revenus à la position du diagramme 46 à cette différence près que le fou noir se trouve en g3 au lieu de h2. Et en quoi cela peut-il favoriser les Blancs ? Nous allons le voir sans tarder.

6. **Fd8—h4!!** menaçant de prendre le fou dont le départ (forcé) permet au fou blanc de **gagner un temps** dans l'accomplissement de sa grande manœuvre vers la case a7 **sans que le roi noir puisse l'en empêcher**

6. ... **Fg3—h2**

7. **Fh4—f2!!** **Fh2—f4**

8. **Ff2—a7** **Ff4—é5**

9. **Fa7—b8!!** le premier objectif de la manœuvre : le fou noir est chassé de la diagonale b8/h2

9. ... **Fé5—d4!**

Il faut que le fou noir puisse accéder en a7.

10. **Fb8—g3** **Fç5—a7**

Le fou noir contrôle de nouveau la case b8, mais sa marge de manœuvre est bien réduite.

11. **Fg3—f2!!** la dernière opposition des fous est

fatale aux Noirs, qui **abandonnent** faute de pouvoir désormais empêcher la promotion du pion.

C'est subtil le jeu d'Echecs ! N'est-ce pas ?

N° 47. — Le gain s'obtient comme dans l'exemple 234 (page 293). La présence de la menaçante phalange des trois pions de plus f4, g4, h4 n'y change rien, le roi blanc pouvant faire face tout seul à l'avance de ces pions. Donc :

1. **b4—b5!** et maintenant

Si 1. ... **f4—f3+**

2. **Rg2—f2!** **h4—h3**

(si 2. ..., g4—g3+ 3. Rf2×f3)

3. **Rf2—g3!**

Si 1. ... **h4—h3+**

2. **Rg2—h2!** **f4—f3**

3. **Rh2—g3** et les trois pions noirs arrêtés dans leur marche, la solution se poursuit exactement comme celle de la page 293.

N° 48. — La tentative 1. Rç2—ç3? (menaçant de capturer le Pa4 puis de gagner selon la méthode classique) est réfutée par 1. ..., a4—a3!! Si 2. b2×a3 la partie est nulle à cause du PT qui en résulte. Si 2. b2—b4, Rf6—é5 3. Rç3—b3, Ré5—d5 4. Rb3×a3, Rd5—ç6 5. Ra3—a4, Rç6—b6! et les Blancs ne peuvent plus gagner.

La solution ne manque pas de finesse et, pour paradoxale qu'elle paraisse, elle n'assure pas moins le gain.

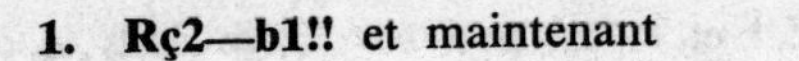

1. Rç2—b1!! et maintenant

Si 1. ... Rf6—é5
2. Rb1—a2 Ré5—d5
3. Ra2—a3 Rd5—ç5
4. Ra3×a4 Rç5—b6
5. Ra4—b4! et le roi blanc ayant occupé la case efficace b4 devant son pion, le gain est désormais facile (en appliquant la règle de l'abbé Durand (page 140).

Si 1. ... a4—a3!
2. b2—b3!! (non pas 2. b2—b4?, Rf6—é6 3. Rb1—a2, Ré6—d6 4. Ra2×a3, Rd6—ç6 5. Ra3—a4, Rç6—b6! et la partie est nulle)
2. ... Rf6—é5!
3. Rb1—a2 Ré5—d5
4. Ra2×a3 Rd5—ç5
5. Ra3—a4 Rç5—b6
6. Ra4—b4! et les Blancs gagnent.

N° 49. — A priori il semble impossible au roi blanc d'entrer dans le carré du pion noir qui est sur le point d'aller à dame sans encombre. Aussi faut-il chercher la solution de sauvetage en faisant appel aux pions blancs.

1. g2—g4+!! Rh5—g5!

Si 1. ..., Rh5×g4? 2. Rh7—g6!!, ç7—ç5 3. h2—h4!!, Rg4×h4 (sinon le pion blanc fera dame et la partie sera nulle) 4. Rg6—f5!! et le roi noir se trouve dans le carré du pion, donc partie nulle.

2. Rh7—g7! (non pas 2. h2—h4+?, Rg5×h4! 3. Rh7—g6, Rh4×g4 4. Rg6—f6, Rg4—f4! 5. Rf6—é6, Rf4—é4! et le pion noir va à dame sans encombre)

2.	**...**	**ç7—ç5**
3.	**h2—h4+!!**	**Rg5×h4**

(Ou 3. ..., Rg5×g4 4. Rg7—g6! et la suite de nullité est identique à celle exposée ci-dessus, après le premier coup.)

4.	**Rg7—f6!**	**Rh4×g4**

(Ou 4. ..., ç5—ç4 5. g4—g5 et les deux pions feront dame.)

5. Rf6—é5! et la partie est **nulle,** car le pion sera pris par le roi blanc.

N° 50. — Grâce à la **majorité** que les Blancs possèdent à l'Ouest de l'échiquier (l'aile-dame), le gain apparaît clairement par la formation d'un **pion passé éloigné** sur la colonne —TD. Cependant l'action directe ne mène pas au but. Voyons cela de plus près.

Première tentative :

1.	**a2—a4?**	**Rh4—g3!!**
2.	**a4—a5**	**h7—h5**
3.	**a5—a6**	**h5—h4**
4.	**a6—a7**	**h4—h3**
5.	**a7—a8=D**	**h3—h2 mat**

Ce péril doit donc être écarté avant de pousser le pion a2.

Deuxième tentative :

1.	**Rg1×g2?**	**Rh4—g5**
2.	**a2—a4**	**b4×a3 e.p.!!**

Cette prise en passant ralentit l'élan du pion passé en **retardant d'un temps** son avance. Cela permet au **roi noir de gagner en quelques coups le carré de promotion.**

3. b2×a3

297

Position après 3. b2×a3

La position ainsi obtenue mérite un diagramme à part. Le lecteur pourra mieux suivre l'analyse qui suit.

3.	**...**	**Rg5×f5?**

Cette réponse naturelle n'est pas suffisante pour annuler comme le prouve la suite :

4.	**a3—a4**	**Rf5—é5**

Le roi noir se trouve ainsi sur une case appartenant au carré de promotion du pion passé et cela empêche l'avance 5. a4—a5? à cause de 5. ..., Ré5×d5 6. a5—a6, Rd5—ç6! rejoignant le pion ; de même après 5. ç5—ç6? (essayant d'obstruer la case de passage ç6), d7—d6! 6. a4—a5, Ré5×d5 7. a5—a6, Rd5×ç6! avec le même résultat.

Les Blancs ont cependant une suite gagnante à leur disposition.

5. d5—d6!! (menaçant de faire dame)

5. ... ç7×d6!

(Non pas 5. ..., ç7—ç6? 6. a4—a5, Ré5—d5 7. a5—a6, Rd5×ç5 8. a6—a7 et le pion fait dame.)

6. ç5—ç6!! (menaçant de faire dame)

6. ... d7×ç6

7. a4—a5 et, que ce soit via d5 ou via é6, le roi noir n'arrive pas à arrêter le pion.

En revenant à la position du diagramme 297, on trouve cependant une solution favorable aux Noirs, en jouant non pas 3. ..., Rg5×f5? mais :

3. ... Rg5—f6!!

Et, en effet :

Si **4. a3—a4 Rf6—é7**

5. a4—a5 Ré7—d8

6. a5—a6 Rd8—ç8

et le roi noir rejoint le pion. De même :

Si **4. d5—d6 ç7×d6**

5. ç5×d6 **Rf6—é5!**

6. a3—a4 **Ré5—d5**

7. a4—a5 **Rd5—ç6!**

et le roi noir rejoint encore le pion après quoi ce sont les Blancs qui risquent de perdre.

Dès lors, comprenant — grâce à l'analyse qui précède — la nécessité absolue de barrer la route au roi noir en obstruant **toutes** les cases de son passage à l'Ouest, la solution devient claire.

Solution de l'exercice n° 50 :

1. f5—f6!! **g7×f6**

(Forcé. Si 1. ..., Rh4—g3? 2. f6×g7 gagne.)

2. Rg1×g2 **Rh4—g5**

(Ou 2. ..., Rh4—g4 ce qui revient au même.)

3. a2—a4 **b4×a3 e.p.!**

4. b2×a3 **Rg5—f5**

5. a3—a4 **Rf5—é5**

6. d5—d6!! **ç7×d6**

7. ç5—ç6!! **d7×ç6**

8. a4—a5 et la promotion en dame du seul pion blanc qui reste étant désormais assurée, la réponse est :

8. .... **les Noirs abandonnent.**

CHAPITRE VII

Renseignements pratiques

DIVERSES FORMES DE LA PARTIE D'ECHECS

OUTRE la partie classique, où deux joueurs s'affrontent l'un en face de l'autre, il existe plusieurs manières d'organiser les compétitions.

Parties ou matches par câble, radio, téléphone ou télex. — Ces manifestations peuvent être individuelles ou par équipes.

Parties simultanées. — Des amateurs de force moyenne (10, 20... 50) tenant chacun un échiquier affrontent simultanément un seul maître. Celui-ci passe d'une table à l'autre en réfléchissant très peu (la moyenne de réflexion du maître est de six minutes par partie), exécute aussi vite que possible son coup et termine la « simultanée » après quelques heures, de trois à cinq en moyenne, selon le nombre de ses adversaires.

Parfois, à titre de propagande, on organise des simultanées géantes pouvant comporter exceptionnellement cent échiquiers et même davantage. Le record a été battu dans ce domaine, en 1966, à La Havane (Cuba) où, à l'occasion de la XVIIe Olympiade d'Echecs près de sept mille amateurs affrontèrent en plein air, sur la vaste place publique, quelque trois cents maîtres, chacun jouant simultanément contre vingt à vingt-cinq adversaires. Fidel Castro en personne y participa et réussit à annuler sa partie contre Tigran Petrossian, le champion du monde à cette époque.

Parties à l'aveugle, c'est-à-dire sans voir l'échiquier (ni le sien, ni celui de son adversaire). En s'entraînant, on peut arriver à jouer ainsi plusieurs parties simultanément. Certains spécialistes ont réalisé des prouesses étonnantes, en affrontant dix, vingt et même jusqu'à cinquante échiquiers. Ces exploits montrent les extraordinaires possibilités de la mémoire et de la concentration mentale.

Parties vivantes, genre très spectaculaire dont l'origine est très ancienne. Les Echecs ont de tout temps inspiré les régisseurs de fêtes dans bien des pays. Les souverains de l'Inde donnaient souvent des séances où les différentes pièces du jeu étaient représentées par des personnages en chair et en os. Les rois d'Espagne et les grands seigneurs de Venise avaient aussi une particulière prédilection pour ces parties vivantes.

Au XIVe siècle, en France, Philippe II le Hardi, duc de Bourgogne et fils de Jean II le Bon, organisait avec sa cour des parties gigantesques où des esclaves noirs et des soldats de son armée figuraient les pièces.

Rabelais, dans son célèbre « Pantagruel » décrit le « tournoi de la Quinte » où l'éclat des costumes le dispute à l'ardeur du combat.

Des séances mémorables, très appréciées, eurent lieu sous la direction du comte de Rochechouart à Odessa, dans la cour du gouverneur de l'« Emigration » le duc Armand-Emmanuel de Richelieu, ministre de Louis XVIII.

En 1934, à Moscou, des athlètes figuraient les rois, des joueuses de tennis : les dames, des gymnastes armés : les tours et les cavaliers, des cyclistes : les fous et deux équipes de football : les pions, dans la partie vivante du stade des usines automobiles.

De nos jours, ces spectacles attirent encore de nombreux amateurs surtout lorsque les pièces sont personnifiées par des corps de ballet qui évoluent avec grâce sur les carrés blancs et noirs.

Parties majoritaires. — Par exemple celle disputée en 1950 entre l'auteur de ce livre et quelque cinq cents adversaires disséminés ou groupés dans diverses villes de France. Leurs coups étaient transmis au chroniqueur d'Echecs de la radio : M. Robert Bellanger. C'est à celui proposé par la majorité de mes adversaires que je devais répondre.

Parties-éclair. — Le temps de réflexion est très court ; cadence moyenne par coup : cinq secondes. Ce genre est très répandu, même sous forme de tournoi.

Parties en consultation pouvant être disputées entre deux équipes ou entre un maître et des alliés. Ce genre peu développé peut rendre de réels services aux amateurs désireux de se perfectionner.

Parties par correspondance, individuelles ou par équipes, permettant d'engager à distance des matches, des tournois et même des championnats. Des manuscrits font mention de telles parties qui eurent lieu déjà au Moyen Age. En

1740, Frédéric le Grand engagea de sa résidence de Sans-Souci une partie avec Voltaire qui se trouvait à Cirey, au château de Mme du Châtelet. Ces parties durent des mois et parfois des années.

LA FEDERATION FRANÇAISE DES ECHECS (F.F.E.)

Fondée en 1921, elle administre la vie échiquéenne en France, s'efforce de répandre le goût du noble jeu par une propagande appropriée et cherche à augmenter sans cesse le nombre d'amateurs dans notre pays.

Elle s'occupe des relations intérieures et extérieures et de l'information générale sur toutes les activités la concernant.

Son bureau est composé comme suit :

Président :

M. Raoul Bertolo, 50 D, rue de Dole, 25000 Besançon.

Secrétaire général :

M. François Wees, 13, rue Cl.-Eggenspieller, 68390 Sausheim.

En outre, un certain nombre de vice-présidents fédéraux représentant les ligues, un secrétaire administratif, un trésorier et plusieurs directeurs : technique, financier, à la propagande, au classement, etc., complètent le comité dirigeant.

Le secrétariat permanent, siège de la F.F.E., se trouve au 105, boulevard de Sébastopol, 75002 Paris.

LES LIGUES ECHIQUEENNES DE FRANCE

ILE-DE-FRANCE

Présidente : **Mme Chantal Chaudé**

Secrétaire : **M. Bernard Chaudé,** 27, rue du Calvaire, 92210 Saint-Cloud.

ALSACE

Président : **M. François Wees,** 13, rue Cl.-Eggenspieller, 68390 Sausheim.

Secrétaire : **M. Henry Flory.** rue Chanoine Cetty, 68780 Sentheim.

LORRAINE

Président : **M. Alex Bessler,** 7, rue des Frères-Hof, 88000 Epinal.

Secrétaire : **M. Pierre Grand,** rue Charles-Pensee, 88000 Epinal.

PROVENCE

Président : **M. Paul Leblanc,** 18, rue Gozlan, 13003 Marseille.

Secrétaire : **M. Maurice Joly,** 20, avenue Paul-Langevin, 13130 Berre-L'Etang.

LANGUEDOC

Président : **M. Loubatière,** Résidence « L'Imperator », Bloc 2, 480, rue Centrayrargues, 34000 Montpellier.

Secrétaire : **M. André Dassonneville,** 15, rue des Myrtes, 34000 Montpellier.

COTE D'AZUR

Président : **M. Jacques Negro,** Les Armoises, 18, corniche A.-de-Joly, 06000 Nice.

Secrétaire : **M. Pelayo,** 30, rue de France, 06000 Nice.

NORMANDIE

Président : **M. Robert Pecnard,** 37, rue Ed.-Cannevel, 76510 Saint-Nicolas-Aliermont.

Secrétaire : **M. Henri Pinchon,** 7, rue de Blainville, 76000 Rouen.

CHAMPAGNE

Président et secrétaire : **M. Jean Denis,** 107, rue du Dr-Schweitzer, 10100 Romilly-sur-Seine.

GUYENNE

Président : **M. Raymond Garcia,** 34, rue du Général-Castelnau, 33700 Mérignac.

Secrétaire : **M. Henri Mailler,** 1, rue Maurouard, 33160 Saint-Médard-en-Jalles.

ADOUR

Président : **M. André Rigel,** 10, boulevard de la Caussade, 65000 Tarbes.

Secrétaire : **Mlle Boy,** 9, avenue Rhin-et-Danube, 64000 Pau.

PYRENEES

Président : **M. le docteur Boue,** rue de la Colombette, 31000 Toulouse.

Secrétaire : **M. Ernest Pavia,** 397 bis, route de Saint-Simon, 31300 Toulouse.

ATLANTIQUE-ANJOU

Président : **M. l'abbé Brossard,** 5, Cloître-Saint-Martin, 49000 Angers.

Secrétaire : **M. André Pohu,** 7, rue Jules-Massenet, 72000 Le Mans.

BRETAGNE

Président et secrétaire : **M. P. Chapon,** 33, boulevard Carnot, B.P. 11, 35160 Montfort.

CENTRE

Président : **M. Lallemand,** 27, rue Vernet, 03200 Vichy.

Secrétaire : **M. Radic,** 11, rue du Parc, 03200 Vichy.

LIMOUSIN

Président et secrétaire : **M. R. Le Godec,** Résidence Strasbourg, 87100 Limoges.

BOURGOGNE

Président : **M. André Chambrion,** 15, Clos-Jovet, 71400 Autun.

Secrétaire : **M. Guy Langlois,** 18, boulevard H.-P.-Schneider, 71200 Le Creusot.

DAUPHINE

Président : **M. Albert Cohen,** 61, rue Jeanne-d'Arc, 38100 Grenoble.

Secrétaire : **M. Petit-Jean Biguet,** 57 bis, rue Montplaisir, 26000 Valence.

FRANCHE-COMTE

Président : **M. Maurice Thuriet,** 21, avenue Denfert-Rochereau, 25000 Besançon.

Secrétaire : **M. Jacques Senet,** 2 bis, rue Nicolas-Nicole, 25000 Besançon.

LYONNAIS

Président : **M. Maurice Garin,** 7, rue Jules-Massenet, 69003 Lyon.

Secrétaire : **Mlle Christiane Vernay,** 45, avenue Berthelot-L'Horme, 42400 Saint-Chamond.

NORD

Adresse provisoire : Cercle **« Echiquier du Nord »,** *Taverne Lilloise,* rue de Béthune, 59000 Lille.

Président : **M. Alfred Boulet,** 50/6, rue Léon-Blum, 59000 Lille.

L'ASSOCIATION DES JOUEURS PAR CORRESPONDANCE (A.J.E.C.)

Section autonome affiliée à la F.F.E. et à l'I.C.C.F.

Elle organise des tournois et matches par correspondance et édite la revue *Le Courrier des Echecs* qui paraît tous les mois.

Président : **J. Jaudran,** 5, place Gambetta, 24700 Montpon-Menesterol.

Secrétaire : **P. Maréchal,** impasse Fleurie, 54400 Longwy-Haut.

Autres revues d'Echecs françaises :

Europe-Echecs (mensuelle) contient des parties commentées, des articles théoriques, des problèmes. Direction-administration : Raoul Bertolo, 50, rue de Dole, 25000 Besançon.

Thèmes-64 (trimestrielle) destinée exclusivement à la Composition d'Echecs : problèmes, études, articles techniques. Organe de l'association « Les Amis du Problème d'Echecs ». Ecrire à M. Jean Bertin, trésorier, 14, avenue Ledru-Rollin, 75012 Paris.

Diagrammes (bimestrielle) destinée exclusivement aux problèmes. Administration : J.-C. Dumont, 60, avenue Jean-Jaurès, 93320 Pavillons-sous-Bois.

La **« Fédération Sportive et Gymnique du Travail »** (F.S.G.T.) dont le siège est à Paris, rue Toudic, comporte une importante section « Echecs », qui compte de nombreux cercles.

Cette section organise des championnats et des tournois par correspondance.

LES CHAMPIONS DE FRANCE

1914 **A. Goetz** (Lyon).
1923 **G. Renaud** (Paris).
1924 **R. Crépeaux** (Strasbourg).
1925 **R. Crépeaux** (Nice).
1926 **A. Chéron** (Biarritz).
1927 **A. Chéron** (Chamonix).
1928 **A. Gibaud** (Marseille).
1929 **A. Chéron** (Saint-Claude).
1930 **A. Gibaud** (Rouen).
1931 **A. Muffang** (Lille).
1932 **M. Raizman** (La Baule).
1933 **A. Gromer** (Sarreguemines).
1934 **V. Kahn** (Paris).
1935 **A. Gibaud** (Saint-Alban).
1936 **M. Raizman** (Paris).
1937 **A. Gromer** (Toulouse).
1938 **A. Gromer** (Nice).
1941 **R. Crépeaux** (Paris).
1942 **R. Daniel** (Paris).
1943 **Dr L. Bigot** (Pau).
1945 **C. Boutteville** (Roubaix).
1946 **M. Raizman** (Bordeaux).
1947 **M. Raizman** (Rouen).

1948 **N. Rossolimo** (Paris).

1949 **C. Hugot** (Besançon).

1950 **C. Boutteville** (Aix-en-Provence).

1951 **M. Raizman** (Vichy).

1952 **M. Raizman** (Charleville).

1953 **X. Tartacover** (Paris).

1954 **C. Boutteville** (Marseille).

1955 **C. Boutteville** (Toulouse).

1956 **P. Rolland** (Vittel).

1957 **Dr Bergraser** (Bordeaux).

1958 **C. Lemoine** (Le Touquet).

1959 **C. Boutteville** (Reims).

1961 **Dr G. Mazzoni** (Paris).

1962 **A. Thiellement** (Paris).

1963 **A. Thiellement** (Paris).

1964 **Dr M. Roos** (Montpellier).

1965 **Dr G. Mazzoni** (Dunkerque).

1966 **Dr Bergraser** (Grenoble).

1967 **C. Boutteville** (Dieppe).

1968 **G. Letzelter** (Lyon).

1969 **J. Planté** (Pau).

1970 **Maclès** (Mulhouse).

1971 **G. Letzelter** (Bordeaux-Mérignac).

1972 **A. Haïk** (Rosny-sous-Bois).

1973 **M. Benoit** (Vittel).

LA FEDERATION INTERNATIONALE DES ECHECS (F.I.D.E.)

Fondée à Paris le 20 juillet 1924, sous l'impulsion du Français Pierre Vincent, la F.I.D.E. réunit quatre-vingts pays adhérents. Elle est la deuxième fédération mondiale après celle du football. Son siège se trouve à Amsterdam où est domicilié son président le Dr. Max Euwe (ex-champion du monde). L'adresse du bureau central est :

Lijnbsaansgracht 231 Amsterdam (Pays-Bas)

Les épreuves importantes patronnées par la F.I.D.E. sont :

I. — **Le championnat du monde individuel** et ses diverses étapes : a) Tournois zonaux ; b) Tournois interzones ; c) Tournois ou matches des candidats ; d) Le match pour le titre entre le tenant et le challenger. L'ensemble a lieu tous les trois ans.

II. — **Le championnat du monde par équipes** également dénommé **Tournoi des Nations, Olympiade** ou **Jeux olympiques échiquéens.** Il a lieu tous les deux ans.

III. — **Le championnat du monde, catégorie juniors (individuel),** réservé aux moins de vingt ans. Il a lieu tous les deux ans.

IV. — **Le championnat du monde universitaire (par équipes).** Il a lieu tous les ans.

V. — **Le championnat du monde féminin (individuel).** Il a lieu tous les trois ans.

VI. — **Le championnat du monde féminin par équipes.** Il a lieu tous les deux ans.

VII. — **Le championnat du monde par correspondance (individuel).** Il a lieu tous les trois ans.

LES CHAMPIONS DU MONDE
(individuels)

1866 *New York, Saint Louis, Nouvelle Orléans* (U.S.A.) :
Wilhelm Steinitz (Autriche).

1894 *New York, Philadelphie* (U.S.A.)
Montréal (Canada) :
Emmanuel Lasker (Allemagne).

1921 *La Havane* (Cuba) :
José-Raoul Capablanca (Cuba).

1927 *Buenos Aires* (Argentine) :
Alexandre Alekhine (France).

1935 *Amsterdam* (Pays-Bas) :
Max Euwe (Pays-Bas).

1937 *Amsterdam* (Pays-Bas) :
Alexandre Alekhine (France). Alekhine est mort accidentellement, à Lisbonne, le 24 mars 1946.

1948 *La Haye* (Pays-Bas)
Moscou (U.R.S.S.) :
Michaïl Botvinnik (U.R.S.S.).

1957 *Moscou* (U.R.S.S.) :
Vassyli Smyslov (U.R.S.S.).

1958 *Moscou* (U.R.S.S.) :
Michaïl Botvinnik (U.R.S.S.).

1960 *Moscou* (U.R.S.S.) :
Michaïl Tahl (U.R.S.S.).

1961 *Moscou* (U.R.S.S.) :
Michaïl Botvinnik (U.R.S.S.).

1963 *Moscou* (U.R.S.S.) :
Tigran Petrossian (U.R.S.S.).

1969 *Moscou* (U.R.S.S.) :
Boris Spassky (U.R.S.S.).

1972 *Reykjavik* (Islande) :
Robert Fischer (U.S.A.).

LES CHAMPIONS DU MONDE JUNIORS

(individuels)

1951 *Birmingham* (Angleterre) :
Ivkov (Yougoslavie).

1953 *Copenhague* (Danemark) :
Panno (Argentine).

1955 *Anvers* (Belgique) :
Spassky (U.R.S.S.).

1957 *Toronto* (Canada) :
Lombardy (U.S.A.).

1959 *Münchenstein* (Suisse) :
Bielicki (Argentine).

1961 *La Haye* (Pays-Bas) :
Parma (Yougoslavie).

1963 *Vrnyaka Banja* (Yougoslavie) :
Gheorghiu (Roumanie).

1965 *Barcelone* (Espagne) :
Kuraitza (Yougoslavie).

1967 *Tel Aviv* et *Jérusalem* (Israël) :
Kaplan (Porto Rico).

1969 *Stockholm* (Suède) :
Karpov (U.R.S.S.).

1971 *Athènes* (Grèce) :
Hug (Suisse).

1973 *Teesside* (Angleterre) :
Beljavsky (U.R.S.S.).

1927 *Londres* (Angleterre) :
Vera Menchik-Stevenson (Tchécoslovaquie, puis Angleterre).

1930 *Hambourg* (Allemagne) :
Vera Menchik-Stevenson.

1931 *Prague* (Tchécoslovaquie) :
Vera Menchik-Stevenson.

1933 *Folkestone* (Angleterre) :
Vera Menchik-Stevenson.

1934 *Rotterdam* (Pays-Bas) :
Vera Menchik-Stevenson.

1935 *Varsovie* (Pologne) :
Vera Menchik-Stevenson.

1937 *Semmering* (Autriche) :
Vera Menchik-Stevenson.

1939 *Buenos Aires* (Argentine) :
Vera Menchik-Stevenson. Cette joueuse exceptionnelle est morte à Londres, en 1944, dans un bombardement aérien.

1949 *Moscou* (U.R.S.S.) :
Ljudmila Rudenko (U.R.S.S.).

1953 *Léningrad* (U.R.S.S.) :
Elizaveta Bykova (U.R.S.S.).

1956 *Moscou* (U.R.S.S.) :
Olga Rubtzova (U.R.S.S.).

1958 *Moscou* (U.R.S.S.) :
Elizaveta Bykova (U.R.S.S.).

1959 *Moscou* (U.R.S.S.) :
Elizaveta Bykova (U.R.S.S.).

1962 *Moscou* (U.R.S.S.) :
Nona Gaprindashvili (U.R.S.S.).

1965 *Riga* (U.R.S.S.) :
Nona Gaprindashvili (U.R.S.S.).

1969 *Tiflis* (U.R.S.S.) :
Nona Gaprindashvili (U.R.S.S.).

1972 *Riga* (U.R.S.S.) :
Nona Gaprindashvili (U.R.S.S.).

CHAMPIONNATS DU MONDE UNIVERSITAIRES
(par équipes)

1954 *Oslo* (Norvège) :
Tchécoslovaquie.

1955 *Lyon* (France) :
U.R.S.S.

1956 *Upsala* (Suède) :
U.R.S.S.

1957 *Reykjavik* (Islande) :
U.R.S.S.

1958 *Varna* (Bulgarie) :
U.R.S.S.

1959 *Budapest* (Hongrie) :
Bulgarie.

1960 *Léningrad* (U.R.S.S.) :
U.S.A.

1961 *Helsinki* (Finlande) :
U.R.S.S.

1962 *Marianske Lazné* (Tchécoslovaquie) :
U.R.S.S.

1963 *Budva* (Yougoslavie) :
Tchécoslovaquie.

1964 *Cracovie* (Pologne) :
U.R.S.S.

1965 *Sinaïa* (Roumanie) :
U.R.S.S.

1966 *Oerebro* (Suède) :
U.R.S.S.

1967 *Harrachov* (Tchécoslovaquie) :
U.R.S.S.

1968 *Ybbs* (Autriche) :
U.R.S.S.

1969 *Dresde* (R.D.A.) :
U.R.S.S.

1970 *Haïfa* (Israël) :
U.S.A.

1971 *Mayaguez* (Porto Rico) :
U.R.S.S.

1972 *Graz* (Autriche) :
U.R.S.S.

1973 *Equateur :*
Forfait.

LES CHAMPIONS DU MONDE
(par correspondance)

1947 **Purdy** (Australie).
1957 **Ragozine** (U.R.S.S.).
1961 **O'Kelly** (Belgique).
1965 **Zagorovsky** (U.R.S.S.).
1968 **Berliner** (U.S.A.).
1971 **Rittner** (R.D.A.).

Les Olympiades

Les **Tournois des Nations,** appelés aussi **Olympiades** ou **Jeux olympiques échiquéens,** sont pratiquement des compétitions géantes, assimilées au **Championnat du monde par équipes.** Ces équipes sont formées de quatre joueurs officiels et de deux remplaçants sous la conduite d'un capitaine.

Le premier Tournoi des Nations eut lieu à Paris en 1924, **avant** la constitution de la F.I.D.E. (Fédération Internationale des Echecs). Pour cette raison, il ne figure pas au tableau chronologique exposé ci-après.

Par la suite, les Tournois des Nations se déroulèrent sous l'égide de la F.I.D.E. mais à des intervalles irréguliers jusqu'à leur forme définitive (qui fut fixée après la dernière guerre mondiale), c'est-à-dire tous les deux ans.

Modeste au début, le nombre des pays participants ne cesse de croître et cela impose aux organisateurs la nécessité de diviser l'épreuve en deux étapes distinctes : les éliminatoires et la finale disputées par plusieurs groupes répartis équitablement pendant toute la durée des affrontements (environ trente jours).

Des médailles en or, argent et bronze sont attribuées aux gagnants en même temps qu'un trophée en or : la Coupe Hamilton-Russel.

TOURNOIS DES NATIONS

	Année	Lieu	Nombre de particip.	Classement	Observations
I	1927	Londres	16 pays	1. Hongrie 2. Danemark 3. Angleterre... 13. France	
II	1928	La Haye	17 pays	1. Hongrie 2. U.S.A. 3. Pologne... 11. France	
III	1930	Hambourg	18 pays	1. Pologne 2. Hongrie 3. Allemagne... 12. France	
IV	1931	Prague	19 pays	1. U.S.A. 2. Pologne 3. Tchécoslovaquie... 14. France	

TOURNOIS DES NATIONS (suite)

	Année	Lieu	Nombre de particip.	Classement	Observations
V	1933	Folkestone	15 pays	1. U.S.A. 2. Tchécoslovaquie 3. Pologne... 8. France	
VI	1935	Varsovie	20 pays	1. U.S.A. 2. Suède 3. Pologne... 10. France	
VII	1937	Stockholm	19 pays	1. U.S.A. 2. Hongrie 3. Pologne...	France absente.
VIII	1939	Buenos Aires	26 pays	1. Allemagne 2. Pologne 3. Estonie... 10. France	

TOURNOIS DES NATIONS (suite)

	Année	Lieu	Nombre de particip.	Classement	Observations
IX	1950	Dubrovnik	16 pays	1. Yougoslavie 2. Argentine 3. R.F.A... 9. France	
X	1952	Helsinki	25 pays	1. U.R.S.S. 2. Argentine 3. Yougoslavie...	France absente. L'U.R.S.S. participe pour la première fois.
XI	1954	Amsterdam	26 pays	1. U.R.S.S. 2. Argentine 3. Yougoslavie... 21. France	
XII	1956	Moscou	34 pays	1. U.R.S.S. 2. Yougoslavie 3. Hongrie... 21. France	

TOURNOIS DES NATIONS (suite)

	Année	Lieu	Nombre de particip.	Classement	Observations
XIII	1958	Munich	36 pays	1. U.R.S.S. 2. Yougoslavie 3. Argentine... 23. France	
XIV	1960	Leipzig	40 pays	1. U.R.S.S. 2. U.S.A. 3. Yougoslavie... 31. France	
XV	1962	Varna	37 pays	1. U.R.S.S. 2. Yougoslavie 3. Argentine... 30. France	
XVI	1964	Tel Aviv	50 pays	1. U.R.S.S. 2. Yougoslavie 3. Hongrie... 34. France	

TOURNOIS DES NATIONS (fin)

	Année	Lieu	Nombre de particip.	Classement	Observations
XVII	1966	La Havane	52 pays	1. U.R.S.S. 2. U.S.A. 3. Hongrie... 26. France	
XVIII	1968	Lugano	53 pays	1. U.R.S.S. 3. Yougoslavie... 3. Bulgarie... 44. France	
XIX	1970	Siegen	60 pays	1. U.R.S.S. 2. Hongrie 3. Yougoslavie...	France absente.
XX	1972	Skopije	63 pays	1. U.R.S.S. 2. Hongrie 3. Yougoslavie... 48. France	
XXI	1974	Nice	78 pays		

Le XXIe Tournoi des Nations aura donc lieu à Nice durant le mois de juin 1974. On compte sur la participation de soixante-dix-huit pays.

Placés sous le haut patronage du Président de la République, ces Jeux olympiques échiquéens commémoreront en même temps le cinquantième anniversaire de la F.I.D.E. fondée à Paris en 1924.

La Fédération Française des Echecs a créé un comité olympique spécialement destiné à mettre au point l'organisation de cette vaste entreprise.

Sous l'active direction du président Raoul Bertolo, d'excellents collaborateurs travaillent méthodiquement pour assurer la réussite totale de cette grandiose manifestation mondiale.

Centre Presse, Brive.
Combat, Paris.
Dernières Nouvelles du Haut-Rhin, Mulhouse.
Dauphiné Dimanche, Grenoble.
Echo-Liberté-Dimanche, Lyon.
Horizons, Paris.
L'Alsace, Mulhouse.
La Liberté de l'Est, Epinal.
La Dépêche du Midi.
La Dernière Heure, Bruxelles.
La Libre Belgique, Bruxelles.
L'Action, Québec.
La France, Bordeaux.
La Croix, Paris.
La Liberté, Fribourg.
La République, Toulon.
L'Armement.
La Prévoyance Militaire.
La Presse, Montréal.
La Marseillaise-Dimanche.
La Nouvelle Critique, Paris.
La République, Toulon.
La République du Centre, Orléans.
La Vie du Rail, Paris.
Le Figaro, Paris.
Le Monde, Paris.
Le Populaire du Centre, Limoges.
Le Havre, Le Havre.
Le Rappel, Charleroi.
Le Jour, Verviers.
Le Progrès, Lyon.
Le Soir, Bruxelles.
Le Méridional, Marseille.

Le Soleil, Québec.
Le Havre-Presse, Le Havre.
Le Journal du Dimanche, Paris.
Le Provençal-Dimanche.
Le Pays Roannais, Roanne.
L'Humanité-Dimanche, Paris.
L'Informateur, Eu-Tréport.
Liberté-Dimanche, Rouen.
L'Union, Reims.
L'Indépendant, Perpignan.
Maine Libre, Le Mans.
Nice-Matin, Nice.
Nord-Eclair, Lille.
Options, Paris.
Paris-Normandie, Rouen.
Seine-et-Marne Indépendant.
Sud-Ouest Dimanche, Bordeaux.
Trope, Rouen.
Vie Ouvrière, Paris.

QUELQUES LIBRAIRIES SPECIALISEES DANS LES ECHECS

Librairie Saint-Germain
140, boulevard Saint-Germain, Paris-6e.

Librairie Julien Guisle
13, rue Saint-Jacques, Paris-5e.

Librairie - Edition
1, rue de Médicis, Paris-6e.

Société Loisirs Pyramides
4, rue des Pyramides, Paris-1er.

Librairie Rudin
14, avenue Félix-Faure, 06000 Nice.

Librairie Mon Livre
Cours Pasteur, Bordeaux.

Librairie Clairière
16, rue Grignan, Marseille-1er.

Librairie Etudes et Loisirs
6, rue du Général-Leclerc, Rouen.

Librairie La Proue
3, quai Jules-Courmont, Lyon-2e.

ROIS, EMPEREURS, CHEFS D'ETAT, HOMMES POLITIQUES, RELIGIEUX PASSIONNES D'ECHECS

Charlemagne
Haroun-Al-Rachid
Louis Le Gros
Jean Sans Terre
Richard I Cœur de Lion
Philippe II d'Espagne
Philippe II Le Hardi
François Ier
Luther
Charles Quint
Pape Léon X
Catherine de Médicis
Henri IV
Elisabeth Ire
Charles 1er
Sully
Sainte Thérèse d'Avila
Pape Urbain VIII
Ivan Le Terrible
Juan d'Autriche
Charles XII
Gustave III
Frédéric Le Grand
Prince de Condé
La Grande Catherine
Robespierre

Napoléon
Louis Philippe
Gambetta
François Joseph
Bismarck
Jules Grévy
Sir John Simon
Lénine
Molotov
Tito
Fidel Castro
Maurice Schumann
Giscard d'Estaing
François Mitterrand

ECRIVAINS, POETES, SAVANTS, PHILOSOPHES, BANQUIERS, NAVIGATEURS, CINEASTES, ARTISTES PASSIONNES D'ECHECS

Rabelais
Cervantes
Mme de Sévigné
Leibnitz
Jean-Baptiste Rousseau
Voltaire
Leonardo de Vinci
Jean-Jacques Rousseau
Diderot
Lessing
Schiller
Benjamin Franklin
Euler
D'Alembert
Charles d'Orléans
Bernardin de Saint-Pierre
Duc de La Rochefoucauld
Gœthe
Lamennais
Walter Scott
Alfred de Musset
Joseph Méry
Beaumarchais
Dumont d'Urville
J. de Rotschild
Leverrier
Ibsen
Tolstoï
Victor Hugo

Tourgheniev
Théophile Gautier
Schumann
Gorki
Barbey d'Aurevilly
Einstein
Prokofieff
Vlaminck
Marcel Duchamp
Jean Rostand
Thierry Maulnier
Humphrey Bogart
Hemingway
Samuel Beckett
Stephan Zweig
André Billy
David Oistrakh
Arrabal
Aznavour
Jean Delanoy
Guy Béart

Table des matières

CHAPITRE I

CHAPITRE II

CHAPITRE III

CHAPITRE IV

CHAPITRE V

CHAPITRE VI

CHAPITRE VII

IMPRIMÉ EN FRANCE PAR BRODARD ET TAUPIN
7, bd Romain-Rolland - Montrouge - Usine de La Flèche.
LIBRAIRIE GÉNÉRALE FRANÇAISE.
ISBN : 2 - 253 - 00065 - 5

Le Livre de Poche pratique

sports, loisirs, photographie

P. Boyer
Initiation au cinéma d'amateur

Marcel Bovis et
Louis Caillaud
Initiation à la photographie noir et couleur

Édouard Boubat
La Photographie

Michel Duborgel
La pêche en mer et au bord de la mer
La pêche au coup
La pêche et les poissons de rivière
La pêche au lancer

Jérôme Nadaud
Guide de la chasse

Jean Merrien
Naviguez! à la voile

J. Monge et H. Villiers
Le bateau de plaisance

Jean Rignac
Les lignes de la main

Le Livre de Poche pratique

maison, jardin, animaux domestiques

A. Perrichon
Les plantes d'appartement
Les plantes de balcon et de terrasse

J.-M. Duvernay et A. Perrichon
Fleurs, fruits, légumes

Raymond Dumay
Guide du jardin
Les jardins d'agrément

Marcelle et Albert Aurières
100 façons de recevoir

Janine Gardel
Le bricolage dans votre appartement

Michel Doussy
L'Outillage du bricoleur

Djénane Chappat
150 bonnes idées pour votre maison
Dictionnaire du nettoyage
Éclairage et décoration

M. Marsily
1 000 idées de rangement

Georges Roucayrol
Le Livre des chiens

Fernand Méry
Le Guide des chats

Pierre Auguste
L'ENCYCLOPÉDIE PRATIQUE DU BRICOLAGE :
L'Électricité
Papiers peints et tapisseries murales
La Maçonnerie

Philippe de Méric
Le yoga pour chacun
l'A B C du yoga
Yoga sans postures

★ ★ ★

En pleine forme, avec 10 minutes de gymnastique par jour

Claude Aveline
Le code des jeux

J. Le Dentu
Bridge facile

Serge Bénard
Le Caravaning

C. Libourel et P. Murr
La Natation

Pierre Berloquin
Testez votre intelligence
Testez votre vraie personnalité

Henri Courtine
Judo et jui-jitsu

B. Alexandre et A. Lefour
Comment trouver votre premier emploi

Le Livre de Poche pratique

mode, beauté, femmes, enfants

M. F. de La Villehuchet
Guide de coupe et couture
Guide du crochet
Guide du tricot

Anne-Marie Périer
Belles, belles, belles

Hélène Treskine et
M. F. de La Villehuchet
Guide de la beauté

Dr. M. Levrier et Dr G. Roux
Dictionnaire intime de la femme

P. Bertrand, V. Lapie et Dr J.-C. Pelle
Dictionnaire d'information sexuelle

S. Lamiral
Soins et beauté de votre enfant

Le Livre de Poche pratique

jeux

Daniel Arca
100 Labyrinthes

Claude Aveline
Le Code des jeux

Pierre Berloquin
100 Jeux alphabétiques
100 Jeux logiques
100 Jeux numériques
100 Jeux géométriques
100 Jeux et casse-tête
100 Jeux pour insomniaques
Testez votre intelligence
100 Jeux pour se perfectionner au scrabble

Odette-Aimée Grandjean
100 Krakmuk et autres Jeux

R. La Ferté et F. Diwo
100 Nouveaux Jeux

R. La Ferté et M. Remondon
100 Jeux et Problèmes

J.-J. Bloch
100 nouveaux problèmes de scrabble

José Le Dentu
Bridge facile

Camil Seneca
Les Echecs

Le Livre de Poche pratique

dictionnaires, ouvrages de référence

★ ★ ★

Larousse de Poche (32 000 mots)

Dictionnaire Larousse : Espagnol-français, Français-espagnol

Dictionnaire Larousse : Allemand-français, Français-allemand

Dictionnaire Larousse : Anglais-français, Français-anglais

Dictionnaire Larousse : Italien-français Français-italien

René Georgin
Guide de langue française

★ ★ ★

Atlas de poche

Ivan de Renty
Lexique de l'anglais des affaires

Jean-Yves Dournon
La Correspondance pratique

Le Livre de Poche pratique

méthodes de langues (disques, livres)
ouvrages de référence

Berman, Savio, Marcheteau
Méthode 90 : Anglais - Livre - Cassettes

Jacques Donvez
Méthode 90 : Espagnol - Livre - Cassettes

Alphonse Jenny
Méthode 90 : Allemand - Livre - Cassettes

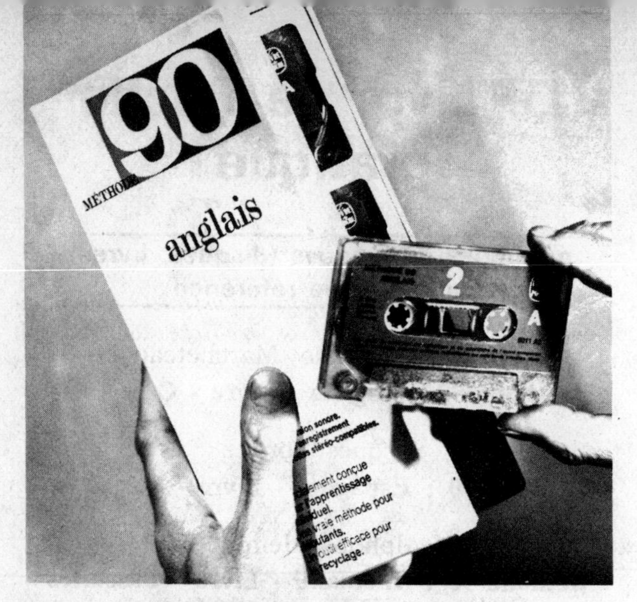

Vittorio Fiocca
Méthode 90 : Italien - Livre

Marie-Françoise Bécourt et Jean Borzic
Méthode 90 : Russe - Livre

René Georgin
Guide de langue française

★ ★ ★

Atlas de Poche

Ivan de Renty
Lexique de l'anglais des affaires

Jean-Yves Dournon
La Correspondance pratique

Une grande encyclopédie culinaire

La cuisine de A à Z

Chaque volume est abondamment illustré de **photos en couleurs.** *Autour d'un thème on trouvera* **tout ce qu'il faut savoir** *pour réaliser les recettes les plus simples ou les plats les plus raffinés.*

LE BŒUF
LES GATEAUX
SOUPES ET POTAGES
LES ŒUFS,
POULES, POULETS, POULARDES
GRILLADES ET BARBECUES
BUFFETS ET LUNCHS
LES LÉGUMES
CRUSTACÉS ET COQUILLAGES
LE VEAU
LAPINS ET VOLAILLES
LES POISSONS
LES HORS-D'ŒUVRE
LES GIBIERS
L'AGNEAU ET LE MOUTON
LES ENTREMETS
LES GRANDS PLATS REGIONAUX
GLACES, SORBETS ET COUPES
LES ENTRÉES CHAUDES
PORC ET COCHONNAILLES

Le Livre de Poche pratique

cuisine

Ginette Mathiot
Cuisine de tous les pays
La cuisine pour tous
La pâtisserie pour tous
Les conserves pour tous

H. Guizot
Tout sur la congélation et les surgelés

Mapie de Toulouse-Lautrec
La cuisine de Mapie

Monique Maine
Cuisine pour toute l'année

E. de Pomiane
La cuisine en 10 minutes

Raymond Dumay
Guide du vin

Androuet
Guide du fromage

Académie des gastronomes
La Cuisine française

Claude Brossard
Cocktails en toutes occasions

Dorothée Koechlin-Schwartz
et Martine Grapas
Guide de l'anti-consommateur